Gottlieb Freilinghausen

Neuere Geschichte der ev. Missionsanstalten zu Bekehrung der Heiden in Ostindien

Aus den eigenhändigen Aufsätzen und Briefen der Missionarien - Achtes Stück

Gottlieb Freilinghausen

Neuere Geschichte der ev. Missionsanstalten zu Bekehrung der Heiden in Ostindien
Aus den eigenhändigen Aufsätzen und Briefen der Missionarien - Achtes Stück

ISBN/EAN: 9783743603950

Hergestellt in Europa, USA, Kanada, Australien, Japan

Cover: Foto ©Lupo / pixelio.de

Weitere Bücher finden Sie auf **www.hansebooks.com**

Neuere Geschichte
der Evangelischen
Missions-Anstalten
zu Bekehrung der Heiden
in Ostindien,

aus den
eigenhändigen Aufsätzen und Briefen
der Missionarien
herausgegeben
von

Gottlieb Anastasius Freylinghausen,
Ordentlichem Professor der Theologie auf der Königlich-Preussischen
Friederichs-Universität, wie auch Director des Königlichen
Pädagogii und des Waisenhauses.

Achtes Stück.

HALLE,
in Verlegung des Waisenhauses,
1774.

Erste Abtheilung, von der Königlich-Dänischen Mission zu Trankenbar.

  I. Auszug aus der Missionarien Bericht von den letzten sechs Monaten des Jahrs 1771.   S. 985
 II. Auszug aus ihren Briefen das Jahr 1771. betreffend.   S. 1053

Andere Abtheilung, von der Englischen Mission zu Calcutta in Bengalen.

  I. Herrn Kiernanders Schreiben an Herrn Secretair Brougthon zu London vom 31sten Decembr. 1771.   S. 1073
 II. Desselben Schreiben an eben denselben vom 13ten Januar. 1772.   S. 1075
III. Herrn Hansons Entsagung von der Römisch-Catholischen Kirche   S. 1077
 IV. Herrn Kiernanders Predigt bey der Aufnahme des Herrn Hansons, am Neuen-Jahrs-Tage 1772.   S. 1079

Dritte Abtheilung von der Englischen Mission zu Tirutschinapalli.

  I. Herrn Schwarzen Bericht vom Jahr 1771.   S. 1089
 II. Desselben Schreiben vom 18ten Jan. 1772.   S. 1103

Anhang.

Der Herrn Missionarien Kohlhoff und Gericke Reise-Diarium nach Tirutschinapalli.   S. 1106.

Vorrede.

Geneigter Leser,

Es würde überflüssig seyn, bey den Erinnerungen wegen der in diesem Stück mitgetheilten Nachrichten mich weitläuftig aufzuhalten. Der Leser wird bald bemerken, daß der gleich von Anfang vorkommende Bericht von der Mission zu Trankenbar in einer etwas veränderten Gestalt erscheinet. Denn weil die Form eines Tageregisters die Unbequemlichkeit hat, daß die Nachrichten nicht im Zusammenhang gelesen werden können; so haben sich die Herrn Missionarien die Mühe gegeben, dieselbe in einige mehr zusammenhangende Ordnung zu bringen, in welcher sie sich etwas besser lesen lassen, und noch besser lesen lassen würden, wenn es einer wäre, der diese Nachrichten schriebe. Weil es ihrer aber sieben sind, von denen ein jeder seine Arbeit und was ihm vorgefallen ist, aufschreiben muß; so ist es nicht möglich, daß derjenige, welcher diese Nachrichten zusammen trägt oder in Ordnung bringt, die Erzehlungen der Uebrigen, so wie es der Zusammenhang erfordern möchte, erweitern könte; gleichwie sie sich überhaupt der Kürze befleissigen müssen, auch auf diese Nebenarbeit

(156) Vorrede.

wenig Zeit verwenden können, sondern öfters den ganzen Tag über in ihrer eigentlichen Berufs-Arbeit begriffen sind. Es wird aber dem unerachtet ein jeder billiger Leser aus diesen Nachrichten theils den unverdrossenen Fleiß und Treue der Missionarien, theils die Spuren des Segens, den GOtt auf ihre Arbeit leget, genugsam bemerken können, und übrigens zugleich durch den Augenschein überzeugt werden, daß die Herrn Missionarien mit sehr grosser Bescheidenheit von dem Segen ihrer Arbeit reden, und wohl noch nicht davon sagen könten, wenn sie nicht so behutsam wären.

§. 2. Hier und da, so wol in diesem Bericht, als in der S. 1064 u. f. befindlichen Zugabe zu den Briefen, kommen ein und andere Bemerkungen vor, welche theils die Natur-Geschichte von Ostindien, theils die Sitten und Gewohnheiten dieser Völker erläutern, wohin auch die S. 1069. erzehlte recht orientalische Beschreibung, wie die Europäer die christliche Religion auszubreiten gesucht hätten, gehöret, daraus man das zu ausschweifenden figürlichen Vorstellungen geneigte Genie der Indianer deutlich sehen kan. Vermuthlich hat der sogenannte Gelehrte unter den ersteren Vorstellungen die von den Portugiesen mehr durch Gewalt und List versuchte Bekehrung seiner Nation vorstellen wollen, weil er hernach die mündliche Verkündigung, als das von den Europäern zuletzt ergriffene Mittel, anführet, welche sich vorerst nicht am Seestrande aufgehalten, nach und nach aber tiefer ins Land eingedrungen seyen, womit er ohne Zweifel die Bemühungen der protestantischen Missionarien gemeinet.

§. 3. Das Vornehmste, was ich eigentlich in dieser Vorrede anzuführen habe, bestehet in der Abreise des neuen Herrn Missionarii Diemers, dessen Bestimmung für Bengalen in der Vorrede zum vorhergehenden Stück umständlich angezeiget worden. Er reisete den 7ten Sept. 1773 von hier nach Wernigerode, wo er von dem Hochgräflich-Stolbergischen Consistorio, auf meine unterthänigste Requisition, den 10ten dieses in Gegenwart der regierenden und jüngeren Herrschaft, wie auch der anwesenden hohen Gäste, ausführlich examiniret worden, und von seiner Tüchtigkeit und Geschicklichkeit eine hinlängliche Probe abgelegt, den 12ten, als am vierzehenten Sonntage nach Trinitatis, aber in der Hochgräflichen Schloß-Kirche von dem Herrn Consistorial-Rath Hildebrand, unter dem Beystand mehrer Stadt- und Landprediger, ordiniret worden, und darauf seine Reise, nach einigem Aufenthalt in Magdeburg,

Vorrede.

burg, auf Altona fortgesetzt, wo er den 3ten Octobr. angelangt. Er hatte sich den 10ten auf ein nach Engelland bestimmtes Schiff begeben, aber wegen widrigen Windes theils vor Glückstatt, wo ihm von Gönnern der Mission viele Liebe widerfahren, theils vor Cuxhaven, bis zum 3ten Novembr. liegen bleiben, auf der See aber drey Wochen lang vielen Sturm ausstehen müssen, bis er den 25sten Nov. glücklich in London angelangt. Nachdem er der Hochlöblichen Gesellschaft von Fortpflanzung der Erkentniß Christi vorgestellet worden, solte er zwar auf dem gerade nach Bengalen bestimmten Schiffe, the Pacifik, so ihm angewiesen worden, die Reise dahin antreten. Weil aber der Capitain bereits so viele Passagiers angenommen, als er mitnehmen können, und man keine Schiffe mehr gewust, die auf die Küste Choromandel oder nach Bengalen abgehen würden, so hat er das Schiff Northumberland, Capitain Reis, erwählen müssen, welches aber nach Bombay bestimmt ist. Bombay liegt auf der westlichen Küste der Halbinsul disseit des Ganges ganz oben im Sinu Persico über Goa. Von da muß also der Herr Missionarius mit einem inländischen Schiff um diese ganze Halbinsul und um die Insul Ceylon herum, und wieder an der östlichen Küste von Indien ganz hinauf schiffen, um den Ort seiner Bestimmung zu erreichen. Am 12ten Febr. dieses Jahrs ist er von London nach Deal abgegangen, wo er sich auf dieses Schiff begeben sollen, um bey dem ersten guten Wind die wirkliche Reise anzutreten. Er ist dazu mit dem vesten Vertrauen zu GOtt ausgerüstet gewesen, daß derselbe, wie auf der kleinen Seereise von Altona nach London, als zur Vorbereitung, ihn unter mancher Gefahr so gnädig bewahret, auch auf der grössen Reise sich seiner gnädig annehmen und alles wohl machen werde. Der HErr wird dann auch seinen Glauben nicht zu Schanden werden lassen, und wir trauen es ihm billig zu, er werde diesen seinen Knecht, zur Freude und Trost des Herrn Missionarii Kiernanders, glücklich nach Bengalen bringen, und ihn mit aller zu seinem Beruf erforderlichen Gnade und Gabe ausrüsten, auch zu seiner künftigen Arbeit seinen Segen verleihen, damit viele Heiden von ihren falschen, zu dem lebendigen GOtt bekehret werden.

§. 4. Hiernächst veranlasset mich eine mir zu Händen gekommene Recension, so der berühmte Herr Ober-Consistorial-Rath D. Büsching, in dem 34sten Stück des ersten Jahrgangs seiner wöchentlichen Nachrichten von neuen geographischen Büchern und Landcharten ertheilet, nur noch eine kleine Anmerkung bey den in Mannheim noch im Jahr 1772 herausgekommenen Nachrichten von der Americanischen Halbinsul Californien zu machen, wiewol die Unerheblichkeit der darinnen gemachten Vorwürfe unsern Lesern selbst in die Augen fallen könte. Der Verfasser ist ein Priester von der unterdrückten Gesellschaft JEsu, welcher siebenzehn Jahre als Missionarius in Californien zugebracht hat. Er bemühet sich in dieser Schrift, einen so schlechten Begriff von dieser Halbinsul und ihren Bewohnern zu machen, als nur möglich, und giebt sodann eine Nachricht von den daselbst etablirt gewesenen Missionen der Jesuiten. Hierauf thut er einen Ausfall auf die protestantische Kirche und deren Prediger, und macht diesen den Vorwurf, daß sie sich um die Bekehrung der Heiden gar nicht bekümmerten, und dadurch selbst zu erkennen gäben, daß der Befehl Christi: Gehet hin in alle Welt, und lehret alle Völker, sie nichts angehe; hingegen suchet er aus dem Eifer seiner Kirche, sich in allen Ländern durch ihre Missionen auszubreiten, deren Vorzug zu behaupten und die Protestanten zum Uebertritt in dieselbe zu bewegen.

§ 5. Es macht aber eben diese Mission auf Californien ein sehr schlechtes Vorurtheil von der Beschaffenheit der catholischen Missionen. Denn der Verfasser stellt seine Insulaner so gottlos und viehisch vor, als nur irgend eine wilde Nation gefunden werden kan, und ist dabey so aufrichtig, S. 158. und an mehrern Orten zu bekennen, daß sie, nachdem sie Christen heissen, gar nicht besser geworden, als sie vorher gewesen. Einer solchen Heiden-Bekehrung würden sich die Protestanten schämen. Ich will nicht untersuchen, wodurch die Californier zu Annehmung der christlichen Religion bewogen worden, da doch, wie es scheinet, keiner von den Bewohnern dieser Halbinsul übrig geblieben ist, der sie nicht angenommen hätte, und die Folge doch nicht bewiesen, daß deren Annehmung eine gründliche Ueberzeugung des Verstandes und wahre Besserung des Willens zum Grunde gehabt habe, davon sich sonst einige Frucht in dem folgenden Leben gezeigt haben würde. Doch will ich von dieser Californischen auch noch keinen Schluß auf alle übrige catholische Missionen machen. Allein es wäre nur zu wünschen, daß man von den übrigen zuverlässige Nachrichten hätte, daß sich die Römische Missionarien um gründlichen Unterricht ihrer Proselyten und um ihre wahre Besserung bekümmerten. Es ist hier aber der Ort nicht, mich in die Untersuchung ihrer Bekehrungs-Arten und Methoden einzulassen.

Wir

Wir haben auch nicht Ursach ihre Unternehmungen zu beneiden, sondern man mag sich auch darüber freuen, daß durch dieselbe wenigstens der Name Christi auf einige Weise unter den Heiden bekannt wird, da manche doch Gelegenheit bekommen, der Wahrheit näher nachzuforschen, wie wir unter andern an dem Beyspiel des bekannten Catecheten Rajanaicken sehen. Und nur alsdann hat man Ursach sich zu betrüben, wenn durch ihr Verhalten ein widriger Effect veranlasset, und die Herzen gegen die christliche Religion erbittert und verschlossen werden, wie auf Japan und anderwärts die betrübte Erfahrung gelehret.

§. 6. Ich antworte aber mit wenigem dem Verfasser, daß sein Schluß von den Missionen der Catholiken auf den Vorzug ihrer Kirche viel zu weit getrieben sey, und erst bewiesen werden müsse, daß von ihnen die christliche Religion aus einem lautern Zweck, die Ehre GOttes und das Heil der Menschen zu befördern, und ohne Vermischung mit Irrthum und Aberglauben geschehe. Wenn aber der Verfasser den Protestanten spottweise vorwirft, daß sie um so viel leichter die Heiden zu ihrer Religion bekehren könten, weil sie lehreten durch den Glauben allein selig zu werden; so möchte man solchen Vorwurf vielmehr auf eine solche Heiden-Bekehrung anwenden, wo die Christen nicht bessere Menschen werden, als sie vorher gewesen, von denen sie also nicht einmal den wahren lebendigen Glauben des Herzens, sondern nur das äussere Bekenntniß von dem Glauben oder Religion erfordern und sich doch rühmen, daß sie so vieler Seelen Heil durch ihre Californische Mission befördert.

§. 7. Ich scheue mich keines weges, gegen den Herrn Verfasser S. 284. die Dänische und Englische Missionarien, als Nachfolger des apostolischen Vorbildes darzustellen. Denn obgleich ferne von ihnen ist, sich mit den Aposteln in eine Classe zu setzen, oder ihnen auf einige Weise gleich zu schätzen; so erkennen sie es doch für ihre Obliegenheit und theure Pflicht, nach Pauli Ermahnung 1 Cor. 4, 16. und Cap. 11, 1. in ihre Fußtapfen zu treten, und GOtt hat auch ihre Arbeit in ihrer Masse nicht ganz ungesegnet gelassen. Ob sie nun gleich nicht von dem, was durch ihren Dienst ausgerichtet wird, sich selbst etwas zuschreiben, so kan doch nicht verschwiegen werden, daß eines theils von Seiten der gedachten protestantischen Missionarien aller Fleiß und Treue angewendet wird, die Heiden nicht zu einer nur äussern Annahme der christlichen Religion zu überreden, sondern vielmehr, so viel es eines jeden Fassung zuläßt,

sie

sie gründlich zu unterrichten, und sie zugleich zu einer wahren Bekehrung von allen Sünden und Greueln, denen sie vorher im Heidenthum öfters auf eine ausnehmende Weise ergeben gewesen, und zur redlichen Ausübung der christlichen Pflichten zu ermahnen und anzuhalten; und daß am andern Theil der HErr sein Wort an vielen also kräftig werden lassen, daß sie gantz andere Menschen geworden, und nicht nur in ihrem gantzen Leben und Wandel ein christliches Verhalten geäussert, sondern auch um des Namens Christi willen manche Leiden, Schmach und Verachtung willig erduldet, und sich durch keine Drohungen und Versprechungen ihrer Anverwandten und anderer Heiden von der christlichen Religion wieder abwendig machen lassen. Ein deutlicher Beweiß von dem Segen, den der HErr auf ihre Arbeit geleget hat, und von ihrem Fleiß in gründlichem Unterricht ihrer neubekehrten Christen, ist auch dieses, daß sie manche derselben so weit gebracht, daß sie selbige wiederum zu Predigern, Catecheten und Schulmeistern verordnen können.

§. 8. Und eben dieser grosse Vorzug, in gründlicher Belehrung und Bearbeitung der Proselyten, wodurch sich unsere Missionarien von den Römischen unterscheiden, ist die Ursach, daß manchen von den Römischen Christen ein gantz anderes Licht von der christlichen Lehre aufgegangen, und sie dadurch bewogen worden, die Irrthümer der Römischen Kirche zu verlassen. Freylich ist der Verfasser obiger Schrift damit nicht zu frieden, und äussert darüber seinen Verdruß. Da aber solche Religions-Veränderung nicht anders, als durch gründliche Ueberzeugung von der Wahrheit, veranlaßt worden; so hat er keinen Grund sich darüber zu beschwehren. Es kommt auch in dem gegenwärtigen Stück S. 1075 u. f. abermal der Uebertritt eines catholischen Geistlichen zu unserer Kirche vor, wobey merkwürdig ist, daß dieser so wol, als vorher der Pater da Costa, und andere mehr, worunter auch der nun verstorbene Catechet Rajanaicken zu rechnen, bloß durch Lesung des Wortes GOttes von der Wahrheit der protestantischen Religion, ehe sie noch jemand von unsern Missionarien gesehen, überzeuget worden.

§. 9. Im übrigen gestehe ich gern, daß von unserer protestantischen Kirche in der Bemühung, die Erkenntniß Christi unter den ungläubigen Völkern auszubreiten, bisherhin noch lange nicht der allgemeine und brünstige Eifer bewiesen wird, der billig herrschen solte.
Allein

Allein es ist auch zu bedenken, daß GOTT selbst zu dergleichen Missions-Anstalten Bahn machen müsse, und daß ein Privatus, wenn er auch wirklich in seinem Herzen den Wunsch heget, daß die Heiden der durch Christum erworbenen Seligkeit theilhaftig werden möchten, doch nicht ohne besondern Beruf unter dieselbe als Missionarius gehen könne. Es ist auch aus den Beyschriften der eingesandten Wohlthaten zu ersehen, daß noch manche protestantische Christen sind, die einen Eifer für die Ausbreitung des Reichs Christi unter den Heiden hegen, und denselben durch ihre Beyträge zur Beförderung der Mission beweisen, auch, da sie ausser dem sonst nichts thun können, herzlich zu GOtt für die Bekehrung der Heiden beten. Beweiß genug, daß es, GOtt Lob, noch rechtschaffene Christen unter den Protestanten giebt, die ihren Glauben auch in diesem Stück durch die Liebe thätig beweisen. Aber keiner von diesen, deren Briefe in den Beylagen zur Vorrede zum theil auszugsweise gedruckt, deren aber noch viel mehr sind, welche man der Kürze halben übergehen muß, kan deswegen sich unternehmen Missionarius zu werden, oder eine Mission zu stiften.

§. 10. Wenn übrigens unser Schriftsteller S. 281. saget, er habe bisher nichts von den Missionen oder Missionarien derer Herrn Protestanten in Ost= oder Westindien gehört oder gelesen, und S. 293. spottweise hinzuthut, er wolle nicht hoffen, daß jemand mit den anderthalb Dänischen Missionarien von Trankenbar, zu seiner Widerlegung, werde aufgezogen kommen, so erträget man diese Verachtung und Spott gern mit Geduld, glaubt aber, daß nicht so wol auf eine grosse Anzahl Missionarien, und auf einen grossen Haufen zusammen geraffter sogenannten Christen, sondern auf die Lauterkeit und Treue, mit welcher jene ihr Amt verrichten, und auf die Aufrichtigkeit, mit welcher diese das Evangelium annehmen und nach der Lehre desselben wandeln, zu sehen sey. Ich will also auch hier die wirkliche Zahl weder der Dänischen und Englischen Missionarien, noch der neubekehrten Christen wiederholen, sondern nur noch dieses anführen, daß ausser dem noch mehreres ist, so dem Verfasser unbekannt geblieben, welches ihm, bey seiner Entfernung in Californien, nicht zu verdenken wäre, wenn er nur nicht aus seiner Unwissenheit einen Schluß gegen die Protestanten machen wolte. Es gehöret dahin die Dänische Mission in Grönland, deren Stifter, Paul Egede, und seine Nachfolger, welche dieselbe auch, neben der neben eingeführten Herrnhutischen Mission, noch bis auf diese Stunde fortsetzen, eben so viele Verleugnung üben müssen, als jener und seine Collegen auf Californien. Desgleichen was sowol von den Holländern auf der Insul Ceylon und in andern Ostindischen Besitzungen, als von den Engelländern in America, geschehen ist, und noch geschiehet.

§. 11. Es wäre zu wünschen, daß man im Stande wäre, vollständige Nachrichten von dergleichen nicht ohne Segen in mehrern Gegenden geschehenen Versuchen zu samlen, welches aber schwehr seyn dürfte, weil wenig davon im Druck bekannt gemacht ist. Ich will nur aus dem vorigen Jahrhundert etwas anführen, welches mehr bekannt seyn solte, als es ist. Der berühmte Puritanische Prediger zu Boston in Neuengelland, Cotton Mather, hat in seinen 1702 zu London gedruckten Magnalibus Christi Americanis S. 194 u. f. einen von seinem Vater an den berühmten Iohannem Leusdenium zu Utrecht lateinisch geschriebenen Brief (*) in einer Englischen Uebersetzung eingerückt, darinnen von dem nahe bey Boston gestandenen Prediger, Johann Eliot, erzehlet wird, daß er um das Jahr 1647 die Indianische Sprache gelernt, auch in dieselbe die ganze Bibel nebst andern erbaulichen Schriften übersetzt, und das Evangelium mit solchem Segen unter den Indianischen Wilden geprediget habe, daß er um das Jahr 1661 angefangen, seine aus denselben gesamlete Gemeine in eine eigene Stadt, Namens Natick, zusammen zu bringen, und daß im Jahr 1687, da dieser Brief geschrieben, in verschiedenen Städten und Gegenden sechs Gemeinen getaufte Indianer, und achtzehn Versamlungen Catechumenen, die den Namen Christi bereits alle bekenneten, und vier und zwanzig Indianische Prediger gewesen, die ausser vier Engelländern ihnen das Evangelium in ihrer Sprache verkündiget. Matherus führt eine Antwort des Leusdenii an, worinnen dieser gemeldet, daß durch das Exempel der Engelländer die Holländer erwecket worden, manche edelmüthige Versuche zu Beförderung des Evangelii in Ostindien zu machen, ausser den merkwürdigen Progreßen, welche funfzig Jahre vorher der berühmte Robert Iunius in Formosa gemacht habe. Leusdenius hatte zugleich berichtet, daß auf und in der Gegend der Insul Ceylon von den Holländischen Predigern bey dreyhundert tausend Ostindianer getauft worden, wiewol bey diesen letztern es wol an hinlänglichem Unterricht gefehlet haben mag; jedoch sind in der Folge verschiedene rechtschaffene Prediger auch aus den Indianern bemühet gewesen, die Erkenntniß Christi unter ihnen mehr zu gründen.

§. 12. Un-

(*) Matherus meldet, daß dieser Brief, so viel er wisse, in vier oder fünf Sprachen schon gedruckt sey. Insonderheit habe ihn Iurieu seinen Hirten-Briefen angehängt

Vorrede.

§. 12. Unter den neuern Versuchen ist insonderheit des Wheelok's ruhmwürdige Anstalt in Connecticut merkwürdig, welcher eine Armenschule von Indianern aus verschiedenen Nationen errichtet, und diese in der christlichen Religion gründlich unterwiesen, die hernach ihren Landsleuten in ihrer Sprache geprediget und viele zum Christenthum bekehret, welche entscheidende Proben ihres redlich zu Christo bekehrten Herzens in ihrem Leben und Wandel abgelegt, wovon in dem Geistlichen Magazin, welches bey Seidel und Scheidhauer in Magdeburg herauskomt, mehreres nachzulesen ist. (*) Daß auch diese Anstalten noch fortgehen, und an mehrern Orten von den Engelländern auf die Ausbreitung der christlichen Religion unter den Americanischen Wilden gearbeitet werde, ist mir wol bekannt, ob ich gleich keine besondere Umstände von diesen verschiedenen Unternehmungen bisher erfahren können. Eben da ich an dieser Vorrede schreibe, kommt mir aus den Leipziger Zeitungen folgendes zu Gesicht. „In einem Brief aus Charlestown lesen wir folgendes: Mit innigem Vergnügen sehen wir, daß immer mehr und mehr „Indianer zum christlichen Glauben kommen. Im vergangenen Novem„ber langten dreyssig Indianische Personen alhier an, Männer und Wei„ber. Sie waren über dreyhundert Englische Meilen zu Fusse gereiset, „um sich hier taufen zu lassen. Sie wurden erst gehörig examiniret, und „gaben zureichende Antwort auf alle Fragen. Diese dreyssig, mit denen, „die zuvor Christen geworden, und getauft sind, gehen wieder zu ihrer „Nation, und sind ein gesegneter Saame, das Wort des HErrn weiter „auszubreiten. Da einige der Indianer in Engelland studiret haben, die „ihren Landesleuten predigen, und angefangen, die Bibel in die India„nische Sprache zu übersetzen; so ist kein Zweifel, daß der HErr ferner „seinen Segen zu diesem Werke geben wird. Das schlimmste ist, die „Leute können nur reden, haben aber keine Buchstaben; ihre Sprache „wird daher mit Englischen Buchstaben geschrieben, und ihre Kinder im Le„sen unterrichtet.„ Ich werde suchen, hiervon nähere Nachricht einzuziehen.

§. 4. Ich bin weitläuftiger geworden, als ich mir vorgenommen hatte. Es ist nicht so wol meine Absicht gewesen, den ehemaligen Missionarium von Californien zu widerlegen, welches wol kaum der Mühe werth war, wie denn auch um der Kürze willen, manche Neben-Umstände über-

---

(*) Die Stellen sind folgende. Dritte Sammlung S. 231 bis 302. und S. 665 bis 674. Vierte Sammlung S. 1 bis 16; S. 179 bis 208; S. 240 bis 310; S. 406 bis S. 411; und S. 588 bis 600.

übergangen worden, worauf der geneigte Leser die gebührende Antwort leicht selbst finden wird; als vielmehr bey dieser Gelegenheit manches bekannt zu machen, oder aufs neue ins Gedächtniß zu bringen, welches uns zum Lobe GOttes und Gebet um die immer weitere Ausbreitung des Reichs GOttes erwecken, auch in der Hoffnung bestärken kan, daß GOtt noch immer mehrere Ehre durch Sammlung einer christlichen Kirche aus den Heiden einlegen werde.

§. 14. Zum Beschluß erwecke ich alle christliche Leser mit mir, den HERRN ferner um Aussendung treuer und rechtschaffener Arbeiter in seine reifwerdende Ernte unter den Heiden anzurufen. Es wird schon seit zwey Jahren noch ein neuer Missionarius für Tirutschinapalli verlanget. Aus der in diesem Stück vorkommenden Reise des Herrn Kohlhoffs und Herrn Gericke nach Tirutschinapalli kan man deutlich wahrnehmen, wie sehr es zu wünschen sey, daß der Herr Schwarz durch einen redlichen und geschickten Collegen so bald als möglich unterstützt werde, da der HErr demselben in dasiger Gegend eine grosse Thür aufgethan hat. GOtt hat ihm indessen mehrere Gehülfen aus der Nation geschenkt, die der dasigen Mission zum grossen Vortheil gereichen. Gleichwol aber ist zu wünschen, daß der HErr ihm auch noch einen Europäischen Collegen schenken wolle, der das Werk des HErrn mit gleichem Eifer treibe. Auch wird in Trankenbar, da Herr Müller bald nach seiner Ankunft mit Tod abgegangen, und einige ältere Missionarien ihre Schwächlichkeit fühlen, mehrere Hülfe nöthig seyn. Der HERR der Ernte wolle selbst Werkzeuge ausersehen, und dieselbe zu diesem Beruf tüchtig machen, damit sein Werk immer weiter ausgebreitet, und endlich alle Lande seiner Ehre voll werden.

Halle,
den 19ten März 1774.

Gottlieb Anastasius Freylinghausen.

Beylage

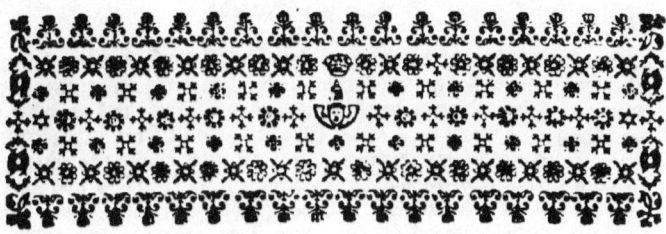

Beylage
zur Vorrede.

Nachricht von eingelaufenen milden Wohlthaten in der andern Hälfte des Jahrs 1773.

§. I.

Im Julio übersandte eine nunmehr selig vollendete Stifts-Fräulein Jul. aus Westphalen für Kranke bey der Mißion zu Trankenbar 6 Rthlr. und ein Hofprediger aus der Niederlausitz 4 Species-Gulden, nebst 2 Rthlr. 16 Gr. von einem Cämmerer. Ein bekannter Prediger und werther Freund übergab bey seinem Hierseyn von seiner Tante und deren Tochter 2 Rthlr., und Namens dreyer überbrachten Schüler 3 Rthlr. Aus den Einkünften des Freystifts Wallenstein in Hessen waren von des Fürsten von Nassau-Jdstein Hochfürstlichen Durchlaucht, als hohem Principal-Commissario, 100 Rthlr. zu milden Steuren gnädigst gewidmet, und davon 2 Louisd'or zu Bekehrung der Heiden zum Behuf der Königlich-Englischen und Dänischen Missionen nach Halle zu schicken beliebet worden, welche von dem subdelegirten Herrn Commissario übermacht, und dabey unter andern geschrieben wurde: "Ich lege solche mit dem herzlichen Wunsch hier an, daß die Fülle "der Heiden sich durch GOttes reichen Segen täglich mehr und mehr zu "der glücklichen Vereinigung mit unserer christlichen Kirche nahen möge,

Jul. „und zweifele nicht, daß das künftige Freystift Wallenstein mit ähnlichem „Beytrag zu diesem heiligen Vorhaben alljährlich zu continuiren geneigt seyn „werde.„ Ein Prediger unsern Ratenau sandte 3 Rthlr., und ein anderer bey Pyritz, zur Erquickung armer Glieder JEsu zu Trankenbar, Madras, Cudelur und Tirutschinapalli 4 Rthlr., nebst 12 Gr. von einer unbekannten Frau aus W. mit den Worten: „Ein Weniges aus gutem „Herzen für die Malabaren.„ Eine Hochfreyherrliche Wittwe aus Schlesien sandte abermal die schon von ihrem seligen Herrn bestimte 10 Rthlr., mit der Verordnung, daß dafür ein Kind zur christlichen Religion erzogen, und demselben die Worte aus 1 Cor. 15, 34 ans Herz gelegt werden solten; Werdet doch einmal recht nüchtern. Ein Prediger aus der Gegend von Erfurth, übergab 1 Ducaten von M. J. H. S. für die Trankenbarische Mission mit Jes. 65, 1., desgleichen 16 Gr. von einem alten Liebhaber der Mission auf dem Lande, L, und einen Sächsischen Drittel nebst einem Stolbergischen viergroschen-Stück von einem Freund zu E, J. F. L.

§. 2. Ein würdiger Freund aus Wernigerode übergab einen Brief mit 10 Rthlr., worinnen ohne Unterschrift geschrieben war: E. H. wer„den ersucht, inliegendes geringes Scherflein mit nach Ostindien zu über„schicken. HErr JEsu, all Arbeit, Müh und Kunst, ohn dich nichts „richtet aus; Wo du mit Gnaden bist, komt Segen in das Haus. „Amen.„ Ein vornehmer Gönner aus dem Holsteinischen übersandte 2 Louisd'or für die Dänische, und 1 Louisd'or für die Englische Mission, mit der Beyschrift: „Der HErr wird mich durch seinen Geist ferner aus „Gnaden ermuntern und erinnern, auf dieses sein grosses Werk, dage„gen alle Conqueten grosse Kleinigkeiten sind, zu achten, und eitel Lust „daran zu haben.„ Aus Reval wurden durch einen Prediger 12 Rubl von dem seligen Herrn Landrath von Haffer, und 2 Rubel von einem Prediger übermacht. Zuletzt lief von einem Schulmann aus Oberschlesien folgendes Schreiben mit den dorin gemeldeten Wohlthaten ein: „Da ich von zwey Freunden des Missions-Werks, nemlich einem Fürst„lichen Ober-Amtmann in dieser Gegend, und einem hiesigen Fürstlichen „Buchhalter, als seinem Schwiegersohn, inliegendes Geld erhalten; so „übermache ich es unverzüglich. Der erstere giebet 2 Ducaten, der letztere „aber für sich und seine Frau ½ Friederichsd'or, wozu ich 1 Ducaten mit „beylege. Der HErr setze einen bleibenden Segen auf gedachte Missions-
„Anstalt

„Anstalten, und lasse auch dis wenige zu ihrem Nutzen gereichen. Als
„ich es bekam, war eben der Sonntag, da im Evangelio stehet: Gebet,
„so wird euch gegeben. Ein voll, gedrückt, gerüttelt und überflüssig
„Maaß wird man in euren Schooß geben. Wahrlich, wenn auch sonst
„keine andere Verheissung in der heiligen Schrift stünde, welche uns zur
„Wohlthätigkeit ermuntern könte; so wäre es diese, welche aus dem
„Munde unsers Heilandes selbsten gekommen ist, da uns die Gnaden-
„belohnung der Werke der Liebe so deutlich, so kräftig und so lebhaft
„angeboten und dargereichet wird. O möchte sie doch unsere träge und
„zur thätigen Liebe untüchtige Gemüther rüren, daß wir darinnen fleis-
„sig und eifrig wären."

§. 3. Im August liefen durch einen Prediger aus Cöthen 140. Rthlr. in Golde ein, als ein mildes Geschenk hoher Person, welche sich nicht anders, als unter der Benennung eines Freundes und einer Freundin der Mission, nebst Ihren Hoffnungsvollen Zweigen, zu erkennen zu geben geruhet. Hierauf sandte abermal ein Hofprediger aus der Niederlausitz 1 französischen Gulden von seinem lieben Freund und Gevatter, welcher ehedem als ein Riemer-Geselle zu Königsberg in Preussen zu dem HErrn bekehret worden, und ihm auch bis hierhin treu geblieben. Ein Bedienter bey den Anstalten übergab 1 Ducaten von einem Ungenannten. 2 Ducaten wurden mit folgender Beyschrift übergeben: „Ein Prediger aus dem Herzogthum Berg übersendet hieben für die „Ostindische Mission 2 Ducaten, dazu Herr B. 2 hiesige Thaler, Herr „M. jun. 1 hiesigen Thaler, Herr C. ½ Conventions-Thaler beygetragen, „macht zusammen 1 Ducaten 7 Gr., das übrige habe selber beygeleget, „mit dem herzlichen Wunsch, daß der HErr dieses wenige überschwäng-„lich segnen, bald aber noch mehr Herzen in meiner Gemeine erwecken „möge, zu dieser löblichen Anstalt das Ihrige beyzutragen, welches sodann „mit Freuden übersenden werde. E. den 1sten Aug. 1773." Aus Colberg folgten 4 Rthlr. für Tranckenbar, 3 Rthlr. für Madras, und 3 Rthlr. für Cudelur, mit der Beyschrift: „Pf. 22, 28. Es werde ge-„dacht aller Welt Ende, daß sie sich zum HErrn bekehren, und „vor ihm anbeten alle Geschlechte der Heiden, Amen;" ferner von einer dasigen Witwe 3 Rthlr. für die Mission zu Cudelur, und von einem Präposito für den Herrn Missionarius. Gericke 3 Rthlr. Ein

Gesand-

(208) Beylage zur Vorrede.

Aug. Gesandschafts-Prediger aus W. übermachte 1 Ducaten, nebst 1 Conventions-Thaler von einem dasigen zwar geringen aber rechtschaffenen Protestanten, den die ihm communicirten letzten Stücke von der neueren Geschichte der Evangelischen Missions-Anstalten zur innigen Freude in dem HERRN und zum besondern Preise seines Namens erwecket. Aus Eisfleth übersandte ein werther Gönner 3 Pistolen für Kranke und Schwache in der Trankenbarischen Gemeine, wozu eine mehrmalige Wohlthäterin 1 Pistole beygetragen.

Sept. §. 4. Im September überreichte eine Freundin 1 Louisd'or, mit folgender Beyschrift: „Zu dem gesegneten Missions-Werk reiche „anbey 1 Louisd'or ein, in der Absicht, daß solches zur Information der „neubekehrten Christen-Jugend in Indien möge angewendet werden; nebst „herzlichem Wunsch, daß der HErr auch dieses kleine Opfer zur Aus„breitung des Reichs JEsu Christi und dessen lebendiger Erkenntniß „wolle gereichen lassen. M. S. K." Aus dem Voigtland ließ ein Archidiaconus 1 Rthlr. für sich, 1 Louisd'or von einem Canzlar, und 1 Rthlr. von einem Diaconus nebst folgender Beyschrift des letzteren übergeben: „Ein Reichsthaler alt Geld für den Herrn Missionarius John, den ein „Reußischer Prediger, der ihn in Christo brüderlich liebet, nebst allen „seinen Mitarbeitern in Ostindien, inbrünstig segnet und mit Jes. 61, 8: „Ich will schaffen, daß ihre Arbeit soll gewiß seyn, u. s. w. zu ermun„tern und zu stärken sucht." Von Mey. im S. Mein. sandte ein Prediger 1 Ducaten, nebst 1 Louisd'or von einem seiner Zuhörer. Durch einen Prediger aus Prenzlau ließ eine Dame aus Liebe zu dem HErrn JEsu und zu Ausbreitung seines Reichs 25 Rthlr. übermachen. Von einer Person vom Stande überkamen 4 Louisd'or durch einen Hofprediger welcher das von einer Rechnung übrig bleibende gleichfalls für die Mission widmete. Ein Prediger nicht weit von Stendal übersandte 4 Rthlr. Von einer Witwe aus L. bey Cöthen folgte 1 Louisd'or, mit angeführtem Spruch, Gal. 6, 9: Lasset uns Gutes thun, u. s. w. Von einem General-Superintendenten wurden zwey Theile von 1 Ducaten für die Mission bestimt, und ein hiesiger Gönner ließ 2 Ducaten überreichen.

§. 5. Die

§. 5. Die vieljährige Gönnerin des Missions-Werks in den Sept. Würtenbergischen übermachte eine abermalige Liebes-Samlung von 157 Fl. 3 Xr., und legte davon folgende Specification unterm 12 Sept. 1773. bey: „H. H. W. 1 Ducaten, oder 5 Fl.; W. L. C. in Kirch- „heim denen lieben Malabaren 2 Fl. 45 Xr.; durch Herrn Sp. R. in „L. 8 Fl. 48 Xr.; durch Frau L. M. R. von einem ungenannten Freund „1 Conv. Thaler, oder 2 Fl. 24 Xr.; durch Herrn Sp. Ch. in H. „8 Fl. 30 Xr. (worunter 5 Fl. mit folgender Beyschrift befindlich: An- „bey folgen fünf Gulden zur Disposition der Herrn Missionarien in „Trankenbar. GOtt und unser Heiland, JEsus Christus, sey auch „künftig mit denenselben, und segne ihr Predigt- und Lehr-Amt unter „den Heyden überschwänglich, daß die Zahl derer, die ihr Heil in Christo „JEsu finden, recht groß, und sein Name recht herrlich werde. Helden- „heim den 12ten März 1773. C. H. K.); Item durch denselben ½ Mar- „d'or, oder 3 Fl 40 Xr.; von H. Brgm. Sch. (mit der Aufschrift: Die- „ses wenige für die neue Christen in Ostindien.) Durch Herrn Prd. „H. in L. von Fr. Olr. v. H. 11 Fl. (mit dieser schriftlichen Bey- „lage: Für die Mission zu Trankenbar, anzuwenden zur Ehre des gros- „sen GOttes, des Heiligen in Israel, zur Vermehrung seines Reichs, „und zur Errettung so vieler armen Seelen.) Item von einem christli- „chen Kaufmanns-Bedienten 1 Fl. 12 Xr.; durch eine Magd von einer „unbekannt seyn wollenden Person 2 Fl.; Herr Pr. St. 1 Carolin, oder „11 Fl; H. O. W. M. 1 Conv. Thaler, oder 2 Fl. 24 Xr.; durch Herrn „Spec. R. in L. (abermal mit der Aufschrift: für die Malabarische Mis- „sion von Lustnau) 5 Fl.; von Herrn H. Sch. zu L. ½ Mard'or, oder „3 Fl. 40 Xr.; durch denselben von Fr. Kr. daselbst 1 Conv. Thaler, „oder 7 Fl 12 Xr.; von Herrn Prd. Sch. 1 Conv. Thaler, oder 2 Fl. „24 Xr.; das gewöhnliche von Löbl. Landschaft 10 Fl; Fr. G. R. W. „2 Schild-Louisd'or, oder 22 Fl; Von und durch Herrn Prd. Jä. zu „C. zusammen 12 Fl. 4 Xr. (darunter von Herrn Prd. L. Br. 1 Duca- „ten begriffen.) Fr. Pfr. B. v. Münster die jährliche Caroline, oder „11 Fl für den Pathen ihres seligen Eheherrn, Ludewig Friederich; H. Pfr. „B. von B. selber überbracht an Conv. Geld 24 Fl (mit dieser schrift- „lichen Beylage: Von M. C. L. B. Pf. zu B. kommen an Convent. „Geld 24 Fl. darunter von Nutz. Freunden 11 Fl. befindlich; und sind „4 Fl. nach America bestimmt, das andere nach Trankenbar. Der HErr „lege seinen Segen darein.) Herr Pfr. B. v. Sch. 1 Fl.„

§. 6. Aus

(210) *Beylage zur Vorrede.*

Sept. §. 6. Aus Breßlau folgten von einem christlichen Kaufmann und mehrmaligen Wohlthäter 10 Rthlr.; von dessen Frau und Kindern 3 Rthlr. 20 Ggr., wie auch durch denselben von C. G. O. 10 Rthlr. und von J. C. S. 3 Rthlr. Aus Stroppen wurden 10 Rthlr., als zweyjähriges Interesse von einem Opitzischen Legat, übersandt. Ein Cavallier aus Thüringen widmete 4 Louisd'or zur Unterhaltung zweyer malabarischen Knaben, welche, gleichsam als Pathen seines ihm von GOtt geschenkten jungen Sohns, mit den Namen Johann Friederich und August belegt werden sollen. Ein Superintendens übermachte durch einen Mitarbeiter beym Waisenhause 1 Alberts-Thaler. Die gewöhnliche Collecte in Wernigerode für die Mission wurde mit 32 Rthlr. 18 Gr. übermacht, wozu eine ungenannte Gönnerin noch 15 Rthlr. hinzugelegt. Aus Dreßden erfolgten von einem vornehmen Gönner 2 Louisd'or für diejenige Mission, bey welcher Herr Fabricius im Segen arbeite, zur Beförderung und Ausbreitung des allein seligmachenden Glaubens an Christum. Ein Prediger aus dem Voigtland übermachte von einem benachbarten Verwalter 1 Rthlr. mit folgender Beyschrift:„

„Ach GOtt, du bist nicht ein verborgner GOtt;
„Du siehst auf Menschen, welche Mangel haben,
„Und hilfst dem Mangel in der Noth,
„Erweckest fremde Gaben.
„Ob gleich das Scherflein noch so klein,
„Ersetzt es doch der Segen dein.„

„Aus Memmingen erfolgte zuletzt eine abermalige Liebes-Samlung von „104 Fl. 54 Kr.

Oct. §. 7. Im October überschickte ein drey und achtzig jähriger würdiger Gerichts-Amtmann 15 Rthlr., wozu eine Adeliche Dame abermal 10 Rthlr. beygetragen. Eine Gräfliche Wittwe ließ 3 Rthlr. überreichen, und ein Premier-Lieutenant aus Sachsen übersandte von einer vornehmen Dame aus Dreßden 2 Ducaten, zur Ehre GOttes für das Missions-Werk und die schwarzen Brüder nach Trankenbar; desgleichen 2 Rthlr. von einem benachbarten Prediger, unter der Devise: Für den Erbherrn aller Heiden, zur Bekehrung der schwarzen Brüder zu

Tran-

Trankenbar; ferner von einem Gerber 8 Gr. für die Dänische Mission Oct. nach Trankenbar; wie auch von einem Gottesfürchtigen Bürger H. 8 Gr. mit den Worten: „Zur Ehre GOttes und zur Ausbreitung sei„nes Reichs; und für sich 1 Rthlr. 8 Gr. mit dem herzlichen Wunsch, „daß GOtt dieses wenige segnen wolle.„

§. 8. Von einem Grafen folgte 1 Louisd'or, und von Dero Frau Mutter auch 1 Louisd'or. Bey dem ersteren war unter andern geschrieben: „Ich an meinem Theil freue mich allemal von Herzen über den „beständigen Fortgang des Werks des HErrn unter den Heiden, wie „es denn in der That unsre Pflicht und Schuldigkeit ist, an diesem „grossen und herrlichen Werk, das uns GOtt in unsern Tagen erleben „lässet, Theil zu nehmen, uns darüber zu freuen, und Ihn dafür zu lo„ben und zu preisen. Ich bin auch auf das gewissseste versichert, daß, „gleichwie nun schon seit geraumen Jahren der herrliche Anfang gemacht „ist, den Gehorsam des Glaubens unter den entferntesten Heiden aufzu„richten; also auch der HERR, unser GOTT, dieses sein Werk ge„wiß nicht liegen lassen, sondern beständig fortsetzen werde, bis alle seine „Friedens-Gedanken, die er über uns und die ganze Welt hat, werden „vollendet und ausgeführet seyn, und bis alle Lande seiner Ehre voll „werden. Es sind mir heute auch die Worte Hos. 10, 12. besonders „eindrücklich gewesen: Säet Gerechtigkeit, (Röm. 3, 25.) und ern„tet Liebe, und pflüget anders; weil es Zeit ist den HErrn zu „suchen, bis daß er komme und regne über euch Gerechtigkeit, „welche zum Beschluß hier noch ansügen sollen.„ Ein anderer Graf eben desselben Orts ließ 2 Louisd'or übersenden, mit dem Beyfügen, daß Er sich nur die Verschwiegenheit seines Namens ausbäte, und GOtt um die Ausbreitung dieses Werks mit anflehete, damit der Name JEsu je mehr und mehr verherrlichet werde.

§. 9. Ein Prediger aus der Osterburgischen Inspection überbrachte 3 Rthlr. für die Mission des Herrn Schwarzens. Von einem General-Superintendent und alten würdigen Gönner folgten 2 Pistolen, nebst 1 Pistole wegen einer Witwe aus Bremen, mit folgender Beyschrift: „Von einer Witwe wird für die Mission zu Trankenbar hierbey

Oct. „eingesandt eine Pistole, welche die Herrn Missionarien anwenden kön„nen, wo sie es am nöthigsten erachten, nebst folgenden Versen:

„O JESU Christe, wahres Licht,
„Erleuchte, die dich kennen nicht,
„Und bringe sie zu deiner Heerd,
„Auf daß ein jeder selig werd.
„Erleuchte, die da sind verblendt,
„Bring her, die sich von uns getrennt,
„Versamle, die zerstreuet gehn,
„Hilf allen, die in Zweifel stehn:
„So werden sie mit uns zugleich
„Auf Erden, wie im Himmelreich,
„Hier zeitlich und dort ewiglich
„Für solche Gnade preisen dich.„

Von einem Gönner aus Wernigerode wurden 2 Friederichsd'or übersandt, und davon der eine für die Ostindische Anstalten zum Bau des Reichs GOttes gewidmet.

§. 10. In der Buchhandlung des Waisenhauses zu Leipzig waren während Messe folgende liebreiche Beyträge für die Mission übergeben worden: (a) 30 Stück vollwichtige Louisd'or, mit der Beyschrift:„ Zur Er„quickung armer, auch bedürftiger, alter, und kranker Christen — G. (b) Aus Rochlitz 2 Rthlr. 12 Gr. von einem Superintendenten, nebst 2 Rthlr. 12 Gr. von einem General-Accis-Inspector, und 7 Rthlr. 12 Gr. von einem Kaufmann; worauf eben daher durch den gedachten Herrn Superintendenten noch 2 neue Sächsische Thaler nachgefolgt, so unter den Buchstaben H. E. Gr. v. R. zu notiren verlanget worden. (c) Von einem Prediger in der Lausitz 1 Lüneburgischer Gulden. (d) Aus dem Intelligenz-Comtoir 1 Rthlr. mit der Devise E. G. D. für die Mission. (e) Von einem Kaufmann in Leipzig 2 Louisd'or. (f) Von einem Doctor Juris 2 Ducaten. (g) Der Herr Senior Urlsperger zu Augsburg ließ in der Buch-

Buchhandlung 100 Species-Thaler auszahlen, wovon 50 Species-Thaler Oct. für Pensylvanien, 30 Species-Thaler aber zu anderm Behuf, und 20 Species-Thaler für die Mission bestimmt worden, welche letztere aus folgenden liebreichen Beyträgen bestanden: Herr H. 1 Conventions-Thaler, oder 2 Fl. 24 Kr. Münz; Herr M. ½ Caroline, oder 2 Fl. 45 Kr.; Herr Pf. aus V. 8 Fl.; Herr S. Ch. v. R. 2 Ducaten, oder 10 Fl.; Herr H. 2 Conventions-Thaler, oder 4 Fl. 48 Kr.; und Herr St. D. v. St. 2 alter Louisd'or oder 9 Fl.; nebst Zulage von 11 Fl. 3 Kr. Zugleich übersandte der gedachte Herr Senior von andern schon früher eingegangenen 100 Species-Reichsthalern die vorher verloren gegangene Specification, wovon aber, weil 66⅔ Species-Thaler für Pensylvanien bestimmt gewesen, und also nur von denen für die Mission bestimmten 33⅓ Species-Thalern, oder 80 Fl. Münz, hier folgendes Verzeichniß mitgetheilet werden kan: Von Herrn F. G. 2 alte Louisd'or, oder 18 Fl.; Herr Pf. aus V. 8 Fl.; Herr S. aus R. 1 Fl. 12 Kr.; Herr Kl. aus M. 1 Fl.; Herr M. 1 Goldgulden, oder 3 Fl. 40 Kr.; Herr F. G. 4 Ducaten, oder 20 Fl.; Herr Pf. aus V. 8 Fl.; Herr M. 1 Federthaler, oder 2 Fl. 45 Kr.; Herr S. v. R. 1 Caroline, oder 11 Fl.; ad formandum numerum rotundum hinzugefügt 6 Fl. 23 Kr.; (h) wurden ferner in der Buchhandlung abgegeben, durch die Frau M. Schultin y A. Reichswährung von den Erben eines vor mehrern Jahren verstorbenen Rectors aus Nürnberg. (i) Von einem Seifensieder aus einem Sächsischen Städtlein 2 halbe Laubthaler. (k) Ferner 2 Rthlr. für arme Witwen in Ostindien von M. E. M. W. — S. den 20sten August 1773, mit der Anzeige, daß bey der Anführung seines vorjährigen liebreichen Beytrags in der Beylage zur Vorrede des 6ten Stücks S. (153) aus Versehen in den Buchstaben ein E. für S. und der 21te für den 72sten Psalm gedruckt worden, daher er den Spruch aus dem schönen 72sten Ps. nochmals anführe: Sein Name wird ewiglich bleiben. So lange die Sonne währet, wird sein Name auf die Nachkommen reichen; und werden durch denselben gesegnet seyn. Alle Heiden werden ihn preisen.

§. 11. Und endlich (l) wurde in der Buchhandlung zu Leipzig ein Schreiben nebst dazu gehörigem Beytrag abgegeben, darinnen unter andern folgendes geschrieben war: „Daß ich jetzt zum Besten der „Mission

Oct. „Mission einen, obzwar geringen, Beytrag übermachen kán, ist mir
„eine nicht geringe Freude. Meines Herzens Wunsch ist, daß unser
„gesegneter Heiland, der Macht empfangen hat über alles Fleisch, da-
„mit er das ewige Leben gebe denen, die an seinen Namen glauben,
„durch meine und vieler, vieler Menschen Seligmachung immer mehr und
„mehr möge verherrlichet werden. Darum freue ich mich über so manche
„Anstalten, in der Christenheit, und über die Mission ausser derselben.
„Darum sind mir die in solchen Anstalten und Missionen befindliche treue
„und geschickte Arbeiter so ehrwürdig. Sie Arbeiten zur Verherrlichung
„JEsu Christi an der Seligkeit der Menschen und vermehren dadurch
„ihre eigene Seligkeit. Ich weiß wol, daß die Seligmachung der Men-
„schen und die Verherrlichung JESU Christi kein Menschenwerk ist.
„GOtt muß seinen Sohn verklären, Joh. 17, 5. Gesch. 3, 13. und er
„macht uns selig Tit. 3, 5. Davon halte mich völlig überzeugt. Aber
„ich glaube auch, daß wir zur Verherrlichung JEsu Christi und zur
„Seligmachung der Menschen beytragen müssen und können. GOTT
„giebt einen hellen Schein in unsere Herzen, daß wir selbst mögen selig
„werden, aber auch, daß durch uns entstehe die Erleuchtung von der
„Erkentniß der Klarheit GOttes in dem Angesichte JEsu Christi 2 Cor.
„4, 6. Dadurch wird die Ehre GOttes nicht geschmälert, sondern er-
„höhet, und uns eine desto grössere Freude zubereitet, wenn er uns zu
„Gehülfen anderer Seligkeit macht, wodurch er auch unsere Liebe gegen
„einander, wegen des Nutzens von einander, erleichtert und vermehret.
„GOtt hat unserer nicht nöthig; er braucht uns aber, um unsere eigene
„Glückseligkeit zu erhöhen und zu vergrössern. So stelle ich mir die Ver-
„fassung des Reiches GOttes auf Erden vor, und daher mache ich mir
„eine so grosse aber recht selige Pflicht, und zugleich eine Ehre daraus,
„etwas zur Ehre meines um mich unaussprechlich hochverdienten Hei-
„landes, und um dessen willen zur Seligmachung anderer Menschen bey-
„zutragen. Nach meinen geringen Fähigkeiten und Geschicklichkeiten,
„nach meinem Stand, worin ich stehe, nach vielen Hindernissen, die ich
„überall finde, bescheide ich mich zwar gern, daß ich nicht grosse Dinge
„begehren darf, und verwahre mich dadurch vor Aengstlichkeit und ängst-
„licher Geschäftigkeit. Allein ich halte mir auch nie eine aus Unglauben
„entstehende Trägheit, die sich gern unter der Larve der Gedult verbir-
„get, aber der göttlichen Reichs-Verfassung zuwider ist, zu gut. In
„diesem Sinne bin ich auch gegen die Missions-Anstalten nicht gleichgül-

ntig,

"lg, und freue mich, wenn ich etwas dazu beytragen kan, daß die ehr-
"würdigen Brüder, die Herren Missionarien, den Muth nicht sinken
"lassen, sondern sich vielmehr stärken, unter andern auch dadurch, daß sie
"von Zeit zu Zeit gewahr werden, daß noch viele ihnen sonst unbekannte
"Menschen an ihrer mühsamen, und dem ersten Anblick nach nicht sonder-
"lich viel austragenden Arbeit Freude haben, und auf allerley Weise ih-
"nen zu Hülfe zu kommen suchen. Ich freue mich, wenn ich dazu helfen
"kan, daß in Ostindien einem Schulkinde ein Buch verehret wird, wo-
"durch es den Saamen zu guten Gedanken und zum seligmachenden Glau-
"ben empfänget — daß ein armes oder krankes durch eine Gabe in ver-
"legenen und kümmerlichen Umständen erquicket, und dadurch veranlasset
"wird, von unserm GOtt und seinem Sohne, JEsu Christo, und denen,
"die ihn lieb haben, Gutes zu reden, und seinen heidnischen Bekannten
"von dem Werth der christlichen Religion einen Eindruck zu machen.
"In diesem Sinn übermache E. H. hiemit eine Gabe, die von mir und
"einigen meist redlichen, die Verherrlichung JEsu Christi, ihre eigene
"und anderer Seligkeit wünschenden Freunden zusammen gelegt worden.
"Es bestehet dieser Beytrag aus 30 Rthlr. nach hiesigem Cours. Und
"ich merke davon noch insonderheit an, daß darunter 4 gerändete Hollän-
"dische Ducaten sich befinden, davon einer aus Essen, drey aber aus der
"gesegneten Pension in D. mir zugestellet worden. Von der theuer
"geachteten Vorsteherin dieser Pension bin ich ersucht worden, die
"Uebermachung der Gabe mit einer Erinnerung an Psalm 96, 10.
"zu begleiten."

§. 12. Ueber Frankfurth und Leipzig liefen fünf neue Louisd'or, und
zehen kleine Thaler aus Straßburg ein, wobey der würdige Gönner folgendes geschrieben hatte: "Ich habe die Ehre, die Nachlese zu dem auf
"Ostern gewöhnlich abgehenden Liebes-Beytrag zu übersenden, ob wol
"dieselbe diesesmal klein und nur in zehn kleinen Thalern bestehet. Hier-
"unter sind 6 Sols, oder ungefehr 8 Kr. Ihres Geldes, welche im Almo-
"senstock einer armen Französischen Evangelisch-Lutherischen Dorf-Ge-
"meine gefunden worden (dergleichen nur zwey in der ganzen Provinz, ja
"in ganz Frankreich sind) mit der Beyschrift: Pour la Conversion Ma-
"labare. Welches zu melden nicht habe vergessen wollen, weil auch nur
"der Einfall, zur Bekehrung der Heiden was beyzutragen, auf unsern

Oct. „Dörfern wenigstens, sehr selten, und übrigens die zwey Scherflein der
„armen Wittwe dem HErrn so wol, als die Gaben der Reichen, gefallen.
„Der grosse König, JEsus Christus, der dieses herrliche Werk unter so
„vielen Prüfungen von langem her hat zu erhalten gewußt, wird auch die
„neueren, an denen hertzlichen Antheil nehme, zu lauter Segen und Herr-
„lichkeit ausschlagen lassen. Es heißt auch hier, wie dort unser Heiland
„gesprochen: Fürchte dich nicht, glaube nur. —— So eben, da
„ich schliessen will, und mir nicht recht ist, daß der dermalige Liebes-
„Beytrag so klein ausfällt, werden mir unter merkwürdigen Umständen
„aus einem christlichen Hause sechs Louisd'or zugesandt, wovon ich fünf
„an E. H. übersenden soll, um sie theils für die Ostindischen, theils Ame-
„ricanischen Anstalten anzuwenden. Die Meinung ist nicht, daß an je-
„dem Ort die Hälfte davon kommen soll, sondern E. H. belieben, je
„nachdem Ostindien oder America mehr Beyhülfe braucht, nach Dero
„Einsicht und Treue selbst das Quantum zu bestimmen, das an jeden
„Ort kommen soll. Der Herr sey auch für diese wunderbare Lenkung
„des Hertzens zu seinem Werk hochgepriesen. Nach der gütigst überlas-
senen Eintheilung sind diesesmal drey neue Louisd'or für Pensylvanien,
und das übrige für die Mission bestimmt worden.

§. 13. Ferner liefen über Frankfurth und Leipzig 60 Fl. ein, mit
folgender Beyschrift: „Eine betagte Wittwe und mehrmalige Wohlthä-
„terin der Ostindischen Mission überschickt hierdurch einen Beytrag von
„60 Fl. wovon 30 Fl. nach Trankenbar, 15 Fl. nach Madras, und
„15 Fl. nach Cudelur bestimmt sind. Sie wünschet anbey, daß der
„reiche Segens-GOTT es mit seinem Segen zu seiner Ehre begleiten
„wolle:

„Malabaren säumet nicht,
„Macht euch auf und werdet Licht,
„Von des Geistes Licht und Schein
„Lasset euch erleuchten sein.

„Glaubt an JEsum und sein Wort,
„Bleibt getreu dem Seelen-Hort;
„Von Sünd laßt ab und Gutes thut,
„Kehrt euch zu GOTT; so habt ihrs gut.
„W. den 6ten Sept. 1773.„

Auch

Auch hatte dem Factor in Frankfurth ein mehrmaliger Wohlthäter, un- Oct.
ter den Buchstaben J. F. P. 1 Ducaten zugestellt, so gleichfalls richtig überliefert wurde.

§. 14. Aus Salfeld lief folgendes ein: „Es hat mich die mehr-
„malige Wohlthäterin des Missions-Werks in Ostindien ersucht, bey-
„gehende 2 Louisd'or zum Behuf dasigen Werks an E. H. zu übermna-
„chen, welches ich hiedurch mit desto grösserer Freude bewirke, da ich aus
„dem erhaltenen 7ten Stück der neuern Missions-Berichte nicht nur den
„guten Fortgang der Mission ersehen, sondern auch unter herzlichem Lobe
„GOttes vernommen habe, daß der gewesene Inspector, Herr Diemer,
„den Ruf nach Calcutta angenommen, und nun im Begriff stehe, die
„Reise zu seinem bestimmten Ort anzutreten. Der Vater im Himmel
„wolle auch hiedurch seinen Namen heiligen, sein Reich erweitern und
„seinen guten Willen vollbringen! Er bewahre den neuen Herrn Mis-
„sionarium wie einen Augapfel im Auge, und stärke auch die ältern Ar-
„beiter zu seinem Ruhm!" Eine hohe Gönnerin aus Sachsen schrieb
bey Uebersendung ihrer Wohlthat unter andern: „Ich nehme von Her-
„zen Theil an allen guten Nachrichten, die von dem wichtigen Missions-
„Werk ertheilet werden. Der Dreyeinige GOTT sey gelobet und ge-
„priesen, der diese Mission gestiftet, befördert und bishieher erhalten hat,
„der so viele redliche Arbeiter zubereitet, in diesem wichtigen Werk sich
„brauchen zu lassen, auch aus denen Heiden selbst treue Lehrer erwecket
„hat, die alle in einem Sinn arbeiten, und durch keine Beschwerden
„sich abschrecken lassen, sondern im Glauben mit unserm Heiland verei-
„niget, und durch die Liebe unter einander innigst verbunden sind. Da
„leider in diesen Landen alle wahre Gottseligkeit abzunehmen scheinet,
„so sind diese erbauliche Nachrichten aus der Ferne einem recht erquickend,
„und ist GOtt demüthigst zu preisen, daß er dieses heilsame Werk erhält,
„und immer redliche Missionarien erwecket, auch Gnade verliehen, einen
„neuen Landprediger zu erwählen, auch mehrere Catecheten. Diese
„Nachricht ist mir sehr angenehm gewesen, in E. H. Brief zu lesen, ich
„preise den HErrn mit Ihnen von Herzen, und danke ihm für diese grosse
„Wohlthat. Der HErr mache mich selbst ihm zum Dankopfer dafür,
„da ich im leiblichen nur ein geringes Scherflein beytragen kan." Bey
dem Gelde waren noch insonderheit die Sprüche Jerem. 31, 10. Cap.
27, 7. Cap. 16, 19. 20. 21. Cap. 49, 6. Offenb. 21, 24. beygeschrieben
und

(218) Beylage zur Vorrede.

Oct. und folgendes hinzugesetzt: "Die vorgesetzten Sprüche heiliger Schrift "müssen doch zu einiger Erbauung dienen. Hierbey übersende meine ge- "ringe Gabe an 18 Rthlr., davon 12 Rthlr. für Trankenbar, und 6 Rthlr. "für Madras und Cudelur bestimmt sind. Bey dem ersten ist die Kost "für das angenommene Mägdlein mit begriffen. Bey diesem Wenigen "kan man sagen: Was ist das unter so viele? Aber der HErr JEsus, "der seine Allmacht damals durch die recht wunderbare und liebreiche "Vermehrung des Brodts bewiesen, kan auch hierbey seine allmächtige "Kraft erzeigen, und dieses Wenige tausendfältig vermehren. Das wolle "er aus Gnaden thun, damit auch Tirutschinapalli, Tanschaur und Cal- "cutta etwas davon erfahren. Denen lieben Herrn Missionarien, Land- "predigern und übrigen Arbeitern wünsche ich von Herzen den fernern "Beystand des heiligen Geistes zu ihrem wichtigen und mit vielen Be- "schwerden verknüpften Amt. Den neuen Herrn Missionarium und den "neuen Landprediger wolle der HERR mit Kraft aus der Höhe ausrü- "sten zu ihren seligen Geschäften, daß viele Seelen dem HErrn JEsu "durch sein heiliges Evangelium gewonnen werden. Was über achtzehen "Thaler ist, das komt von meiner Tochter und einer Person in meinen "Diensten, also empfangen E. H. zu gütiger Beförderung 19 Rthlr. "20 Gr."

§. 15. Ein Präpositus ließ durch seinen hier studirenden Sohn 16 Gr. für eine GOtt fürchtende Malabarische christliche Witwe in Tranfenbar übergeben. Ferner übersandte ein Prediger aus dem Meklenburgischen von einer verwittweten Seniorin 2 Rthlr. neue Zweydrittel-Stücke, von einem Hofrath B. in S. 10 Rthlr. in Golde, und von einem Ungenannten H. v. B. 10 Rthlr. neue Zweydrittel, und schrieb dabey: "Ich fürchte, daß das lautere und süsse Evangelium GOttes, "woran jetzt so viele künsteln, unter uns rarer und endlich von solchen "Selbstklugen gar genommen, und den Heiden zugewandt werde. Der "HERR gebe doch unter Christen und Heiden einfältige und gnaden- "hungrige Herzen, denn solche müssen es seyn, wenn das Evangelium "seine seligmachende Kraft beweisen soll. Er der HErr, unser GOtt, er- "wecke mich und sein ganzes Christliches Zion zum ernstlichen und gläu- "bigen Gebet für die Heiden; er erhöre solches, und gebe diesen Gnade "zur Busse und zum Glauben, daß Christen und Heiden, ja Juden und alle "Völker GOtt und den Vater unsers HErrn JEsu Christi kennen lernen, "und

„und mit einem Munde loben und preisen. Er wolle nach seiner gnädi- Oct.
„gen Verheissung sich seiner Heerde selbst annehmen, sich viele zu seinen
„Schafen sammlen, und sein Himmelreich voll machen. Amen." Aus
denen Ausbeut-Geldern von gewissen Kuxen auf den Mansfeldischen
Bergwerken wurden, nach einem Legato, 15 Rthlr. eingesandt; und von
einem Freund der Wahrheit aus R. durch eine Gräfin 1 Species Thaler
übermacht, mit folgender Aufschrift auf dem versiegelten Papier: „Für
„dürftige Malabaren. Der HErr, der das Kleine nicht verschmähet,
„wolle auch diese kleine Gabe mit seinem Segen begleiten."

§. 16. Aus Halberstadt folgten 5 Rthlr. für die Mission in Ostindien (nebst andern 5 Rthlrn. für die Gemeinen in Pensylvanien), und
in einem besonderen Papier war noch 1 Preussischer Thaler eingesiegelt,
mit der Ueberschrift: „Für die gesegnete Ostindisch-Malabarische Mission.
„GOtt segne sie sie ferner!" Endlich wurden in dem Stock des Waisenhauses noch zwey Wohlthaten gefunden. Die erste war 1 Rthlr. mit
der Beyschrift: „Jes. 63, 7. Ich will der Güte des HErrn gedenken u.s.w.
„In Iesu Beatus Sum.

„Ein Scherflein für die Malabaren:
„HERR, laß auch sie dein Heil erfahren!"

Die andere bestand in 12 Gr. Sächsischem Geld, mit der Beyschrift:
„Diese kleine Gabe überschickt eine Magd für die arme Malabaren, so
„da wohnen in Bengalen.

„GOtt wolle dis Scherflein den Heiden vermehren,
„Und unter denselben noch viele bekehren!

§. 17. Im November ließ eine Hochgräfliche Standes-Person Nov.
2 Louisd'or überreichen, und ein liebthätiger Gönner der Malabarischen
Christen zu Wildeshausen durch einen Prediger auch 2 Louisd'or übersenden; nicht weniger eine Hochadeliche Fräulein v. P. zu D. durch einen
Mitarbeiter des Waisenhauses 5 Louisd'or übergeben. Aus Nürnberg
folgten 2 Ducaten von einem ungenannten Freund, welcher die Nachrichten mit grösster Begierde liest, und folgendes beygeschrieben hatte:
„Die

Nov. "Die hiebey liegende zu den Ostindischen löblichen Missions-Anstalten "bestimmte zwey Ducaten, welche der liebe GOtt zur Ehre seines heili"gen Namens segnen wolle, belieben E. H. zu verwenden, wie Dieselbe "es am dienlichsten zu seyn erachten. Nürnberg den 21sten October 1773." Ein redlicher Pastor nahe bey Schleßwig, welcher nicht genannt seyn wollen, hatte für die Mission in Trankenbar 4 Rthlr. bestimmt, wofür ein würdiger General-Superintendens 2 Holländische Ducaten übersandte. Durch einen Prediger aus dem Hanauischen wurde von einem Amtmann 1 Louisd'or für die Mission zu Trankenbar, und von dessen Jungfer Schwester 1 Ducaten für die zwey Geistlichen, welche von der Catholischen Religion zu unserer übergetreten, übermacht. Ein Prediger B. zu B. ließ durch einem hiesigen Mitarbeiter 2 Rthlr. überreichen, und ein Hofapotheker übersandte 12 Rthlr., als seinen jährlichen liebreichen Beytrag zu der schon bekannten Bestimmung, nemlich für den Malabarischen Pathen seines seligen Herrn Vaters, mit Namen Johann. Durch einen hiesigen Mitarbeiter wurde der in folgender Beyschrift angezeigte liebreiche Beytrag übergeben: "Ein Prediger aus E. im Herzog"thum Berg übersendet hieben für die Ostindische Missionen drey Duca"ten und einen halben Louisd'or. Dazu hat Frau W. und Herr H. "gegeben einen Ducaten, Herr Sch. einen Ducaten, Herr N. zwey "Thaler hiesiges Geld, die Pistole zu sechs Thaler gerechnet, und Herr "Gr. einen Conventions-Thaler gleichfalls in hiesigem Gelde; das übrige "habe selber beygeleget, mit der Devise: 2 Cor. 9, 8. E. den 2ten Nov. "1773."

§. 18. Eine Gräfin aus Franken übersandte für sich und eine Fürstin 2 Ducaten. Von einer Hochadelichen Standes-Person aus der Lausitz lief folgendes ein: "Da M. L. Fr. bey einem vom HErrn "bescherten Segen die Worte Spr. 3, 9. aufgefallen sind; so übermachet "sie 10 Rthlr. für die Missions-Anstalten, wozu ich 5 Rthlr. von dem, "was GOtt bescheret, beyfüge; E. H. besten christlichen Einsicht aber "überlassen wir die Eintheilung, da Dieselbe am besten wissen, wie, und "wo es am nöthigsten und bedürftigsten ist. Wir fügen den 96sten und "122sten Psalm v. 6. 7. hinzu, nebst dem 117ten Psalm, und befehlen uns "E. H. Gebet und Andenken vor unserm gemeinschaftlichen HERRN "und Heilande. Wohl allen die auf ihn trauen!" Ein alter werther Gönner

Gönner übermachte durch Wechsel 18 Pf. Sterling zum Unterhalt zehen Nov. armer Malabarischer Schulkinder, nebst 2 Pf. Sterling zu Speisung armer Proselyten dieser Nation. Aus Petersburg wurden 20 Rubel übermacht, dazu von D. H. B. 10 Rubel, von J. C. H. 2 Rubel, von J. C. A. 2 Rubel, von G. F. R. 2 Rubel, vom Schmidt K. 2 Rubel, und von einem Candidat B. 2 Rubel beygetragen worden. Und endlich wurde aus Sonnenburg für die Trankenbarische Mission 1 Ducaten übersandt, und von dem werthen Gönner unter andern dabey geschrieben: „E. H. danke von „Herzen, daß Sie so gütig sind, und mich der Freude theilhaftig ma„chen, die gesegneten Nachrichten von dem erwünschten Fortgange des „so grossen und göttlichen Missions-Werks von Zeit zu Zeit zu erhalten. „Sie gereichen nicht nur mir, sondern auch mehrern, denen ich solche com„municire, zur reichen Erbauung und vielem Lobe GOttes. Insonder„heit habe ich mich über die letztere Nachricht herzlich gefreuet, wie GOtt „E. H. grossen Kummer endlich gehoben, und Ihnen so wunderbar den „neuen Herrn Missionarium geschenket, den er längst dazu ersehen, und „Ihnen zugedacht hat. GOTT erfülle Dero Hoffnung und Wunsch, „bringe ihn glücklich an den Ort seiner Bestimmung, und lasse ihn ein „ausserordentliches Rüstzeug seyn, seinen Namen zu tragen vor den Hei„den, aufzuthun ihre Augen, daß sie sich bekehren. Da ich den lieben „Bruder, Herrn Schwarz, als ein Sonnenburgisch Kind, schon seit „32 Jahren kenne und zärtlich liebe; so sind mir die gesegneten Nach„richten von ihm desto angenehmer. So klein unser Sonnenburg, als „ein Bethlehem, ist; so hat doch GOtt sich daraus zwey Evangelisten (*) „unter die Heiden ausgesondert, welches mir oft zur Glaubens-Stärkung „und zur tröstlichen Versicherung gereichet, daß er auch an uns in Son„nenburg denken, und uns segnen werde. Der Verfall unserer Zeiten, „ist leider aller Orten sehr groß. Wie oft erinnere ich mich noch der „vorigen gesegneten Zeiten und des herrlichen Periodi, da ich in Halle „studiret, und die theuren alten GOttes-Menschen gehöret. — „JEsus Christus gestern und heute, ist und bleibet derselbe in Ewig„keit. Der wird auch seine Ehre schon zu retten wissen, und noch immer „Zeugen der Wahrheit erwecken und erhalten.„

§. 19. Im December übermachte ein redlicher Prediger unweit Dec. Bern in der Schweiz durch einen Wechsel (ausser dem, was zu andern Behuf

(*) Der erste war Herr Benjamin Schulze.

Dec. Behuf bestimmt war) 42⅜ französische neue Thaler, laut folgendem von ihm beygefügten Verzeichniß: „(1) von einer Dame von Condition „4 neue Thaler für kranke Christen zu Trankenbar; (2) von einer al- „ten, aber mir unbekanten Wohlthäterin 4 Dito für die Mission zu „Cudelur; (3) von einem alten Freund der Mission 4 Dito für die- „selbe; (4) von meinem Herrn Kirchen-Patron 12 Dito für die Un- „terhaltung dessen Pflegesohn und 1 Dito dem Jüngling selbst zu eini- „ger Aufmunterung im Fleiß. Das von den Herrn Missionarien über- „schickte Oles mit den von ihm geschriebenen Teutschen und Malabari- „schen Sprüchen hatte seinem gütigen Herrn Wohlthäter ein inniges „Vergnügen verursacht. Er danket den Herrn Missionarien für ihre „treue Unterweisung und empfiehlet ihn denselben noch ferner auf das „angelegentlichste. Er freuet sich und danket GOtt für das löbliche „und günstige Zeugniß, so der Knabe von den Herrn Missionarien er- „halten, und daß sie denselben auch in der Teutschen Sprache unter- „weisen, damit er zu seiner Zeit in den Stand gesetzt werde, die in „dieser Sprache geschriebene vortreffliche Bücher zu gebrauchen. Er „bittet GOtt, daß er das angefangene gute Werk in dem Knaben „fortsetze und vollende, damit er zu seiner Zeit in der Hand GOttes „ein tüchtiges und brauchbares Werkzeug in dem Dienst und Wein- „berg des HERRN abgebe. — Er hat ein eigenhändiges Ermah- „nungs-Schreiben an den Knaben hinzugefügt. — Ferner (5) von „einer andern Dame von Condition 3 neue Thaler; wovon die Hälfte „zur Erquickung eines neugetaufte Christen, der nach Christo ein Ver- „langen hat, mag gegeben werden; die andere Hälfte aber wird der „Disposition der Herren Missionarien überlassen; (6) von einem stil- „len und der Welt unbekannten, betagten Mann, in meiner Kirch- „Gemeine, der JEsum, sein Reich, seine Glieder und Diener auf- „richtig liebet, auch fleissig und treulich arbeitet, daß er dem Dürftigen „in seiner Noth helfen möge, 4 neue Thaler für den Herrn Mission- „rius Gericke in Cudelur, und 4 Dito für den Herrn Missionarius „Schwarz in Tirutschinapalli; (7) von einem benachbarten Freund und „Amtsbruder aus seiner Casse für die Mission, (worein unter andern „auch 2 neue Thaler von einem ihm benachbarten Pfarrer gekommen, „der die Missions-Nachrichten mit vieler Hochachtung und Segen lie- „set) für die Mission 6 neue Thaler zu freyer Disposition der Herrn „Missionarien in Trankenbar, und endlich (8) ½ Dito für einen mit „Schul-

"Schulden behafteten redlichen Christen in Trankenbar." Der werthe Dec. Prediger fügte übrigens noch hinzu: "Gelobet sey der HERR für diesen Segen! So vergisset der HErr HErr sein Werk nicht! Was er heut nicht thut, das thut er morgen, und dann giebt er gemeiniglich mehr, wenn man ihm vertrauet, ihn sorgen lässet und alles von ihm hoffet, als man erwartet. Ich suchte nichts, weder directe, noch indirecte, klopfte nirgendwo an. Ja ich Furchtsamer gedachte, hier und dort möchte etwas zurück bleiben, oder ein Brünnlein versiegen und zu fliessen aufhören. Allein auch diesmal hat mich der HErr zu Schanden gemacht. Nicht nur wurde dieses in meinen Augen versiegete Brünnlein wieder eröffnet, sondern der HERR wuste neue und reiche Bächlein hinzuzuleiten, und die alten Brünnlein musten auf seinen Befehl reicher fliessen. O ich Kleingläubiger! Wenn werde ich doch einsten lernen alle Zweifel zu verabschieden. So oft hat mich der HErr schon liebreich beschämet, und mich hierüber durch That und Werke unterrichtet, und doch erzeiget sich die Natur Thomä immer. Allein Thomas glaubte, da er sahe und fühlte; und mir wird auch beydes gestattet, auch ich kan sehen und fühlen; warum heißt es dann nicht auch bey mir: Mein HERR und mein GOTT!"

§. 20. Ein Cavallier aus der Neumark übersandte für die Mission 2 Louisd'or. Ein Major in Dänischen Diensten übermachte folgende Liebes-Gaben: 1) Von zwey christlichen Damen 8 Rthlr. schwehr Geld, mit der Beyschrift: "Denen Herrn Missionarien und übrigem kleinen Häuflein wird zugleich jene trostvolle Verheissung gesendet, Jer. 33, 8. 9: Und will sie reinigen von aller Missethat, damit sie wider mich gesündiget haben, und will ihnen vergeben alle Missethat, damit sie wider mich gesündiget und übertreten haben. Und, das soll mir ein fröhlicher Name, Ruhm und Preis seyn unter allen Heiden auf Erden, wenn sie hören werden, alle das Gute, das ich ihnen thue. Und werden sich verwundern und entsetzen, über alle dem Guten, und über alle dem Friede, den ich ihnen geben will. Der HERR baue sein Reich in dortigen Gegenden, daß das Wort Psalm 2, 8. bald in völlige Erfüllung gehe: Heische von mir, so will ich dir die Heiden zum Erbe geben, und der Welt Ende zum Eigenthum. N. N, Den 21sten November 1773." 2) Von einer adelichen Witwe 2 Rthlr.

Dec. 2 Rthlr. Dänisch mit folgender Beyschrift: "Nebst einem geringen Bey„trag von 2 Rthlr. für die bedürftigen christlichen Armen in Trankenbar, „ergehet mein herzlicher Wunsch für sie, daß die ewige Liebe je länger „je mehr seine göttliche Verheissung gnädigst erfüllen wolle, da er spricht: „Die Blinden will ich auf dem Wege leiten, den sie nicht wissen; ich „will sie führen auf den Steigen, die sie nicht kennen; ich will die Fin„sterniß vor ihnen her zum Lichte machen, und das Höckerichte zur Ebene. „Solches wird er ihnen thun, und sie nicht verlassen. Amen." 3) Von seinem geliebten Hauswirth ½ Louisd'or, wobey folgendes geschrieben war:

„Von JESU mir geschenkten Gaben
    „Send eine halbe Louisd'or,
„Die Mission woll' damit laben
    „Die GOTT nur geben Dank davor.

„Aller wahren Knechte und Kinder GOttes, welche aller in Adam „gefallener Menschen Seelen Errettung durch Christum für ihr höchstes „Guth halten, demüthige Bitte zu dem Vater unsers HErrn JE„su Christi Ps. 102, 14.16: Du wollest dich aufmachen und über Zion „erbarmen, denn es ist Zeit, daß du ihr gnädig seyst, und die Stunde „ist kommen. Denn deine Knechte wolten gern, daß sie gebauet wür„de, und sähen gern, daß ihre Steine und Kalk zugerichtet würden, „daß die Heiden den Namen des HErrn fürchten, und alle Könige „auf Erden deine Ehre. Göttliche gnadenvolle Antwort aus Jes. 2, 2: „Es wird zur letzten Zeit der Berg, da des HErrn Haus ist, gewiß „seyn, höher denn alle Berge, und über alle Hügel erhaben werden. Und „werden alle Heiden dazu laufen, und viele Völker hingehen und sagen: „Kommt, laßt uns auf den Berg des HErrn gehen zum Hause des „GOttes Jacob, daß er uns lehre seine Wege, und wir wandeln auf „seinen Steigen. Denn von Zion wird das Gesetz ausgehen, und des „HERRN Wort von Jerusalem. Luc. 24, 47.49.

„O Vater in des Himmels Thron!
„Du wollst noch heute geben,
„Was uns bereits dein lieber Sohn
„Erfleht in seinem Leben, (in den Tagen seines Fleisches, Joh. 17.)
                                                        „O ritt

„O rett doch seines Namens Ehr,
„Bau, und sein Gnaden-Reich vermehr
„In aller Menschen Seelen.„

Desgleichen 4) ⅓ Rthlr. Dänisch mit dieser Beyschrift: „Hiob 1, 21. „Auch übersendet ein armer Lieutenant in Dänischen Diensten, dessen „Gebet vom HErrn oft erhöret worden ist, sein Scherflein nach Tran„kenbar in die Mission, einen halben Reichsthaler. HERR, segne „diese deine Gabe. — Ich hange an deinen Zeugnissen, HERR, „laß mich nicht zu Schanden werden.„ Und er selbst hatte 4 Rthlr. beygefügt und folgendes dabey geschrieben: „Der liebe HErr und Hei„land nehme diese kleine milde Gaben in seine reiche segensvolle Hand, „daß sie nach seinem gnädigen Willen, zu seinem Dienst und zu dem „Endzweck, seinen grossen Namen zu verherrlichen, also angewendet wer„den, daß das Reich unsers HErrn JEsu Christi auch dadurch unter „den Heiden gefördert und vermehret werde, und das Licht immer heller „aufgehen und die Herrlichkeit des HERRN erscheinen möge über „die Heiden sowol, als die Christen, damit erfüllet werde die herrliche „Verheissung Jes. 60, 1 bis 5: Denn, siehe, Finsterniß bedecket das „Erdreich, und Dunkel die Völker. Aber über dir gehet auf der HERR, „und seine Herrlichkeit erscheinet über dir. Und die Heiden werden in „deinem Lichte wandeln, und die Könige im Glanz, der über dir auf„gehet. — — Uebrigens wolle der HERR das Werk seiner Hände „noch fernerhin durch E. H. Vornehmen und Bemühen mit vielem „Segen begleiten, fördern, crönen und gedeyen lassen, daß sein Name „in allen Landen hochgepreiset werden möge! Amen.„

§. 21. 10 Fl. wovon eine betagte Freundin der Mission 6 Fl. für alte schwache bedürftige, und 4 Fl. für eine an der Geschwulst kranklegende Person, unter Anführung des Spruchs Jes. 65, 1. unter vielen herzlichen Wünschen bestimmet, wurden von einer würdigen ade„lichen Witwe aus Oberschlesien mit noch andern 8 Fl. für Tranken„bar begleitet, welche in ihrem Schreiben viele herzliche Freude über den Fortgang des Werks GOttes unter den Heiden bezeigte, und GOtt dafür

Dec. dafür herzlich lobte und preisete. Von einer gräflichen Witwe unweit Wittenberg wurde durch einen hiesigen Mitarbeiter 1 Ducaten überreicht, und wegen eines werthen Predigers zu Basel durch den Herrn M. Schulz ein neuer Louisd'or übergeben, wovon die Hälfte für die Mission gewidmet war. Ein Prediger aus Wagrien übermachte 5 Dänische Ducaten, davon drey von einem alten Liebhaber des Bekehrungswerks unter den Heiden beygetragen worden. Ein Probst aus dem Herzogthum Lüneburg sandte von einer Freundin 1 Ducaten, und von einem Freunde auch 1 Ducaten, und ein Erzpriester aus Preussen 5 Rthlr.

§. 22. Hierauf lief aus Ostfriesland folgendes ein: „Hierdurch „nehme mir die Freyheit 20 Rthlr. 16 Gr. zu übersenden, als die diesjäh„rige Liebes-Collecte für das löbliche Missions-Werk in Ostindien. ——— „Ich bekam aus einem Hause drey Thaler. Eine Person reichte zwey „Thaler dar; acht gaben jede einen Thaler; eine Person gab sechzehn „Groschen; eine vierzehn Groschen; vier gaben zwölf Groschen; zwey „gaben acht Groschen; zwey gaben sechs Groschen, und einer gab vier „Groschen, und hiezu legte mein Scherflein. Der HERR vergelte „es denen Wohlthätern zeitlich und ewiglich. Sonst ist wegen der „Bestimmung und Anwendung folgendes auf Begehren der guten „Freunde zu erinnern. Drey Thaler für fromme Kranke und Elende, „fünf Thaler nach Titutschinapalli zur freyen Disposition des Herrn „Missionarii Schwarz, ein Thaler für einen treuen Catecheten, Ge„hülfen oder Schulmeister, den die Herrn Missionarien zu Tranken„bar selbst aussuchen mögen, der etwa eine Gabe zu seiner Ermunte„rung nöthig hätte und dem entweder niemals oder seit langer Zeit „nicht aus Europa ein Geschenk geschickt worden; ein Thaler für eine „arme nothleidende Witwe, die aber ihre Hoffnung auf GOtt setzet; „acht Groschen für einen treuen Schulmeister, zu seiner Ermunterung, „und acht Groschen zur Freude und zum Vergnügen etlicher fleißigen „und frommen Schulkinder. Die übrigen zehn Thaler bleiben der „freyen Disposition der Herren Missionarien zu Trankenbar anheim „gestellet, mit dem herzlichen Wunsch, daß der gnädige GOtt diese „Liebes-Sammlung reichlich segnen und sich in Gnaden um Christi „willen wolle wohlgefallen lassen. — Uebrigens erfreue der liebreiche „GOtt

"GOtt uns jederzeit mit angenehmen Nachrichten aus Ostindien, zu Dec. "Lobe seiner Gnade und Barmherzigkeit. Psalm 90, 16. 17."

§. 23. Eine Hochgräfliche Standes-Person aus der Niederlausitz ließ durch einen hiesigen Mitarbeiter 1 Louisd'or übergeben. 50 Rthlr., welche die schon vor einiger Zeit zu Cappel selig verstorbene Stifts-Fräulein von Cachedenier für die Trankenbarische Gemeine in Indien vermacht, wurden von Dero Erben ausgezahlt, nachdem sie auch vorher die Interessen davon berichtiget. Ein Diaconus sandte für Ostindien 1 Rthlr. an seinem Geburtstage, an welchem er sich aufs neue unter andern auch zur herzlichen Fürbitte für sein Werk bey der Mission erwecket. Ein Freund aus Frankfurth übersandte 1 Ducaten, als seine gewöhnliche Gabe für Trankenbar, und von einer Liebhaberin JEsu, mit der Devise: Alles Mit GOtt, nebst dem was zu anderem bestimmt war, 2 Ducaten für Trankenbar. Hierauf folgten 3 Rthlr. von einem Prediger bey Plauen, als 1 alter Species-Thaler von einer guten Hand aus Kr., und 1 Rthlr. 12 Gr. Sächs. Münze; der erstere zu beliebigem Gebrauch der löblichen Mission, und letzteres zur Disposition des Herrn Missionarii Schwarz in Tirutschinapalli. Und ein Prediger aus dem Anhaltischen ließ durch einen Mitarbeiter des Waisenhauses 5 Rthlr. überreichen. Zuletzt liessen Ihro der verwittweten Frau Geheimde Räthin Freyfrau von Gersdorf Hochfreyherrl. Excellenz zu Dresden die von Dero Hochseligem Herrn Gemahl für die Mission mildest legirte 400 Rthlr. auszahlen, gleichwie Dieselbe auch die im Testament bis zum Termin der Auszahlung verordnete Zinsen richtig einsenden lassen, wofür Hochdenenselben der verbindlichste unterthänige Dank hierdurch öffentlich abgestattet wird.

§. 24. Nun wäre noch hier der in Engelland zu Weihnachten 1773 für die Mission gesamleten Collecte zu gedenken. Weil aber der Herr Hofprediger Ziegenhagen und übrige Gönner zu London den Verfolg dieser Liebes-Sammlung in den folgenden Monaten abzuwarten pflegen, da manche Wohlthäter gewohnt sind ihre liebreiche Beyträge nachher einzuschicken; so ist von dem diesmal daselbst zusammengeflossenen Segen noch keine vollständige Nachricht eingelaufen. Es wird also dieselbe bis auf das künftige Stück versparet.

(228) Beylage zur Vorrede.

Gelobet sey die unermeßliche Güte GOttes, der bißherhin die zu Fortsetzung seines Werks unter den Heiden erforderliche Bedürfniß gnädig zufliessen lassen. Wie es nun ein deutlicher Beweiß seiner herzlenkenden Kraft ist, daß er bey diesen so geblosen Zeiten doch so manche Herzen erwecket hat, sein Werk durch milde Wohlthaten zu befördern; also ist nicht zu zweifeln, er werde sich auch an allen liebreichen Wohlthätern als ein reicher Vergelter beweisen. Wie ich ihn dann herzlich anrufe, daß er allen und jeden werthen Gönnern und Freunden ihre Liebe und Gaben mit überschwänglichem Segen belohnen wolle. Er thue solches aus Gnaden um Christi willen. Amen!

Erste

Erste Abtheilung,
Von der Königlich-Dänischen Mission zu Trankenbar.

✠✠✠✠✠✠✠✠✠✠✠✠

I. Auszug aus der Missionarien Bericht von den letzten sechs Monaten des Jahrs 1771.

Deine Güte, HERR, sey und bleibe über uns, wie wir auf dich hoffen und zu dir beten.

Julius.

§. 1.

Verkündigung des Evangelii an Heiden.

Der Anfang der Arbeit in diesem Monat wurde mit einem Jul. Vortrag an einige Brahmaner hinter Erukkitanscheri gemacht, wozu ein heidnischer Zöllner durch seine Klage über jener Ungerechtigkeit Gelegenheit gab. Sie höreten alles unempfindlich an, was ihnen von der Billigkeit gesaget wurde, der Obrigkeit den ihr gebührenden Zoll, aber auch dem einigen wahren GOTT, und den er zum Heiland gesandt, JEsu Christo, durch Abschaffung des Heidenthums, die ihm allein gebührende Ehre und Anbetung

Jul. tung zu geben. Weiterhin wurde in dem Suttirer-Dorf Tudarippadtu, nach Verkündigung der Lehre JEsu, einigen Heiden der Rath gegeben, sie möchten doch einen aus ihnen zu uns schicken und denselben die Lehre anhören, prüfen und annehmen lassen, und sich alsdann von demselben nähern Unterricht von der Vortrefflichkeit unserer Lehre geben lassen. Indem einer von ihnen, den man besonders angeredet hatte, dieses in der Stille, wie angegriffen, anhörete; eilete ein alter Mann herbey mit den Worten: Das Herz muß auf eins gerichtet werden. Nachdem aber in der Antwort angezeiget worden, daß das Heil in Christo das Einige Nothwendige sey, eilete er eben so bald, doch unvermerkt, wieder davon. Jener nahm ein Büchlein an. Auf dem Rückwege wurde noch drey Heiden aus Tirucadeur der Rath GOttes von der Seligkeit summarisch vorgetragen, welches sie mit Vergnügen anhöreten und ein Büchlein annahmen.

In Porreiar wurde ein Heide bey einer Cumaren-Pagode gefragt: Wer ist Cumaren? und wovon ist er gemacht? der Heide antwortete: Er ist ein Gott, und von Stein gemacht. Woraus ihm die Unvernunft des Heidenthums bewiesen, und, da mehrere Heiden herbeykamen, der einige Heiland von Sünden, JEsus, verkündiget wurde. Beym Weggehen folgten drey Knaben nach, die um Büchlein baten, welche ihnen mit einer Ermahnung gegeben wurden. Ein Mensch, der bey einer Mariammei-Pagode stund, antwortete: Ihr betet die Mutter (Maria) an, wir die Mariammei. Nachdem ihm der Unterschied zwischen beyden Personen kürzlich erkläret, und bezeuget worden, daß wir die Maria nicht anbeteten, wie die Römischen, wider GOttes Verbot, thäten, so wurden ihm die zehen Gebote vorgelesen, und bey denen ersten einige Anmerkungen gemacht, wobey er sehr heiter im Gesicht wurde, und sich das Büchlein selbst reichen ließ.

In Sengidenkarei wurde auf der Gasse an zwey Orten mit einem ziemlichen Häufchen Heiden vom Wege zum Leben geredet. Einer fragte: Warum hat uns GOtt nicht eben den Verstand gegeben, als euch? Man antwortete, daß wir von Natur eben so unweise wären, wie sie, zeigte ihnen aber in einem Gleichniß, daß sie bey ihrem Götzen-Dienst keinen Verstand bekommen könten, und rieth ihnen die Mittel anzunehmen, die wir gebraucht hätten und noch brauchten. Sie waren nachgebend und nahmen willig einige Büchlein an. Auf dem Wall hörete unter andern ein wachstehender Sypay lange nachgebend zu, als

man

man aber auf einen Verspruch drang, sagte er unvermuthet: Was be= Jul.
kommt man, wenn man in eure Kirche kommt? Man führete ihn
auf das, was er von GOtt schon genossen. Er sagte: Nein! ich muß
etwas ansehnliches haben. Man fragte, ob er wohl zu GOTT sagen
könne: Ich will wohl deine Seligkeit haben, aber nur wenn du mir im
zeitlichen etwas ansehnliches dabey giebest? Das wäre ja verwegen.
Nach einer Weile sagte er: Kan man nicht im Heidenthum selig werden,
wenn man an den Einigen GOtt denket? Man bezeugte ihm, daß er
ja einen Mittler haben müsse, und das sey kein anderer, als JEsus.
Er hörete auf zu widersprechen. Aus der Sirvens-Pagode kamen einige
Brahmaner entgegen. Man sagte ihnen: Ihr als sehende und redende
Geschöpfe betet ein blindes und stummes Ding an. Ist das recht?
Sie gingen alle weg bis auf einen, der auf seinen Bauch wieß, und
sagte: Um dieses willen thun wir so! Auf dem Wege nach Eruk=
kitanscheri hörete ein Mensch die göttliche Wahrheiten in der Ordnung
aufmerksam an, sagte aber endlich, sein Herr, der Tambiran aus
Waitlanadenkowil, müsse davon seine Meinung sagen. Man ant=
wortete: Wir haben mit ihm gesprochen, und ihm auch gesagt, daß er
ein Sünder sey, und an den HErrn JEsum glauben müsse. Da man
nachher eben dieses einem andern von der Suite des so genannten Tam=
birans vorhielt, so fragte dieser: Was antwortete aber der Tambiran?
Eine gegenwärtige Heidin, der es GOtt in der Ueberzeugung nahe ge=
legt hat, ergriff das Wort, und sagte: Der wird es wegen seines
Bauches nicht annehmen! Sonst waren unter den Zuhörenden ein
paar Leute aus Tiruwengadu so aufmerksam, daß man sich darüber
freuete, welche auch beym Weggehen die ihnen angebothene Büchlein
mit vieler Bescheidenheit annahmen. Auf dem Rückwege zur Stadt kam
man noch mit einigen Brahmanern aus Manakudi in ein Gespräch von
den Hauptwahrheiten, die auch beym Weggehen Büchlein mitnahmen.
In dem Fischer-Dorfe Wöpanscheri suchte ein Heide den Vortrag der
Lehre JESU durch den Einwurf unkräftig zu machen, es müsse ein
Wunder gegeben werden, wenn die Wahrheit der Lehre JEsu angenom=
men werden solte. Da ihm aber die Ungereimtheit seines Begehrens
vorgehalten wurde, wich er aus. Der Geist GOttes wolle ihn und so
viele andere, denen es nicht an Ueberzeugung fehlet, mit seiner Zucht
verfolgen, daß sie aufhören mögen, die Wahrheit in Ungerechtigkeit,
Wollust und Vorurtheil aufzuhalten!

Lllll 2 §. 2.

Jul.

§. 2.
Fortsetzung des vorigen.

Am Ende der Allee stieß man auf einen grossen Zug Reisender. Voran gingen einige Soldaten, auf welche ein Palanquin folgete, zu dessen Seite eine Art von Sonnen-Schirm getragen wurde, deren sich nur vornehme Naicker oder Ministri bedienen dürfen. Hinter dem Palanquin folgten einige hundert Personen zu Fuß, nebst einigen Pferden, und an die funfzig Ochsen, welche mit Reise-Geräthschaften beladen waren. Als man etwas nahe kam, merkte man, daß die Hauptperson dieses Zuges, die im Palanquin saß, aussteigen wolte, welches aber die, so neben dem Palanquin gingen, widerriethen und hinderten. Mit einigen von dem Nachzuge, welches Brahmaner waren, kam man ins Gespräch und erfuhr, daß der Reisende im Palanquin ein Haupt-Brahmaner sey, der von Sirengam nach Madras reise, seine Jünger zu besuchen, wegen der starken Fluth aber seinen Weg über Tiruwalur und Nagapatnam habe nehmen müssen. Einer von denen, mit welchen man ins Gespräch kam, erinnerte sich, daß er den Missionarium vor etwa neun Jahren in Tirutschinapalli gesehen, welches Gelegenheit gab, ihnen die Lehre von GOTT und Christo und dem Glauben an ihn vorzustellen, so sie zum Theil mit Vergnügen anhöreten, aber kein Büchlein annehmen wolten, unter dem Vorwand, daß sie nur Grendisch lesen könten.

In Tileiarhi, welches voller Fremden aus dem Lande war, die in dem Gefolge sowol des sogenannten Tambirans, als des Sohns von dem Perumal-Naicken, wie auch des Rama-Naickens hieher gekommen, wurde an zwey Orten von der Sünde und von Christo geredet. Nemlich zu erst in dem bemahlten Ruhehause, wo ein Brahmaner aus Tanschaur, der als Schachwalter bey dem Pandaram, welcher Tambiran genannt wird, in Diensten ist, das Wort führete. Er brachte die gewöhnliche Einwendungen, doch mit Bescheidenheit, vor, die ihm widerlegt wurden. Er wolte aber kein Buch annehmen, weil er nur Grendisch lesen könte. Hernach in der Haupt-Strasse mit zwey Madrassischen Kaufleuten, die dem Pandaram wegen einiger Schulde-Forderungen nachgefolget. Einer von ihnen brachte mehrere Fragen auf z. E. Wie kan ich GOtt erkennen? Antwort: Nicht mit den Augen des Leibes, sondern des Gemüths. Wie bekomm ich die? Antwort: Durch Gebet zu dem wahren GOtt. Auf dem Wege nach Manikapongal

I. Bericht von 1771.

pongól nordwärts wurden an drey Orten die Haupt-Lehren von GOtt, von Jul. der Abweichung von ihm, von dem Wege der Rükkehr zu ihm denen Heiden vorgetragen. Einer sagte: Der Bauch will nicht hören, daher können wir nicht auf die Seele Acht haben. In Wólipalciam wurde ein alter heidnischer Mäurer gebeten, seine Seele retten zu lassen. Nachdem er alles stille angehöret, so antwortete er endlich: Ich will einmal zu euch kommen und sagen, was mir im Wege ist. Ich habe aber Lust — GOtt mache ihn folgsam gegen seinen Gnaden-Zug! Auf dem Holm am See-Strande, wo eben eine Chaloupe gebauet wurde, stunden mehrere Malabaren und besahen das Bild, das der Zimmermann auf dem Vordertheil desselben, als das Schiffs-Zeichen, schnitzte. Man fragte die herumstehende Malabaren, ob der Zimmermann, oder das Bild, das er schnitzte, grösser sey? Sie hielten mit der Antwort zurück, weil sie die Anwendung auf ihre geschnitzte Götzen-Bilder merkten, welches Gelegenheit gab, ihnen ihren unvernünftigen und unseligen Götzendienst vorzustellen, und den einigen wahren GOTT und sein Wort ihnen anzupreisen. Eben daselbst wurden auch einigen heidnischen Kaufleuten aus Cubelur die Haupt-Wahrheiten vorgehalten, die sie nach ihrem eigenen Geständniß, auch an ihrem Orte schon mehrmalen gehöret.

An einem Sonntage vor dem Anfang des Gottesdienstes kam der schon gedachte Pandaram oder so genannte Tambiran aus Waitianadenkowil mit etwa funfzig Personen seines Gefolges in unsere Bethlehems-Kirche bey Porreiar um dieselbe zu besehen. Gleich beym Eintrit erinnerte man ihn an das Gespräch vom Christenthum, so vor zwey Jahren in dem Missions-Garten weitläuftig mit ihm gehalten worden. (*) Bald nachher kam auch der Ramancicken. Hierauf las er die biblische Inschriften, so an den vier Ecken der vier Flügel der Kirche in Malabarischer Sprache angeschrieben stehen. Als er die Ueberschrift über dem Tauf-Stein las, fragte er: Was ist Maru-Senmartinudeia illanam? (Taufe der Wiedergeburt, aus Tit. 3. genommen.) Es wurde ihm mit einer erklärenden Umschreibung deutlich gemacht. Er konte aber, oder wolte auch vielleicht es nicht fassen. Eben so ging es mit der Inschrift über dem Altar: Kartarudeia Pandi (des HErrn Tisch.) Daher ihm gesagt wurde, daß dieses ihm völlig begreiflich zu machen mehr Zeit erfordere, als jetzo sey, da der Gesang und Predigt angehen müsse. Er frag-

(*) Drittes Stück S. 179 f.

Ich fragte: Was wird geprediget? Antwort: Heute wird insonderheit geprediget werden, daß die zeitliche Güter in vielen Absichten ungerecht, daher man sie recht zu gebrauchen suchen müsse. Er fragte: Wie geschiehet das? Antwort: Man muß sich von Ungerechtigkeit losmachen. Er fuhr fort: Man muß also das Ungerechte fahren lassen? Antwort: Eben das ist die Sache! Ohne Zweifel mochte er dabey eben das in seinem Herzen empfinden, was Felix bey der Predigt Pauli von der Gerechtigkeit und Keuschheit empfand; wenigstens waren die Umstände, wie dort, sehr zutreffend. Da er sich weiter nach dem Gebrauch der vier Flügel der Kirche erkundigte; so wurde ihm geantwortet, daß darin die Suttirer und Parreier, männlichen und weiblichen Geschlechtes, ein jedes vor sich, sässen, worüber er voll Verwunderung ausbrach: Wie? Kommen auch Parreier hierher? Antwort: Ja freylich! Er: Ist auch eine Gemeinschaft im Essen unter ihnen? Antwort: Nein! Man setzte hinzu: Hier in der Kirche beten wir auch für euch, daß euch GOtt erleuchten, und alle Heiden bekehren wolle. Bey dem Pfeiler, mitten in der Kirche, fragte er, ob ein Sastiram (Zeichendeuterey) darinnen sey, welches verneinet, und der Zweck des Pfeilers, nemlich das Dach zu tragen, angezeiget wurde. Beym Weggehen wünschete man ihm, daß ihn der HErr erretten möchte. Einige zwanzig von seinem Gefolge blieben während des ganzen Gottesdienstes in der Kirche, und höreten zum Theil die Predigt ganz aufmerksam mit an.

§. 3.
Arbeit an Muhamedanern.

Einem vornehmen Muhamedaner, der einen von uns besuchte, wurde erzehlet, wie die Türken, seine Religions-Verwandten, die Christen jederzeit verfolget, wie aber GOtt durch den gegenwärtigen Krieg mit den Russen schreckliche Gerichte zum Vergeltungs-Recht über sie ausbrechen lassen. Ach! sagte er, so gehets allenthalben zu! Ich wünschte jetzo gleich zu sterben. Ich: Etwa aus Verdruß? Er: Ja, mir ist alles zuwider. Ich: Wolt ihr aber nicht selig sterben? Er: Ja, das wünsche ich! Ich: So muß es durch JEsum allein geschehen! Dieses hörete er stille an, und seufzete. In Atschiladi wurde mit zwey Muhamedanern vom Ursprung des allgemeinen sündlichen Verderbens, und von dem einigen Erlöser aus selbigem, Jsanabi, oder JEsu, geredet. Sie gaben ein und andere Wahrheit zu, brachten aber dagegen

gen manches von ihren Irrthümern vor, z. E. daß Abraham ohne
Sünde gewesen, daß der HErr JEsus nicht gestorben, daß er aber
noch einmal kommen, sich alles unterthänig machen, und alsdann sterben würde. Man bewieß ihnen das Gegentheil. Beym Weggehen
stunden einige andere Mohren und riefen mir nach: Ist kein Wort
der Ermahnung für uns? Man wandte sich zu ihnen mit den Worten: Ach, es gehet ja keine Ermahnung weder in eure Ohren, noch
Herzen! Sie wolten das nicht zugeben, höreten indessen alles ohne Widerspruch an, was ihnen von JEsu, als dem Sünden-Tilger und künf-
gen Richter gesagt wurde. In des Landpredigers Diogo Hause wurde
mit mehrern mohrischen Reutern aus dem Lande, die mit dem Tambiran
gekommen, von der christlichen Lehre gesprochen. Einer, der das Wort
unter ihnen führete und eben nicht widersprach, wolte behaupten, daß
nicht viel Unterschied zwischen ihnen und uns wäre. Es wurde ihnen
daher der wichtige Unterschied angezeiget. Sonst gab der Landprediger
ihnen das Zeugniß, daß, weil sie ihre Pferde auf der Strasse, worin er
wohnet, angebunden, sie ihn mehrmalen schon besuchet, und sich mit
ihm von göttlichen Wahrheiten gern besprochen hätten. GOtt schenke
seinem Worte Kraft und Sieg auch über die Selbstgerechtigkeit und
Stolz, womit dieses Volk vor andern so jämmerlich vom Satan betro-
gen wird!

§. 4.
Haus- und Kranken-Besuche.

In Sengidenkarei traff man bey einem Besuch den hasigen
christlichen Töpfer, der nur erst kürzlich getaufet worden, krank an.
Vorher hatte er wegen seines Christenthums manche harte Begeg-
nungen von seiner heidnischen Mutter und Geschwistern erfahren müssen, bey welcher Gelegenheit er eine christliche Gelassenheit und
Beständigkeit bewiesen. Jetzt fragte man ihn in Absicht der Krankheit, ob ihn dieses Leiden nicht irre mache? Er antwortete: Nein!
Und da er zu seiner Stärkung an die ihm bey der Taufe vorgelegte
Fragen erinnert wurde; so setzte er bey einer jeden Frage die Antwort von selbst hinzu.

In Wospalciam wurde drey kranken Christen und Christinnen
auf ihrem Lager nach ihren Umständen ein Wort der Erweckung und
des Trostes zugeruffen. Ein Christ antwortete auf die Frage, was er
sich von GOtt erbitte? Ich erbitte mir die Vergebung der Sünden

Jul. den und einen seligen Tod. Eine Christin wurde gefragt: Wer ihr Erlöser sey? Und ob sie ihn auch nöthig habe? Welche beyde Fragen sie nicht ohne Rührung des Herzens beantwortete. Zuletzt sagte sie, daß sie zu JEsu seufze: Wasche mich in deinem Blute! Nach etlichen Tagen begehrete diese letztgedachte Person, in ihrer äussersten Schwachheit, da sie die Nacht vorher abortiret, das heilige Abendmahl, welches ihr auch gereichet wurde, nachdem sie ihr Beicht-Gebet mit bebenden Lippen gethan, und ihr herzliches Verlangen nach JEsu und seiner Gnadentafel, ja aufgelöset, und bey JEsu selbst zu seyn, bezeuget hatte.

Dem Landprediger Ambros, der mit empfindlichem Gefühl klagte, daß er wegen Dunkelheit seiner Augen nun die Bibel nicht mehr lesen könte, ermahnete man zur gedultigen Unterwerfung unter die gewaltige Hand des HERRN. Er sagte: Man muß flehen. Es wurde der 89ste Psalm mit ihm durchgegangen und gebetet. Er schloß mit dem Vater Unser, und setzte bey der dritten Bitte hinzu: Es ist die grösste Seligkeit, deinen Willen zu thun. In der Stadt starb ein alter Mann von der Portugiesischen Gemeine. Er hatte in seiner Jugend in der hiesigen Missions-Schule eine feine Erkentniß vom Christenthum erlanget, welche aber wegen der Lüste der Jugend, und besonders der Trunkenheit, der er sich ergeben, bey ihm nicht zur Kraft kommen kont. In den letzten Jahren schickte ihm GOtt eine schmerzliche und anhaltende Krankheit zu, die in einem gefährlichen Fistel-Schaden bestund, wobey ihm auch das Gesicht ganz verging. In dieser Krankheit wurde er mehrmals besuchet und auf sein sündliches Leben geführet, zugleich auch ermahnet im Blute JEsu die Vergebung zu suchen. Da man einige Tage vor seinem Ende mit ihm von seinem Seelen-Zustande sprach, sung er mit ziemlich lauter Stimme den ersten Vers aus dem Liede: JESU meine Freude 2c. und da er erinnert wurde, nach Inhalt dieses Liedes sich an JEsum, seinen Erlöser, allein zu halten; so antwortete er gleichfals singend mit dem ersten Vers aus dem Liede: Komt her zu mir spricht GOttes Sohn 2c. Die beyden Catecheten, so die letzte Nacht ihm beygestanden, bezeugten, daß er so lange, als er seines Verstandes mächtig gewesen, ein beständiges Seufzen zu JEsu von sich habe hören lassen. GOtt müsse seine Seele wie einen Brand aus dem Feuer errettet haben um JESU willen!

§. 5.
Arbeit der National-Gehülfen.

Der Gehülfe Arulappen in Porreiar berichtet von einer verstorbenen Christin, je näher sie zum Tode gekommen, desto aufmerksamer sey sie auf das Wort gewesen. Der Catechet Rajanaicken aus Arentangi hatte in seinem Tage-Buche mehrere Gespräche mit Heiden, Muhamedanern und Römischen angemerket. Von den ersten hatten einige Hoffnung gemacht herbey zu kommen. Als der Catechet von den drey hohen Festen und ihrer Ursach mit einigen Römischen geredet, hatte ein angesehener Römischer gefragt: Was hat uns dann der heilige Geist für eine Wohlthat gethan, daß wir ihm zu Ehren ein Fest feyren sollen? Bey einer andern Gelegenheit hatte einer von eben derselben Parthey zum Catecheten gesagt: Eure Sache ist ein Weg, worauf ein Elephant gehet, wer wolte dem Gegenstand thun? In Kirhanalli war ein Römischer gegen den Vortrag des Catecheten aufgebracht worden, und hatte zu ihm gesagt: Ich will dich auf dem Wege der Jagula mada (*) zur Speise machen (d. i. zum Schlachtopfer machen). Der Catechet hat geantwortet, so wirst du dem HErrn zur Speise werden. Unterweges hatte er auch in Antonipodtei bey Nagapatnam zweymal denen Heiden einen ausführlichen Vortrag von der Lehre JEsu gehalten. Die übrige Catecheten aus dem Lande haben, wegen der starken Fluth des frischen Wassers, in diesem Monat nicht anhero kommen, und ihren Bericht abstatten können. Der Land-Prediger Ambros hat einige Dörfer, so ausser dem Compagnie-Grunde nach Norden liegen, besuchet, und die Christen daselbst mit den Gnaden-Mitteln besorget. Auf dieser Reise ist er mit seinen Leuten von den Heiden in Manikramatscheri sehr hart behandelt worden, so daß auch einige seiner Leute von einem sollen geschlagen worden seyn, doch fehlet zur Zeit der ausführliche Bericht von dieser Reise. Unsern Stadt-Catecheten Philipp liessen wir, nach gemeinschaftlicher Ueberlegung, auch zu unserm geliebten Bruder, Herrn Schwarz, eine Reise nach Tirutschinapalli thun, um ihn sowol überhaupt mit dem Lande, als auch insonderheit mit unsern Land-Christen, näher bekant zu machen, weil wir ihn zum Landprediger bestimmt haben. GOtt lege auch darauf einen Segen in Gnaden.

§. 6. Eini-

(*) Jagula mada heißt betrübte Mutter, oder die sich über das Elend der Menschen bekümmert, und ist eine von den vielen Benennungen, welche die Römische der Maria geben.

994 **Erste Abtheilung, von Trankenbar.**

Jul.
§. 6.
Einige Merkwürdigkeiten.

In diesem Monat ist endlich der Streit über die nördliche Naickerschaft bey dem hiesigen Compagnie-Grund, den der verstorbene Perumalnaicken gegen den Ramanaicken geführt, und des ersteren adoptirter Sohn, Ramasandranaicken, gegen denselben fortgesetzet, durch einen gütlichen Vergleich, beygeleget worden. Der Vergleich geschahe durch die Vermittelung des schon öfters gedachten Pandarams oder sogenannten Tambirans aus Waitianadenkowil, welcher jetzt zugleich ein Subeiatar des Königs ist, da er die zu nächst an den hiesigen Compagnie-Grund stossende Länderey en des Königs gepachtet hat. Der Inhalt des Vergleiches ist, daß sie beyde die Naickerschaft unter sich theilen, so daß Ramanaicken Porreiar und die herum liegende Dörfer, Ramasandranaicken aber Tileiali mit den dazu gehörigen Dörfern bekommt. Die Fluth des frischen Wassers ist in diesem Jahr so ausserordentlich heftig ausgebreitet und anhaltend, als sie, nach dem Zeugniß alter Tamuler, in funfzig Jahren nicht gewesen: daher auch manche Nachrichten von weggeschwemmten ganzen und halben Dörfern und in Flüssen ertrunkenen Personen eingelaufen. Die Witterung ist in diesem Monat sehr temperirt gewesen, da es einige Tage nach einander starck geregnet und dabey fast täglich ein heftiger Land-Wind gestürmet, welches der gewöhnliche Vorbote einer starken Fluth vom frischen Wasser ist, auch damit verbunden zu seyn pfleget.

In Tirutschinapalli geschehen starke Krieges-Zurüstungen, die dem König von Tanschaur gelten, der sich auf seiner Seite gleichfalls in Stand zu setzen suchet. GOtt steure allem Krieg und Unruhen gnädiglich, und schenke geistlichen und leiblichen Frieden, um unsers Friede-Fürsten JESU willen. Amen.

August.
§. 7.
Aug.
Arbeit an Heiden und Muhamedanern.

Bey der Porreiarischen Brücke höreten einige Reisende aus Sidambaram den Rath GOttes von ihrer Seligkeit kürzlich an. Der Vornehmste sagte, es wäre nicht möglich so zu leben. Man sagte
dazu:

I. Bericht von 1772.

dazu: Der HErr JEsus gibt die Kraft. In dem Parrier-Dorfe von Aug. Sengidenkarei bezeigte sich ein Heide sehr freundlich, und, als man ihn mit der Lehre von GOtt und JEsu lockte, ließ er gute Hoffnung, daß er wol herbey kommen möchte, von sich blicken. GOtt schenke ihm Wollen und Vollbringen! In Erukkitanscheri wurde einigen Heiden zugeredet, sich durch JEsum erretten zu lassen. Ein paar Weiber, so mit zugehöret, priesen die Wahrheit gegen einander, wie gerühret von derselben. In Porreiar fragte man einige müßig sitzende Heiden: Warum so? Sie sagten: Weil es heute Neumond ist. Es wurden ihnen die sechs Tagewerke der Schöpfung, die anfängliche gute Beschaffenheit der Menschen, ihr Fall, und die Gnaden-Hülfe durch den HErrn JEsum, durch welchen nun alle Geschlechter wieder könten selig werden, erzehlet. Einer aus der Menge, die unter dem Reden ziemlich zahlreich geworden, wolte widersprechen, welches ihm aber von einem andern verwiesen wurde, so daß man Zeit und Stille zu einem ausführlichen Vortrag der Lehre JEsu erhielt. Einer nahm ein Büchlein an. Hinter Porreiar waren an den Aesten eines Wurzel-Baums (Alamaram) etliche Strohwische aufgehänget, welches eine heidnische Weise und Aberglauben ist. Wenn nemlich eine Kuh gekalbet hat, so wird etwas von derselben in einen solchen Strohwisch eingebunden, und an den gedachten Baum aufgehänget, wodurch, nach dem heidnischen Aberglauben, der Kuh viel Milch zufliessen soll, weil dieser Baum vielen Saft bey sich hat. Einem heidnischen Parrier that man gegen diesen Aberglauben Vorstellung, und führete ihn auf den Schöpfer aller Dinge und auf den HErrn JEsum. Er versicherte aber sehr nachdrücklich, daß er im Heidenthum bleiben würde, weil er davon lebe. Nahe bey dem Suttirer-Dorf Anandamangalam wurde der Rath GOttes von der Seligkeit in Christo einer Anzahl junger Heiden verkündiget, die ohne Einwendungen zuhöreten und um Büchlein baten. In dem Dorfe selbst geschahe dieses auch in zwey Gassen und da man hinzu setzte: Wir können es nicht lassen euch zu ermahnen, wenn ihr uns auch beschimpfen wollet, so antwortete einer mit einem ernstlichen Tone: Wer darf das an euch thun? In Tillelahri wurde einigen Heiden vor ihren Häusern zugeredet. Ein Brahmaner fragte dazwischen: Wer hat den Götzendienst gemacht? Es wurde ihm geantwortet: Die Brahmaner haben es um des Bauchs willen gethan! Er ward stille, daß man fort reden konte. Nachher fragte derselbe Brahmaner nach einem Zeichen von der Wahrheit der christlichen Religion. Man antwortete ihm: Die Sonne beweiset

Aug. weiset durch sich selbst, daß sie scheinet, eben so ist in der Wahrheit selbst der Beweiß derselben enthalten; und setzte hinzu, wenn sie ihrer Götzen und des HErrn JEsu Sache nur einige Tage gegen einander halten wolten, so würden sie den Unterscheid deutlich erkennen. Man fuhr hierauf fort ihnen zu bezeugen, daß in keinem andern, als in JEsu, Vergebung, Heiligung und Seligkeit sey. Der Brahmaner bekannte endlich vor dem ganzen Haufen, daß wir zu ihrem Leben redeten. Es wurden einige gedruckte biblische Sprüche, nemlich Ps. 115, 1=9. Apost. Gesch. 17, 24, 31. und das erste und andere Gebot unter sie ausgetheilet. Im Sutirer=Dorfe Erukkitanscheri bezeigte sich ein Brahmaner sehr nachgebend und nahm ein Büchlein an. Ein andermal kam man mit einigen Heiden hier ins Gespräch, welche andern, so vorbey gehen wolten, zuriefen, daß sie auch herbey kommen möchten. Einer von diesen antwortete: Ich bin schon ein Sclave der Priester, weil ich ihnen arbeite. Er führet der Mission Mauersteine zu. Man sagte, daß wir ihn nicht zum Sclaven haben wolten, er möchte ein Kind GOttes werden. Für seine Arbeit bekomme er Lohn, im Tode aber scheide es sich, wenn er ein Heide bliebe. Hierauf höreten sie stille an, was ihnen vom Wege zum Leben durch JEsum vorgestellet wurde. In Cannappanulei traff man mehrere Feld=Arbeiter auf dem Acker beschäftiget an. Mit denen Arbeitern selbst konte wegen ihrer Arbeit wenig geredet werden, aber mit dem heidnischen Herrn fand man Gelegenheit ausführlich zu reden. Er that anfänglich sehr mürrisch und sagte, es wäre nur ein GOtt, man möchte sichtbar in den Himmel voran gehen; so würden sie nachkommen ꝛc. Man hielt mit Gelindigkeit an zu reden, bis man ihm das nöthigste gegen das Heidenthum und von dem Einigen wahren GOtt und Sünden=Tilger JEsu bezeuget, und ein Büchlein bey ihm angebracht hatte. Auf dem Rückwege hörete ein heidnischer Jüngling aus Anandamangalam, dem schon öfters zugeredet worden, noch eine Ermahnung zum Christenthum an. In der Stadt hatte man Gelegenheit zu verschiedenen malen mit Kaufleuten und Wechslern von dem Heil in Christo, das für alle Sünder bereitet, zu reden. Einer bat um eine Fürsprache in einer äusserlichen Sache, welches man aber von sich ablehnen mußte. Vor dem Hause des Maniakaren, wo ein starker Zusammenfluß von Jungen und Alten war, wurde ein weitläuftiger Vortrag der Lehre von GOtt und Christo mit Aufmerksamkeit und äusserer Zustimmung angehöret, und beym Weggehen ein Büchlein angenommen. In dem Missions=Garten wurde mit dem

Rech=

I. Bericht von 1771.

Rechnungs-Führer des eben gedachten Maniakaren von Tileiarhi, dessen Anverwandter er auch ist, noch besonders weitläuftig gesprochen, wozu die heidnische Zeichen, die er an sich trug, die Veranlassung gaben. An seinem Arm hatte er eine kleine goldene Büchse gebunden. Da man fragte, ob solches das Lingam sey, antwortete er: Nein, sondern es ist etwas auf ein Oles geschriebenes darinnen, welches zur Vertreibung einer Krankheit dienet. Es wurde weiter gefraget, ob es vielleicht die Worte oder Benennungen ihrer Götzen, Namasiwaga oder Narajana, wären, welches er bejahete. Man bezeugte ihm, daß das Vertrauen auf solche Dinge Sünde. Die Rede kam auf die Zeichen des Siwen und Wischtnu. Der Maniakaren als ein Siwapattikaren, Verehrer des Siwen, hatte die Stirn mit Asche beschmieret, er, als sein Anverwandter, aber, als ein Wischtnupattikaren, Verehrer des Wischtnu, die rothe Erde dazu gebrauchet. Man sagte ihm: So betet ihr und der Maniakaren zwey Götter an. Er antwortete: Siwen und Wischtnu ist eins. Da man ihm das Gegentheil aus ihrer Götter-Historie bewieß, gab er es zu. Es wurde daher von den unzulänglichen Mitteln der Tilgung der Sünden, und von dem in der heiligen Schrift geoffenbahrten, und GOtt anständigen Mittel der Erlösung durch Christum und den Glauben an ihn, geredet, und mit einer Vorstellung vom Tode und dem Gerichte nach demselben beschlossen. Noch wurde im Missions-Garten dem vornehmsten Schachwalter des Feld-Pachters in Erukkitanscheri eine Ermahnung gegeben, bey Zeiten sich zu Christo zu wenden und durch ihn die Vergebung der Sünden bey GOTT zu suchen. Er antwortete: Wer kan das thun? Die Lüste des Fleisches sind zu stark. Er wurde auf den Kampf gegen dieselbe gewiesen. Auf dem Wege nach Manikarongöl wurde an drey Orten mit Muhamedanern geredet. Einer widersprach gar heftig, und erhob Muhamed über JEsum, ja machte GOtt endlich selbst zum Urheber aller Sünde, dessen Unmöglichkeit ihm aus der Straf-Gerechtigkeit GOttes bewiesen wurde. Gegen das Ende wurde er etwas weich und ging mit den Worten weg, man müste nicht stehend, sondern sitzend von der Sache reden. In Tileiarhi nahm ein Muhamedaner im gedruckten Gespräch zwischen einem Muhamedaner und Christen vom Wege zum Leben an. GOtt der hier den Weg zum Leben verkündigen lässet, wirke durch seinen heiligen Geist lebendige Erkenntniß dieses Weges, und Lust auf demselben zu wandeln, zur Verherrlichung JESU!

Aug.

§. 8.
Arbeit an Christen.

In der monatlichen Pardnesi wurde der sämtlichen Tamulischen Schul-Jugend und Mitarbeitern aus der Nation Esa. 3, 10. Predigt von den Gerechten, daß sie es gut haben ꝛc. ans Herz gelegt. Bey Austheilung der monatlichen Almosen an die Witwen wurde aus Matth. 23, 37. Jerusalem, Jerusalem ꝛc. der herzliche Wille JEsu zu helfen betrachtet. In diesem Monat wurde auch in den sämtlichen Portugiesischen und Tamulischen Stadt-Schulen das zweyte jährliche Examen gehalten. Die Schule in Poreiar die, nach der Einrichtung in den Land-Schulen, kein jährliches Eramen hat, wird jeden Sonntag nach der Predigt von einem Missionario in der Kirche examiniret. In dem Parrier-Dorfe Itschiladi antwortete ein Christ, auf die Frage, was er aus der letzten Predigt behalten? daß man die gelegene Zeit zu seinem Heil wohl anwenden müste. Ein anderer sehr kranker Christ, dem der Landprediger Ambros das heilige Abendmahl vor einigen Tagen reichen müssen, sagte, daß er den HErrn JEsum bitte: Er wolle ihn, um seiner Dornen-Crönung und Wunden willen, segnen, und in den Himmel nehmen. Ein andermal erweckte man denselben, sich mit dem Bußfertigen Zöllner unaufhörlich zu JEsu zu halten. Er sagte, daß er zu GOtt flehe, ihn selig von hinnen zu nehmen. Einige Tage darauf ist er gestorben. In Sengidenkarei traff man einen Christen aus Jrewanscheri, so in des Gehülfen Arnds Bezirk liegt, an, den man die ersten Hauptstücke des kleinen Catechismi verhörete, und ihn ermahnte, seiner Seelen Heil wohl wahrzunehmen. Unsern neugetauften Töpfer, fand man mit Vergnügen bey und in seiner Arbeit. Er erinnerte sich aus der Sonntags-Predigt, wie man immer in Geduld und Glauben leben müsse. Sein heidnischer Bruder, der dabey war und gebeten wurde, sich auch zum Christenthum zu wenden, entschuldigte sich abermals mit einem unwiderstehlichen Beruf, den er bekommen müsse, wenn er ein Christ werden solle. Da man diese beyde Brüder Warugisch mit einander reden hörete, fragte man; wie das käme, da ein anderer christlicher Töpfer, der in Erukkitanscheri wohnet, nur Tamulisch spräche. Sie sagten, jener wäre ein Tamulischer Töpfer, sie aber Warugisch, und dem Geschlechte nach, etwas verschieden. Ein gegenwärtiger Heide fing hierauf an von den mancherley Geschlechtern zu reden. Unser Christ antwortete ihm: Es mögen tausend Geschlechter seyn, so sind sie doch

alle

alle Adams und Eva Kinder. Man verließ ihn mit einer Erweckung zur Treue. Einer blinden Parrier-Wittwe in Manikapongel wurde das Exempel des bußfertigen Zöllners gleichfalls zur Nachfolge vorgehalten. Eine ihrer heidnischen Anverwandten aus dem Lande nannte den Namen JEsu, und als einige andere Heiden dabey einiges Geräusch machten, sagte sie: Ob wir gleich Heiden sind, sollen wir doch zuhören. Man bat sie der erkannten Wahrheit gehorsam zu werden, und ihren Mann auch dazu zu ermahnen. Von ihrem Mann sagte sie: Der kommt nicht. Von sich aber machte sie gute Hoffnung, wenn der Mann, den sie darum bitten wolte, es zulassen würde. Dem Landprediger Diogo, der sich mit seiner Familie zum heiligen Abendmahl angemeldet, (*) rufte man die erweckliche Erinnerung aus des sel. Antons Buß- und Beicht-Vermahnung zu, daß man nemlich jedesmal mit dem Ernst zur Beichte gehen müsse, als solle es die letzte Beichte auf dem Sterbe-Bette seyn, und that ein Gebet mit ihm. Einen erwachsenen Sclaven-Jungen aus eines Europäers Hause, der zur Portugiesischen Gemeine gehöret, und an einer Krankheit, die er sich durch seine unordentliche Lebensart zugezogen, lange Zeit im Hospital zugebracht, wurde bey seiner Genesung, wie während seiner Krankheit mehrmals geschehen, die Sünde mit ihren bittern Früchten ernstlich vorgehalten, mit der Ermahnung, sich vor GOtt zu beugen und ihn um Vergebung zu bitten, und dem Rath JEsu bey sich Platz zu geben: Siehe, du bist gesund worden, sündige fort nicht mehr, daß dir nicht etwas ärgeres wiederfahre. Joh. 5, 14. In eben dieser Gemeine starb ein Mann sehr plötzlich. Er hatte ehemals zwar einige Zeit in der Portugiesischen Schule gelernet, aber, wegen seiner schlechten Fähigkeiten und überaus trägen und schläfrigen Wesens, nur eine geringe Erkenntniß von den Heils-Wahrheiten erlanget. Nachdem er aus der Schule dimittiret worden, ging er in Diensten der Compagnie nach Nicobar, wo er eine Zeitlang verblieb, aber seine wenige Erkenntniß vom Christenthum meist wieder vergaß. Als er wieder zurückgekommen, bekam er hier den Dienst eines Kranken-Wärters im Hospital, enthielt sich aber, alles wiederholeten Erinnerns ohngeachtet, mehrere Jahre von der Kirche und Abendmahl. Da ihm die letzte Krankheit zustieß, die nur vier Tage dauerte, wurde er von zweyen

aus

(*) Das heilige Abendmahl wird in jeder Gemeine alle sechs Wochen gehalten und jedesmal vierzehn Tage zuvor abgekündiget. Die Communicanten müssen sich wenigstens acht Tage vorher melden, auf daß mit einem jeden das Nöthige vorher besonders könne gesprochen werden.

Aug. aus uns täglich besucht, war aber gegen alle gesetzliche und evangelische Vorstellungen wie ohne Gefühl und Antwort. Nur einmal, da er sich aufrichtete, hörete man das Wort von ihm: O JESU! Er wurde andern zum Exempel ohne Schule und Gefolge eines Missionarii, wie bey andern Leichen sonst gewöhnlich ist, beerdiget. Eine alte freygelassene Weibsperson auch von dieser Gemeine, die sehr schwach darnieder lag, und erinnert wurde sich an JEsum allein zu halten, antwortete mit dem Seufzer, den sie laut und mit aufgehobenen Händen sprach: HERR führe mich in deine Herrlichkeit ein. Da beym Weggehen noch ein Gebet gethan wurde, so betete eine von den mit gegenwärtigen Christinnen das Vater Unser von selbst dazu, und eine andere machte den Beschluß mit dem Seufzer: Christe, du Lamm GOttes, der du trägest die Sünden der Welt, erbarme dich über uns.

§. 9.
Tauf= und Receptions=Handlung.

In der Bethlehems-Kirche wurden den 4ten dieses Monats fünf Heiden getauft und zwey aus der Römischen, in unsere Kirche aufgenommen, nachdem sie drey Wochen, täglich eine Stunde, in den Hauptstücken der christlichen Lehre unterrichtet worden, ausser denen Stunden, so der Catechet noch täglich mit ihnen besonders gehalten. In der Präparation waren noch vier Personen mehr, davon aber drey wegen bemerkter Unlauterkeiten vorietzo nicht zur Taufe zugelassen werden konten, und einer ging von selbst den Tag vor der Tauf-Handlung heimlich wieder davon. Unter den fünf getauften war eine schon etwas bejahrte Frauens=Person vom Retti=Geschlecht aus Rettia=Tureiur hinter Tirutschinapalli. Nach dem Tode ihres Mannes war sie nach Ramesuram gegangen, von da sie sich nach Arentangi begeben, und bey einem Heiden mehrere Jahre aufgehalten. Nach dem Tode dieses Heiden, der sie in seinem Testament bedacht, hatte sie sich nach Nagapatnam gewandt, und von ihrer Erbschaft eine Boutique aufgerichtet, bey welcher sie aber, da sie in eine schwere Krankheit gefallen, ihre ganze Erbschaft wieder zugesetzet. Endlich kam sie nach Trankenbar, wo ihr einigemal wegen des Christenthums von zweyen aus uns zugeredet worden. Sie war auch einmal schon in einer Präparation, trat aber nach wenig Tagen wieder zurück. Diesesmal kam sie wieder zur Präparation, und hielt auch in derselben treulich aus bis zur Taufe. Ferner

befand

befand sich darunter eine Mutter mit ihren zwey Kindern, aus dem Lande, die sie mit ihrem christlichen Ehe-Mann erzeuget. Die heidnische Anverwandten im Lande hatten sie so verwahret, daß die Liebe zum Christenthum bey ihr nicht aufkommen können, bis vor einiger Zeit der Mann mit ihr sich auf hiesigem Compagnie-Grunde wohnhaft niedergelassen, da sie zur Kirche kam, und sich willig zur Präparation anmeldete. Sie war die aufmerksamste beym Unterricht, und erlangte eine feine Erkenntniß, blieb auch nicht ohne manche gute Bewegung. Endlich war noch ein erwachsener Knabe aus Terichendur im Lande unter den Getauften, dessen Vater und Mutter noch Heiden sind. Die Veranlassung zu seiner Taufe, war ein Gelübde seines bereits verstorbenen Großvaters, der die Nothtaufe empfangen. Dieser hatte vor seinem Tode das Gelübde gethan, daß er einen Knaben und Mägdlein von seinen Kindes-Kindern zur christlichen Kirche bringen wolte. Der Sohn desselben, als Vater dieses Knabens, willigte nicht nur in das Gelübde des Vaters, sondern erfüllete es auch selbst, und brachte zu dem Ende schon vor zwey Jahren die Schwester dieses Knabens zum Unterricht und Taufe. Den Knaben brachte er in diesem Jahre auch, da er bis zur Tauf-Präparation in die Schule aufgenommen wurde. Er machet gute Hoffnung von sich. Bey der Taufe desselben waren der heidnische Vater und eine heidnische Schwester desselben, welche letztere einige poetische Bücher, oder nur Verse aus denselben, gelernet, und deswegen unter die Gelehrten gerechnet wird, mit zugegen, welches eine gute Gelegenheit war, sie auch zur Annehmung des Gnaden-Berufs zu ermahnen. Der Vater entschuldigte sich, die Schwester aber schien, als ob sie eben nicht ganz abgeneiget wäre, dem Ruf noch zu folgen. Die beyde Römische Personen waren ein Wittwer aus Tirumaleirajenpatnam, dessen beyde Schwestern sich schon vor einigen Jahren zu unserer Kirche gewandt, und ein Jüngling aus dem Lande, der auch schon mehrere von seiner Verwandtschaft in unserer Kirche hat. GOtt wolle sie alle durch sein Wort und Geist lebendige Glieder an Christo, dem Haupte, seyn und und bleiben lassen!

§. 10.
Arbeit der National-Gehülfen im Lande.

Der Gehülfe Marudanajagam in Rawastalam berichtet von einem Catechumeno von fünf und dreyssig Jahren, der seine Taufe im-

Aug. mer aufgeschoben, aber zuletzt in eine Krankheit gefallen, in welcher er näher zubereitet, und darauf getauft worden. Da der Gehülfe einmal zu ihm gesagt: Du bist bisher ein recht in der Irre laufendes Schaf gewesen, hat er geantwortet: Ich will nun zu meinem Hirten JEsu gehen; eilet mit der Taufe! Als er solche empfangen, hat er sich gefreuet und den Gehülfen mit ihm beten heissen, und ist bald darauf unter dem Gebet gestorben. Der Gehülfe **Mutta** aus Tirupalaturei hatte mehrere Gespräche mit Heiden angemerkt, die er bey Besuchung kranker Christen mit ihnen gehalten. Der Gehülfe Schawri aus Masaburam hatte wegen Schwachheit nicht selbst herkommen können, berichtete aber in seinem eingeschickten Verzeichniß der Arbeit von einem Christen in seinem Bezirk, der von einer Schlange gebissen worden, und bald darauf ohne Gefühl gestorben. Der Gehülfe **Martin**, so dabey saß, und den Bericht mit anhörete, erinnerte sich, daß er den Verstorbenen ehemals ermahnet, von seinen Unordnungen abzustehen, wo nicht, so würde ihn ein Gericht GOttes treffen, worauf derselbe aber geantwortet: Wenn ihr nur selbst entgehet, so lassets mich nur treffen, ich muß doch sterben. Er hat einer Kuh am Abend Stroh vorwerfen wollen, und da sie aus dem Stalle weg gelaufen, hat er sie bis unter einen Baum verfolget, und ist daselbst von der Schlange gebissen worden. Man erinnerte den Gehülfen, solche Exempel bey andern seines gleichen zu deren Warnung zu gebrauchen. Der Gehülfe **Jesadian** aus dem Madewipatnamischen Creise, dessen Journal vom Pfingstfest anfing, seit welcher Zeit er hierherzukommen, theils durch Krankheit, theils durch die starke Fluth des frischen Wassers, war verhindert worden, meldete zuvörderst die Krankheit und den Tod seines Schwagers. Von dem Verstorbenen selbst hatte er nicht viel angemerket, weil er in seinen letzten Stunden nur wenig geredet. Dem Vater des Verstorbenen aber gab er ein gutes Lob, wegen seiner Unterwerfung unter göttlichen Willen, und christlicher Fassung bey den Schmähungen der Heiden. In Unterredungen mit den Heiden hatte er zuweilen einen guten Eingang gefunden. Ein Häuflein angesehener Heiden hatten ihn einmal herbeykommen heissen, und sich über seinen Vortrag so vergnügt bewiesen, daß sie ihm, zur Bezeugung ihres Vergnügens, Betelareck gereicht, und gesagt, sie wolten ihm gerne an ihrem Ort einen Platz zur Wohnung anweisen. Ein andernmal ist er mit dem Vorbeter aus Kuttanallur an einem Tage sehr früh ausgegangen, da sie eben beyde vom Wäscher reine Kleider bekommen.

men. Ein Brahmaner, der ihnen begegnet, und dem sie nach Lan- Aug.
des-Gewohnheit aus dem Wege gehen wollen, hat sie herbey gerufen. Und, als die Gehülfen gesagt: Wir sind von geringem Geschlecht,
geantwortet: Das hat nichts zu sagen, kommt nur näher, das ist nur
vor der Welt, daß man sich entziehet. Hierauf sind sie mit ihm in ein
ausführlich Gespräch gekommen, wobey er sich ganz vergnügt bezeiget.
Wegen eigener Angelegenheiten hat er eine Reise von einigen Tagen zu
den heidnischen Anverwandten seines Vaters thun müssen, unter welchen er den Samen des göttlichen Worts ausgestreuet, und von ihnen
sehr freundlich aufgenommen worden. Da er selbst krank gewesen, sind
viele Bekannte und Verwandte zu ihm gekommen, und, als er dem Tode
nahe zu kommen geschienen, haben sie unter einander davon geredet, daß
es wol mit ihm aus seyn würde. Er hat aber gebetet, und, als er
das Neue Testament aufgeschlagen und ihm die Worte Röm. 8, 2. zuerst zu Gesicht gekommen, ist er durch dieselbe zu einer besondern Hoffnung des Lebens bey sich aufgewecket worden, welches er auch den Gegenwärtigen bezeuget. Auf der Reise hieher hatte ihn in Kareical der
dasige Römische Pater, der ihm begegnet, zu sich gerufen, und erst in
Gegenwart eines seiner Schüler, nachher aber noch allein in seinem
Hause die Irrthümer der Römischen Kirche, davon geredet worden,
gegen den Gehülfen vertheidiget. Doch war er auch ganz gelinde geworden, wiewol er zuletzt zu ihm gesagt: Gehe und sage deinen Priestern:
Sie gehen bey ihrer Religion gewiß verloren. Noch merkte der Gehülfe
an, daß das Gewitter einmal in Kobenur vier Kühe nebst einem Hirten
erschlagen, und bey Mannarkovil zwey Palmeeren-Bäume vom Blitz angezündet worden, und bis zum Stamm verbrannt seyen.

§. II.
Des Stadt-Catecheten Philipps Reise nach Tirutschinapalli.

Die Reise dauerte vom 15ten Jul. bis 17ten August, und geschahe
in Gesellschaft des Tanschaurischen Catecheten Rajappen. Am ersten
Tage sind sie, nach mancher Gefahr, die sie in den aufgeschwollenen Flüssen ausgestanden, bis Kollamankudi gekommen, wo sie im Zollhause
eingekehret. Nachdem die Zöllner ihre Reise-Bündlein genau durchge-
sucht, und auch die Malabarische Büchlein darin gefunden, haben sie sich
eines vorlesen und erklären lassen, auch besonders bey dem Gebetlein, so
im Anhang des kleinen Catechismi stehet: Christe du Lamm GOttes ꝛc.

Rnn nnn 2 eine

Erste Abtheilung, von Trankenbar.

Aug. eine Erklärung dieser Benennung verlanget. Die Zöllner sind bey der Unterredung ganz vertraut worden, und haben den Catecheten gebeten, bey seiner Rückkunft sich länger bey ihnen aufzuhalten und sie zu belehren. Ehe sich die Catecheten hier noch zur Ruhe gelegt, ist noch ein Heide gekommen und hat sein Lager neben ihnen genommen. Da er dann den Catecheten erzehlet, daß er ein greulicher Mensch sey, und sich eine unreine Krankheit zugezogen, weswegen er zugleich um Medicin gebeten. Die Catecheten haben ihm vorgestellt, wie der heilige GOtt denen unheiligen Sündern zeitliche und ewige Strafen zuschicke, und wie JEsus allein von Sünden und Strafen befreyen könne. Den 18ten sind sie nach Tanschaur gekommen, da sie vorher in dem Fluß bey Pawanasam in grosser Lebens-Gefahr gewesen, wodurch sich der Catechet Philipp auch eine Verkältung zugezogen, an welcher er zwey Tage in Tanschaur kränklich gewesen. Doch hat er sowol den Gottesdienst daselbst gehalten, als auch einige Christen noch besonders ermahnet. Als er im Bethause sich noch eingezogen halten müssen, hat er mit einem Waruger, der dahin gekommen, ein Gespräch gehalten. Der Waruger hat sich über den schönen Tamulischen Druck in des Johann Arnds wahren Christenthum verwundert und gesagt: Die Buchstaben sind vortrefflich. Der Catechet hat geantwortet: Die Wahrheit im Buche aber ist noch schöner. Den 24sten sind sie von Tanschaur nach Tirutschinapalli gereiset, und haben auf dem Wege zum öftern mit Heiden geredet. Als sie ein Regen genöthiget unter ein Wasser-Vandel zu treten, wo mehrere Malabaren aus gleicher Ursach sich versamlet, und einer von denselben eine Historie von einem Ochsen-Treiber erzehlet, haben die Catecheten davon zu verschiedenen Ermahnungen aus Es. 1, 3. Gelegenheit genommen. Den 25sten ist ihnen die Fluth des frischen Wassers sehr hinderlich gewesen, daher sie grosse Umwege nehmen müssen, durch welche sie endlich in einen Wald gerathen, darinnen sie sich verirret. Doch hat ihnen GOtt noch zur rechten Zeit einen Menschen zugeführet, der sie zurechte gewiesen, und zugleich vor den Kallern gewarnet, denn sie dagegen den rechten Weg zum Leben verkündiger. Den 26sten haben sie starken Regen gehabt, und deswegen geeilet Tirutschinapalli zu erreichen. Sie sind auch noch diesen Tag, zum Lobe GOttes, beyde gesund daselbst angekommen. Der Stadt-Catechet ist bis zum 13ten August daselbst geblieben, der Tanschaurische Catechet aber noch einige Tage vorher nach Tanschaur wieder zurück gegangen. Nach Anweisung unsers theuresten Bruders, Herrn Schwarz, ist der Stadt-Catechet sowol mit

ihm

ihm selbst, als den dasigen Gehülfen fleissig unter die Heiden und Rö- Aug. mische ausgegangen, und hat sowol in der Stadt, auf dem Berge, als auch in den umliegenden Orten, Sirengam und Tiruwanikanowil, Gespräche mit ihnen gehalten, die zuweilen guten Eingang gefunden, zuweilen auch verspottet worden. An einem Ort, wo viele Römische gewesen, haben sie von der künftigen Rechenschaft geredet, worauf einer aus dem Haufen gesagt: GOtt wird auch euch zur Rechenschaft fordern, daß ihr die Bilder nicht anbetet. Zu einer andern Zeit hat ein Heide gefragt: Welche Farbe hat der Wind? und noch in einem andern Orte: Welche Farbe hat GOtt? Als sie einmal auf dem Walle gestanden und mit Heiden geredet, ist ein Parundu (eine Art Fisch-Reiher) geflogen gekommen; dabey sich ein Heide auf die Backen geschlagen, weil er sich ein böses Omen daraus gemacht. Der Catechet hat gesagt: Das ist ja nur ein Vogel und ein grosser Dieb dazu. Sie nehmen den Leuten die Fische aus den Körben und Händen weg. In der Nacht vom 6ten August ist in einem Römischen Dorf, welches zwischen den zwey Mauren und Wällen von Tirutschinapalli lieget, ein Brand entstanden, wodurch 70 Stroh-Hütten verzehret worden, auch eine kleine Kirche mit im Feuer aufgegangen, und die Bilder der Heiligen, die sie anfänglich retten wollen, mit verbrannt. Als die Catecheten deswegen eine Vorstellung thun wollen, haben einige gesagt: Wir wissen alles — Christen müssen einander nicht betrüben — saget eure Ermahnungen nur den Heiden. Der Catechet hat geantwortet: Die Juden haben Christum ans Creuz gebracht, und nicht die Heiden; so machet ihr es auch. Den 13ten ist der Catechet wieder ausgereiset, hat sich über den Caweri-Fluß setzen lassen, und den Rückweg über Cawastalam und Tirumangalakudi genommen. An allen Orten hat er mit den Heiden, wo er Gelegenheit dazu gefunden, geredet, und ist gesund und am Gemüthe gestärket wieder alhier angekommen. Dem durch ihn im Lande ausgestreueten guten Saamen wolle der HERR aus Gnaden Fruchtbarkeit und Gedeyen schenken!

§. 12.
Einige Merkwürdigkeiten.

Die heftige Fluth des frischen Wassers hat in diesem ganzen Monat noch beständig angehalten, so wie der Land-Wind auch nur wenig von seiner Stärke verloren. Die Witterung ist sehr temperirt und angenehm gewesen, da wir einigemal Regen und mehrmalen wölkigten Himmel gehabt.

Aug. gehabt. Die Krieges-Zurüstung des Nabobs von Tirutschinapalli und Königs von Tanschaur werden auf beyden Seiten je länger je ernsthafter, und möchte wahrscheinlich ein naher Friedens-Bruch bevorstehen. Nach dem Gerüchte soll eine Gesandschaft von dem Nabab an den König abgeschicket worden seyn, um ihm noch Vorschläge zur Güte zu thun, welche aber der König, ohne sich auf gütliche Vorschläge einzulassen, wieder abgefertiget. Ein Malabar drückte sich bey Gelegenheit darüber folgender maßen aus: Der König will erst seinen Helden-Muth zeigen und dabey eine gute Schlappe haben; dann wird er sich schon demüthigen. Das ist aber nicht weise gehandelt.

September.

§. 13.
Arbeit an Heiden, Muhamedanern und Römischen.

Sept. In einem Garten wurde etlichen Heiden ein Wort der Ermahnung zugerufen. Einer davon sagte: Die Götzen sind eben solche höllische Menschen gewesen, als wir, wir beten nur den einigen GOtt an. Als er auf die Nothwendigkeit eines Mittlers zwischen GOtt und uns geführet wurde, und daß solches der HErr JEsus sey, redete er von ihm ganz verständig. Denn als ein anderer dazwischen sagte: Der HErr JEsus ist eben so gering gewesen, als wir; so antwortete ihm jener, daß er um der Menschen willen gelidten. Man bezeugt ihm, daß er nicht ferne vom Reiche GOttes sey, und bat ihn doch ganz herzu zu kommen. Seine Anverwandten schienen ihm die größte Hinderniß zu seyn: sonst schien er von der Wahrheit überzeugt, und im Gewissen geschlagen zu seyn. Bey dem Gleichniß des HErrn JEsu aus Luc. 13. von dem Feigen-Baum (da sie sich eben auch mit Umgraben der Bäume beschäftigten) war er insonderheit aufmerksam. Noch traff man auf dem Rückwege zur Stadt ein Häuflein Heiden, die, als sie mich sahen, ausweichen wolten. Auf die Frage: Wolt ihr um meinet willen ausweichen? antwortete der Vornehmste: Nein! und blieb stehen, worauf ein anderer zu den übrigen sagte: Kommt näher. Man kam ihnen zuvor, trat näher zu ihnen, und verkündigte ihnen den Weg zu GOtt durch Christum. Sie billigten alles. Nachdem man schon von ihnen weggegangen war, eilete ein Jüngling nach, begehrte und bekam ein Büchlein, welches ihm vorher vergeblich angeboten worden

den. Nahe vor Sengibenkarei auf dem Felde sagte ein Heide, nach- Sept.
dem ihm der Rath GOttes von seiner Seligkeit vorgetragen worden,
daß in gedachtem Orte eine Christin sehr krank sey, man möchte doch
zu ihr gehen. Auf dem Wege dahin wurde in dem Hause unsers neugetauften Töpfers, der selbst nicht zu Hause war, ein und andern heidnischen Anverwandten desselben und etlichen andern Heiden das Evangelium von JEsu angepriesen, doch ohne einen Anschein zur Folgsamkeit
zu finden. Als man fortging, kam des Christen heidnischer Bruder nach,
und fragte, ob wir seinem Bruder nicht eine Frau besorgen würden. Es
wurde ihm geantwortet, daß er deswegen mit GOtt zu Rathe gehen
müsse. Hierauf erzehlete er, daß sie eine gewisse junge Witwe in Vorschlag hätten, worüber man aber seufzen muste, weil es eine tief ver-
fallene Christin ist. Der Heide antwortete: Es ist doch gut, auch ein
verloren Schaf wieder zu sammlen. In Periamanicapongöl wurden einige Heiden aus Tanschaur, die ein sündliches Gewerbe trieben, auf die
Arbeit gewiesen. Einer sagte mit freundlichen Minen, GOtt hätte ihnen dieses Gewerbe verordnet. Es wurde ihm gezeiget, daß im wahren
Gesetz stehe: Wer nicht arbeitet, soll auch nicht essen, folglich sey alles,
was ein Müssiggänger geniesse, Diebes-Gut. Sie begriffen es, und
liessen sich einen kurzen Bericht von den allein seligmachenden Wahrheiten der christlichen Religion geben, wobey einer nur den Einwurf machte,
daß wir einen Zweig ergriffen, und sie einen andern, und dann doch alle
in den Himmel stiegen. Er wurde aber stille auf die Antwort, daß ihre
Götzen keine dem wahren GOtt anständige Zweige wären, sondern, daß
es JEsus allein sey, durch den man zu GOtt kommen könne. Auf dem
Rückwege merkten einige Heiden in Porreiar sehr genau auf einen, als
man sich aber redend ihnen näherte that einer sehr scheu und wich aus.
Man redete ihn an: Ich habe ja weder Schwerdt noch Stock in Händen, warum seyd ihr so scheu? Sie wurden zuversichtlich, es kamen auch
mehrere herzu, und höreten stille, und mit Vergnügen das Wort des Heils
von JEsu an, wie in ihm allein Vergebung der Sünden und Seligkeit
sey. Beym Weggehen sagte einer: Ist kein Büchlein da? Weil aber
alle mitgenommene schon vertheilet waren, muste man sie auf Trankenbar
verweisen. In der Tilleiarhischen Allee wurde zu einigen Last-Trägern,
welche rothe Farbe-Wurzeln von Aneikovil brachten, von den geistlichen
Gütern, so man durch den HErrn JEsum erlange, geredet. Einer
sagte zu dem andern: Dann dürfen wir auch nicht mehr diese Lasten tragen. Man erinnerte ihn aber, daß die Arbeit unsündlich und nöthig,
und

Sept. und daß uns GOtt nicht zum Faulenzen geschaffen, sondern daß wir ihn erkennen und dabey arbeiten müsten. Sonst waren sie aufmerksam. Einer nahm auch ein Büchlein für seinen jüngern Bruder an. Ein Heide aus Tilleiarhi war beschäftiget, eine zerfallene kleine Pagode, welche zu Ehren seiner Mutter erbauet worden, die sich an diesem Ort mit ihrem Mann lebendig verbrennen lassen, wieder auszubessern. Diesem rief man zu: Ist es recht die Todten für die Lebendigen anzubeten? Item: Das ist ein Bösewicht, der sich selbst Schaden thut. Er sagte erst leichtsinnig, die Pagode sey gegen den Regen; und da ihm ferner zugeredet, und von der Tilgung der Sünden durch JEsum gesprochen wurde, bezeigte er sich verdrießlich und stieß ungebührliche Worte aus, welches ihm aber, wie es schien, auf der Stelle leid wurde, indem er die Arbeit verließ und herzukam, sich die zehen Gebote vorlesen, und das Büchlein selbst geben ließ. In Kanappamulei sagte ein Heide unter der Anrede an ihn: Wenn nur das Herz gut ist, so ist alles gut! Es wurde ihm geantwortet: Der das Herz geschaffen, der hat auch die Stirn geschaffen (auf welche er Asche geschmiret hatte.) Er: Das ist zum Zierrath. Ich: Ihr setzt selbst, es zeige vom Vertrauen auf Siwen. Er gab endlich nach und nahm das Büchlein, Weg zur Seligkeit, zu sich. Einige Weiber traten aufmerksam mit zu. In der Stadt wurden einige Heiden in der Wechsler-Gasse also angeredet: Kirche und Schule ist erbauet, ihr aber kommt nicht herzu. Sie waren stille. Da aber weiter gegen das Heydenthum geredet wurde, antwortete einer: Die Lust will nicht aufhören. Es wurde noch etwas geredet von der guten und bösen Lust, und ihnen bezeuget, daß nur in JEsu Heil zu finden. In Aneikowil sagte man vor eines angesehenen Heiden Hause zu dem Eigenthümer desselben: Ihr betet nach wie vor das an, was nicht GOtt ist. Er antwortet: Warum solte es nicht Gott seyn, was wir anbeten? Man fragte: Hat das, was ihr anbetet, mich und euch gemacht? und fuhr fort: Im wahren Gesetz stehet: Die Götter, so den Himmel und Erde nicht gemacht haben, müssen ausgerottet werden. Er wurde stille und ließ sich, in einiger andern Heiden Gegenwart, den Willen GOttes in JEsu zu unserer Seligkeit anpreisen, und nahm zuletzt das Büchlein, Brief an die Heiden, zu sich. An einem andern Orte hatte ein Heide eine arme Christin, auf deren Hofe ein Feigenbaum mit Früchten stehet, gefraget, wozu das wäre. Sie hatte geantwortet: Den Armen zu geben. Die Antwort mochte dem Heiden nicht gefallen haben, daher sie ihn gefragt, warum er den Brahmanern Reis gäbe? Hierbey kam man herzu und erkundigte sich

I. Bericht von 1771.

sich nach ihrem Gespräch. Der Heide wiederholete die Rede der Chri- Sept. stin, wobey man eine gute Gelegenheit hatte, ihm von der Verwerflichkeit des Heidenthums und von dem Wege, durch JEsum selig zu werden, eine ausführliche Vorstellung zu thun. Er schien dabey sehr überzeugt, und ließ sich ein Büchlein geben. In der Stadt fand man unsern Compagnie-Dollmetscher, Daniel, in seinem Hause, worin man seinen kranken Bruder zu besuchen gekommen war, mit einem Brief in der Hand, der ihm von dem theuren Herrn Dr. Knapp zugeschrieben worden, nebst einigen Heiden, so bey ihm waren. Er sagte, er läse den Brief den Heiden vor. Nachdem mit dem Kranken nach seinen Umständen in einem besondern Zimmer gesprochen worden, ging man zu den Heiden, mit welchen der Dollmetscher noch redete, und that ihnen eine Vorstellung. Jener sagte: Jetzt hören sie euch zu, wie zur Schau, und wie man neue Zeitungen anhöret, im Tode aber werden sie es fühlen. Sie thaten auch ganz gleichgültig gegen den Vortrag. Auf der Porreiarischen Brücke hörete eine Gesellschaft Reisender, die wegen der Krieges-Unruhen im Lande, einen Götzen hieher in Sicherheit gebracht, alles mit äusserlicher Billigung an, was ihnen von ihren unnützen Götzen, von dem wahren GOtt, und von dem einigen Sündentilger, JEsu, vorgehalten wurde. Noch wurde in einem Hain bey dem Orhunamangalamischen Flusse ein Häuflein Heiden, die aus Tanschaur hieher geflüchtet, zum Reiche GOttes eingeladen. Einer antwortete, man wüste doch nicht, ob ihre, oder unsere Sache das rechte sey. Es wurde ihm aus der sündlichen Beschaffenheit ihrer Götzen, die sie selbst zugeben musten, und aus der Heiligkeit JESU bewiesen, daß jene verwerflich, dieser aber annehmungswürdig sey. In einer zu Tilleiarhi gehörigen Gasse, Möduupaleiam genannt, gerieth man an einige Heiden, deren einer endlich das gewöhnliche sagte, daß sie auf eine gute Zeit warten müsten. Es wurde ihnen bezeuget, daß man beym Ausgehen nicht vorgehabt in ihre Gasse, sondern anders wohin zu gehen; GOtt hätte es aber so gelenket, daß man zu ihnen gekommen, welches ja eine gute Gelegenheit für sie anzeige. Bey Satankudi kam man noch an ein Häuflein Heiden, die den Götzen aus Ackur hieher in Sicherheit geschleppet, und nun wieder nach Hause eileten. Auf den an sie geschehenen Beruf, schoben sie alle Schuld des Heidenthums auf ihre Obrigkeit. In Schinnatrankenbar wurde bey der Pagode der Göttin Ellamei, die wegen des nahen Fischer-Festes mit einem Pandel versehen war, mit einigen Fischern von der Abscheulichkeit ihres Festes geredet. Ein Knabe ergriff

Sept. einen alten grauen Fischer, und zeigte die Narben, so derselbe noch auf seinem Rücken von den Wunden hatte, die er durch den eisernen Haken bey dem Aufhängen empfangen. Der Alte aber war, leider, eben so leichtsinnig gegen die Anhörung der Ermahnung, als die Jungen. In der Stadt wurde in eines Gold-Schmids Hause, wo viele Heiden beysammen waren, unter welchen sich auch ein Brahmaner befand, die Wahrheit von dem einigen GOtt und einigen Mittler, JEsu, bezeuget. Der Brahmaner nahm es auf sich, das Heidenwesen zu vertheidigen. Man zeigte ihm aber, welche heilige und selige Lehren das wahre Gesetz in sich halte, und wie man ihnen dieselbige allein aus Liebe und Begierde zu ihrem Heil, verkündige. Item, daß es ihnen zu schweren Gerichten gereichen werde, wenn sie ferner den Rath GOttes verachten würden. Einige Heiden aus Porreiar und Sandirapadi, denen die Erkenntniß der Wahrheit schon mehrmalen nahe geleget worden, redete man also an: Ihr handelt wider euer Wissen und Gewissen, daß ihr im Heidenthum bleibet, und werdet dadurch immer schuldiger an eurem Verderben; das jammert uns! Noch wurde auf der Landstrasse eine Vorstellung von der Nichtigkeit der Götzen an einige Heiden aus dem Lande gethan, die eben mit Rettung ihrer Götzen hieher beschäftiget waren. Sie lachten und schalten auf ihre Götzen, und bewiesen eben damit, daß ihr Herz nicht sowol an den Götzen selbst hänge, als vielmehr an der Ueppigkeit und der sinnlichen Wollust des Dienstes ihrer eigenen bösen Lüste, wozu der Götze nur den Namen hergeben muß. Einem Muhammedaner, der einen heidnischen Sipap vor dem Wachhause zu spielen Anweisung gab, geschahe deswegen Erinnerung. Er antwortete freundlich zu seiner Entschuldigung, es geschähe nur den Verstand zu schärfen. Man sagte: Wenn euch GOtt über dem Spielen sterben liesse, was würdet ihr ihm bey geschehener Nachfrage antworten? Item: Könnt ihr bey dem Spielen zu GOtt beten und sagen: Lieber GOtt, hilf mir, ich will spielen meinen Verstand zu schärfen? Er wurde stille, und hörete nebst dem Heiden ein Wort von dem HErrn JEsu, dem allgemeinen Heiland und Richter, an. Auf dem Felde wurde einem Häuflein reisender Muhammedaner das Evangelium von JEsu vorgehalten. Einer sagte, es wären vier Gesetze, Tauret, Habur, Inschil und Furcan. Man antwortete: In dem letzten ist Lügen und Wahrheit vermenget. Er lächelte nachgebend. Da weiter von der Herrlichkeit JEsu geredet wurde, sagte er: Er wird kommen den Antichrist zu richten! Es wurde geantwortet: Wir sind von Natur alle Antichristen, wenn wir uns aber zu JEsu

wenden,

I. Bericht von 1771.

wendens werden wir nicht gerichtet. Er wurde stille, wolte aber das gedruckte Gespräch zwischen einem Muhammedaner und Christen von dem Weg zur Seligkeit nicht annehmen, ob ihm gleich bezeuget wurde, daß JEsus die Verachtung ahnden würde. Noch höreten zwey Muhammedaner, von welchen man besuchet wurde, alles stille an, was ihnen von Isanabi, dem wahren Propheten GOttes und vollkommenen Erlöser des ganzen menschlichen Geschlechts, gesagt wurde. Bey dem Besuch einer Frau von der Portugiesischen Gemeine, fand man auch ihre alte Römische Mutter, die man bat ihres Heils wahr zu nehmen und mit ihrer Tochter zu unserer Kirche zu kommen. Sie bezeugte aber deutlich, daß sie keine Lust dazu habe, weil sie in der Kirche, worin sie getauft wäre, auch sterben müsse, welches ihr ganzer Glaubens-Grund war. Man verließ sie mit bezeugung, daß sie allein durch die Gnade GOttes in JEsu selig werden könne, daher weder die vielen Bilder noch Wachs-Lichter ihrer Kirche etwas dazu helfen könten. GOTT errette alles, was sich durch JEsum noch will retten lassen.

§. 14.
Arbeit an Christen.

Nächst der gewöhnlichen monatlichen Paränesi und Anrede an die sämtliche Witwen, deren gegen zweyhundert Personen waren, wurden in der Stadt in drey Häusern Gesunde und Kranke zur Liebe und Vertrauen auf JEsum erwecket. Einen Kranken fand man bey Lesung des Psalters. Er bezeugte, daß ihm solcher sehr erquicklich wäre. Ein anderer bekannte, daß er sich zu JEsu besser und ernstlicher mit allem seinen Elende hinwenden müsse. Eine tödtlich kranke alte Christin fragte man: An wen denkest du? Sie: An meinen Vater! Ich: Warum? Sie: Er hat mich erschaffen. Ich: An wen denkest du mehr? Sie: An JEsum! Ich: Warum? Sie: Er hat mich erlöset 2c. Ich: An wen mehr? Sie: An den heiligen Geist! Ich: Warum? Sie: Er ist mein Tröster. Eine jede Frage und Antwort wurde näher applicirt und besonders erkläret, wie das Andenken an GOtt und JEsum beschaffen seyn müsse. Sie seufzete dazwischen und sagte: Ich denke so an GOtt, daß ich um Vergebung der Sünden und einen seligen Tod bete. In eines andern Christen Hause traff man eine christliche Witwe über die Zänkereyen ihrer Kinder weinend an. Sie wurde erinnert, ihre Kinder fleissig zu ermahnen, zu bestrafen und für sie zu beten.

Sept. beten. In dem Parrier-Dorf von Erukkitanscheri wurden einige kranke Christinnen, davon eine eine Kindbetterin war, besuchet. Letztere drückte sich in ihrer Einsamkeit, da alles zu jetziger Zeit mit Feld-Arbeit beschäftiget ist, so aus, daß man ihre Demuth und Zuversicht zu GOtt merken konte. In dem Suttirer-Dorfe wurden drey kranken Wittwen der Inhalt des letzten Sonntags-Evangelii von Zehen Aussätzigen vorgehalten. Eine klagte über das unschlachtige Wesen ein und anderer Christen. Noch führete man den gefährlich krank gewesenen Töpfer Wölleyen, der sich durch die Erbarmung GOttes wieder erholet, auf die dankbare Ergebung seines Herzens an GOtt. In den Dörfern Cadtutscheri und Kumulendidel wurden einige gesunde Christen auf das Verhalten der zehen Aussätzigen gewiesen und zur Nachfolge derselben erwecket. In der Stadt wurde ein alter Christ begraben, von dem der Catechet Philipp bezeugte, daß, da er ehemals als ein Trunkenbold sehr unordentlich gelebet, er in der letzten Zeit dergleichen nicht mehr von sich spüren lassen, sondern sich fleissig zum Gehör des Wortes GOttes gehalten. Der Catechet hatte noch den Abend vor seinem Tode mit ihm weitläuftig sich unterredet. Denen Leichenbegleitern wurde das Exempel des Kerkermeisters aus Apost. Gesch. 16. mit obgedachten Umständen des Verstorbenen zur Ermunterung vorgehalten. Einen christlichen Soldaten fand man auf seiner Wache unvermuthet über der Lesung des 22sten Psalms, worüber man sich freuete und ihn dazu noch weiter zu ermuntern suchte. Auf dem Wege nach Wöpanscheri gesellete sich ein junger christlicher Ehemann zu einem unter uns, und hörete ein Wort der Warnung und Erweckung in Absicht der Besorgung seiner Seele an. Er bezeigte sich beym Zuhören herzlich und einfältig, und versprach ihm nachzukommen. In Sengidenkarei lag eine Christin hart darnieder, die bey ihrer Krankheit auch ihrer Niederkunft täglich erwartete. Bey dem ersten Besuch war man genöthiget, sowol ihr, als ihrem Mann, ihre bewiesene Saumseligkeit im Gebrauch der Gnaden-Mittel ernstlich vorzuhalten, und sie zur Reue deshalb und zum gnadenhungrigen Gesuch des Heils in JEsu zu ermahnen. Sie erkannte es und seufzete unter dem Gebet für sie, ängstlich nach. Bey einem andern Besuch traff man sie heiterer an, nachdem sie GOtt unter schwerer Arbeit eines jungen Söhnleins genesen lassen. Da sie auf eine bußfertige und glaubige Dankbarkeit gegen GOTT gewiesen wurde, antwortete sie, daß sie der Hölle würdig wäre, GOtt hätte ihr aber aus Gnaden geholfen. Eine Frau von der Portugiesischen Gemeine, die sich ein Jahr auf der

Däni-

Dänischen Loge zu College auf der Pfeffer-Küste bey ihren Bekannten Sept. aufgehalten, kam von da wieder zurück. Als sie nach der Ursach ihrer Wiederkunft und so beschwerlichen Rückreise mitten durchs Land, besonders da sie dort im leiblichen keinen Mangel gehabt, befraget wurde; rief sie weinend aus: An dem Ort ist weder Prediger noch Sacrament; wie solte ich da bleiben können? Eine Antwort, die in Indien nicht oft gehöret wird!

§. 15.
Arbeit der Gehülfen im Lande.

Der Gehülfe Marudanajagam im Kawaſtalamiſchen Creiſe berichtete, daß seine Frau nach ihrem Kindbette am 2ten dieses allerley Zufälle bekommen, an welchen sie den 9ten dieses selig verschieden. Sie hatte zu JEsu vor ihrem Ende und auch schon während der Krankheit herzlich geseufzet, daß er ihr alle Sünden vergeben, sie nicht verlassen, und selig heimholen wolle, unter welchen Seufzern sie auch verschieden. Der Gehülfe Sattiananden aus dem Majaburamiſchen Creiſe erzehlete, daß ein naher Anverwandter von ihm, der Römiſch geweſen, auf seinem dreymonatlichen Krankenlager unter seiner Bearbeitung dahingekommen, daß er im Glauben an den HErrn JEſum verschieden. Er hatte sich gegen den Gehülſe bey seinem Ende folgender maſſen ausgedrücket: Ich lege meine Seele in die fünf Wunden JESU, er wird mich annehmen, zu ihm gehe ich. Von einem Chriſten, deſſen Söhnlein von einer Kuh todt getreten worden, hatte er angemerkt, daß er sich gedultig darein gefaſſet, dahingegen sein Weib mehr deshalben angegriffen worden. Die Heiden hatten darüber geläſtert, zumal in eben der Familie ſchon vorhin ein Kind von einer Schlange getödtet worden. Bey dem Gehülſen Schawri hatte sich ein Heide erkundiget, was das wäre, wenn in unſerer Kirche der Prieſter rede, und die Kinder laut antworteten? Sonſt haben die Gehülſen, bey Gelegenheit der diesjährigen auſſerordentlichen Waſſer-Fluth, denen Heiden bezeuget, daß GOtt nach ſeiner Gerechtigkeit noch schwerere Gerichte um ihrer Sünden willen über sie kommen laſſen würde, wo sie nicht den einigen Mittler und Heiland, JEſum, der ihnen verkündiget werde, annehmen würden. Der Catechet Rajappen aus Tanſchaur hatte in seinem Tage-Buch noch manches angemerket von der Reiſe die er im Monat Junius mit dem Stadt-Catecheten, Philipp, zu Herrn Schwarz nach Tirut-

Sept. schinapalli gethan, von welcher Reise schon im vorigen Monat das wesentlichste auszugsweise mitgetheilet worden. Ueberhaupt bezeugte der Catechet, daß er besondern Segen von dieser Reise gehabt, da er theils mit dem Herrn Schwarz, theils mit einem der Gehülfen daselbst täglich unter die Heiden ausgegangen, und daß er durch die Munterkeit und Freymüthigkeit der dortigen Gehülfen sehr erwecket worden. Einmal war er am 30sten Jul. mit Dewanesen ausgegangen, an welchem Tage die höchste Wasserfluth zu seyn pfleget, und der eben deswegen von den Heiden im ganzen Lande sehr feyerlich begangen wird. Sie haben vom Norder-Thor bis zum Kaweri-Fluß eine doppelte Reihe heidnischer Bettel-Mönche stehen gefunden, die alle Gefässe in Händen gehabt, in welche die in grossen Haufen zum Kaweri-Fluß, um demselben Reiß zu opfern und sich darin zu baden, sich drängende Heiden, theils Reiß, theils andere Gaben geworfen. Die Catecheten haben einige ermahnet, sind aber von verschiedenen verspottet worden; doch haben einige ihnen auch Kas angeboten. Ein andermal war Rasappen mit Herrn Schwarz ausgegangen, und hatte mit einem Häuflein Sipayer geredet. Unter dem Reden hatte einer, doch unversehens, einen Stein nach Herrn Schwarz geworfen. Die Zuhörer haben darüber Lerm machen wollen: allein Herr Schwarz hat sie bedeutet und ihnen das Evangelium von JEsu verkündigt. In Tanschaur hat er einen abtrünnigen Christen gefunden, der von unserer Kirche zur Römischen übergegangen. Da ihm der Catechet zugeredet, hat er, den Catecheten recht zu kränken, geantwortet, er wäre dreyßig Meilen ins Land gegangen, um Anstalten zu machen, daß ein anderer Römischer Pater nach Tanschaur kommen möchte, denn der jetzo da wäre schlösse alle Kirchen zu. Der Catechet hat ihm erwiedert, daß es ja gut sey, daß der Bilderdienst abnähme. Sonst hat er mehrere Gespräche mit Heiden und Papisten gehalten, so wie auch der Stadt-Catechet Philipp hier auf dem Compagnie-Grunde, nebst seiner Arbeit an den Christen, sich auch fleissig mit den Heiden beschäftiget hat.

§. 16.
Einige Merkwürdigkeiten.

Die starke Wasser-Fluth, die sehr anhaltend gewesen, hat gegen das Ende dieses Monats auf einmal ganz aufgehöret, wodurch manche Einwohner, die bey anhaltender Fluth die Bepflanzung ihrer Nellu-
Felder

Felder nicht wagen, sondern bis zur Verminderung der Fluth warten **Sept.** wollen, aus Mangel des Wassers die Bestellung ihrer Aecker bis zur Regenzeit zu verschieben genöthiget worden. Der Krieg zwischen dem Nabab von Tirutschinapalli und dem König von Tanschaur ist gegen die Mitte dieses Monats ausgebrochen, da eine combinirte Nababische und Englische Armee mit einer starken Artillerie unter dem Comando des Generals Schmids und des ältesten Sohns des Nababs, ins Tanschaurische eingerücket, worauf in den westlichen Vorstädten von Tanschaur, wo auch unsere Christen mehrentheils wohnen, bald alles, was in der Vestung oder im Lager nicht zu Krieges-Diensten geschickt ist, die Flucht genommen. Mehrere Vornehme aus Tanschaur haben ihre Familien in die neutralen Europäischen Plätze an der Küste geschickt. Der Catechet Rajappen, der den 21sten hier ankam, hat Tanschaur nicht eher verlassen, als bis er gehöret, daß die Nababische Armee vor Wallacodtei stünde, welches nur noch zwey kleine Meilen von Tanschaur lieget. Damals war das Tanschaurische Lager bey Singaperumalkowil, worin der König selbst Gezelte hatte, nemlich ein rothes, welches an den zwey innern Stäben Knöpfe vom feinesten Golde gehabt, und ein grünes, welches er als ein Geschenk vom Mogul ehemals bekommen. In der Stadt hat der König sowol mit Ausbesserung der Mauren, als auch mit Vertheilung des Geschützes auf den Wellen, Defensions-Anstalten machen lassen. Am Ende des Monats war Wallakodtei nach einem kurzen Widerstand schon an die Engeländer übergegangen, und das Tanschaurische Lager in die Vestung gezogen worden, welches bereits auf der Westseite von den Engelländern beschossen und bombardirt wird. Doch wird die Ostseite von der Tanschaurischen Cavallerie noch offen gehalten. Der GOTT des Friedens schenke geistlich und leiblichen Frieden, und regiere alles zur Ausbreitung des Reiches JEsu!

October.
§. 17.
Arbeit an Heiden.

In dem Ruhehause vor Tilleiarhi war eine grosse Menge Men- **Oct.** schen beysammen. Es war, wie man nachher erfuhr, der vornehmste Hof-Brahmaner des Königs von Tanschaur mit seiner Familie und Suite, die sich als Flüchtlinge darin aufhielten. Auf die Nachfrage, wer

Oct. wer sich in dem Ruhehause aufhielte, antwortete jemand: Hier ist ein Gott! Man meinete sie würden ein Götzen-Bild zeigen, aber an dessen statt zeigten sie einen ziemlich nackenden bejahrten Bettelmönch. Kaum hatte man ihn angeredet, so fuhr er vor der Menge mit einer unflätigen Zoten-Rede heraus. Man fiel ihm in die Rede und sagte: Ihr redet ja wie ein Huren-Jäger, seyd ihr ein Gott? Ihr seyd nicht des Ansehens werth! Zu der Menge, unter welcher einige auch ihr Mißfallen gegen solche Zoten zu erkennen gaben, sagte man: Sehet euren Gott! Doch der Mönch war unempfindlich. Als man die göttliche Wahrheiten in der Ordnung vortrug, fuhr er einigemal mit Hersagung einiger Verse gegen das Heidenthum dazwischen, wobey er und die Menge erinnert wurden, daß sie auf solche Art wider besser Wissen sündigten. Zuletzt wurde ihnen JEsus, als der einige Heiland von Sünden, angepriesen, und ihnen bezeuget, daß wir solche Wahrheiten sowol in vornehmen Residenzen, als in geringen Dörfern verkündigten, weil sie, wie der Sonnen-Licht, allgemein und für alle wären. Bey der letzten Vorstellung drückten insonderheit einige ihren Beyfall recht lebhaft aus. Auf Begehren wurden ein paar Büchlein zurück gelassen, obgleich er und andere es wehren wolten. Ein Brahmaner-Jüngling kam noch nachgelaufen, und nahm ein Büchlein mit höflicher Dank-Bezeugung an. Nicht weit davon antwortete ein Heide auf die Vorstellung des allgemeinen sündlichen Verderbens mit der Frage: Wie wird dann die Sünde getilget? Man versetzte: Das ist eben eine wichtige Frage; und verkündigte ihm und den übrigen, so dabey waren, unsern allgemeinen und allerannehmungswürdigsten JEsum. Einer sagte dabey: Wenn ihr uns etwas gäbet, daraus wirs erkennen könten! Dem wurde geantwortet: Kommt doch zu uns, wir wollen euch gerne Unterricht geben. Ein vornehmer Gönner hat uns in diesen Tagen geschrieben, daß wir euch sagen solten: Christlichen Unterricht versäume keiner. Sie waren aufmerksam und streckten ihre Hände nach Büchlein aus. Am See-Strande hörete ein Häufchen Heiden die Ordnung durch JEsum allein gerecht, heilig und ewig selig zu werden, zwar ohne Widerspruch, aber auch ohne Zeichen der Folgsamkeit an. Bey der Ermahnung, sie möchten doch zu GOtt sagen: Ein Hirte besorget nicht nur die weisse, sondern auch die schwarze Schafe, gib uns doch auch Erkentniß, ob wir gleich schwarze Menschen sind! bezeigte sich einer insonderheit vergnügt. In der Allee gesellete sich ein Häuflein Knaben herzu. Man fragte sie, was doch in ihrer Eltern Hause von

unserer

unserer Kirche und Schule geredet würde. Einer antwortete: Einige Oct. sagen, man solle zu euch gehen, andere aber, man solle in unsere Schule gehen, da lerne man Rechnen. (*) Ich: Wollt ihr aber nicht selig werden? Ihr seyd ja Sünder, und die Sünde kan nicht in Kasi und andern heiligen Orten ꝛc. getilget werden. Es ist einer, der heißt JEsus, durch den allein können alle selig werden. Sie höreten aufmerksam zu. Als man sie weiter fragte: Ermahnen wir euch zum verloren gehen, oder zum Leben? antwortete einer: Zum Verlorengehen soltet ihr Ermahnung sagen? zum Leben ermahnet ihr! Als man noch nach dem Namen ihres Schulmeisters fragte, nannte einer zwar den Namen desselben, setzte aber dazu: Wir können seinen Namen nicht nennen! Ich: Warum nicht? Er: Er ist ja unser Herr! Ich: Man kan ja den Namen des GOttes Himmels und der Erden nennen, warum nicht auch den Namen eines Menschen? Der Knabe meinte, es gehöre zur Bescheidenheit. Es wurde ihm ein Büchlein gegeben für ihn, und eins für seinen Schulmeister, nebst einem Gruß und Ermahnung an letztern. Auf dem Felde redete man noch einige Heiden an, unter welchen einer aus Caweripatnam war. Dieser hörete mit vorzüglicher Aufmerksamkeit zu, und war wie ein Fisch, der um das Netz herumgehet, und sich wol möchte fangen lassen. Er sagte aber, daß er ja von allen seinen Freunden und von seiner Erbschaft würde abgeschnitten werden. Man sagte ihm, daß der, so ihm den Himmel gäbe, ihm auch das nöthige zeitliche geben würde. Er wandte noch ein, daß unsere Christen doch auch suchten etwas vor sich zu bringen. Man antwortete: Wir sagen ihnen aber: Trachtet am ersten nach dem Reich GOttes. Endlich sagte er: Ich will es überlegen, und nahm ein Büchlein mit sich. Auf der Porteiarischen Brücke, hörten einige Heiden aus Tanschaur eine Vorstellung von der Verwerflichkeit des Heidenthums und Annehmungswürdigkeit der Lehre JEsu mit Vergnügen an. Da einem ein Büchlein gezeiget wurde, trug er Bedenken es zu nehmen, als aber ein anderer darnach griff, nahm er und noch ein anderer auch eins an. In Sengidenkarei wurde in dem Ruhehause einem Haufen Spielern und andern, so noch herbey kamen, die Heßlichkeit und Gefährlichkeit der Sünde vorgehalten, und sie auf JEsum, den einzigen Sünden-Tilger, gewiesen. Einer fragte, ob sie dann der HErr JEsus davon los machen würde,

(*) In der Missions-Schule wird auch das Rechnen getrieben.

Oct. würde, wenn sie zu ihm kämen. Da ihnen dieses bejahet und bewiesen wurde, fragte er spöttisch, ob er ihnen was zu essen geben würde, wenn sie sich ins Ruhehaus setzten und an ihn dächten. Es wurde geantwortet, daß er sie arbeiten heisse. Gegen diese Antwort bezeigte der ganze Haufe sein Wohlgefallen. Er fragte noch weiter: Wenn ich aber nicht arbeiten kan vor Schwachheit? worauf man antwortete: So wollen wir euch helfen. Beym Weggehen wurden drey Büchlein zum Nachlesen ausgetheilet. Auf dem Castell wurden dem heidnischen Delinquenten abermals gesetzliche und evangelische Vorstellungen gethan. Aber er war gegen alles fast noch mehr, als sonst, verhärtet und erbittert. Das Vorurtheil, er könne pardonniret werden, und die Meinung, wir wolten ihm dazu nicht behülflich seyn, bringet ihn bis zur Bitterkeit gegen das Wort von der Versöhnung mit GOtt durch JEsum. In Sengidenkarei fand man den heidnischen Bruder unsers christlichen Töpfers auf seiner Scheibe arbeitend. Er redete wie ein Kranker, der erst gesund werden, und hernach den Arzt suchen will. Es wurde ihm zugeredet mit seinem Heidenthum zu dem HErrn JEsu zu kommen, so würde ihm geholfen werden. Er siehet das Unrecht des Heidenthums gar wohl ein, aber entschuldiget es doch, wie er auch dießesmal that, da ihm insonderheit ein Wort gesaget wurde, wegen eines auf seinem Hof zum Verkauf von ihm fertig gemacht stehenden Götzen-Pferdes. In Sameienpareitscheri, Naickerpaleiam und Schinnatrankenbar wurden verschiedene Häuflein Heiden ermahnet, sich von den todten Götzen zu dem lebendigen GOTT zu wenden. Einige antworteten: Was sollen wir thun? die Pandaram, Pusarizöl u. d. g. plagen uns und nöthigen uns noch dazu das Geld ab! Wir müssen es thun. Es wurde ihnen geantwortet: Ihr müsset nicht, sondern ihr thut es freywillig und gern; ihr könnt dem Sclavischen Götzen- und Menschen-Dienst entsagen, wenn ihr nur wollt.

§. 18.
Fortsetzung des vorigen.

In Anandamangalam fing man vor einem Brahmaner-Hause an gegen das Heidenthum zu reden. Man wurde zum Sitzen genöthiget. Weil aber hier das Schiessen der Engelländer auf Tanschaur (*) konte gehöret werden, so thaten sie Fragen von dem Ausgang des Krieges, die

(*) Welches ungefehr funfzehn Meilen von Trankenbar entfernt ist.

die man aber ablehnete. Das Gespräch wurde auf die Erkentniß GOttes, die geoffenbarte Religion und die Unrichtigkeit ihrer vier Gesetze geleitet. Da weiter von der Sünde und dem Sünden-Tilger, JEsu, geredet, und der heidnische Irrthum von den sieben Geburten widerleget wurde, fragte ein Brahmaner: Wie kan ich wissen, daß mein Weg nicht recht sey? Antwort: Durch Beten, Lesen und Prüfen, welches ihm mit einer Anweisung dazu erkläret wurde. Ein anderer wiederholete nachher dieselbe Frage mit einiger Veränderung, dem auch dieselbe Antwort gegeben wurde, nemlich GOtt um sein Licht anzurufen, und so das wahre Gesetz genau zu prüfen. Noch brachte einer die Historie des Götzen Ramen vor, und da geantwortet wurde. Er ist kein Gott, hat auch kein Exempel der Tugend gegeben; so erwiederte er: Was er auch für Kriege geführet, so ist doch alles zu dem Zweck der Erlösung geschehen. Doch war er und die übrigen bescheiden und stille, als es ihm widerleget wurde. In Tirukulatscheri, auf des Königs von Tanschaur Gebiete, wohin unser Missions-Medicus mitgegangen, um die dortige Betel-Plantagen zu besehen, hatte einer von uns folgende Unterredung mit einigen Brahmanern und Rechnungs-Führern vor der Pagode. Ich fragte: Wo ist der so genannte heilige Teich, davon dieser Ort den Namen hat? Ein Brahmaner: Der Ort heißt nicht Tirukulatscheri, (*) sondern Tirukuratscheri. Ich: Warum? Er: Es ist ein Baum in dem Innersten der Pagode, welcher Kura heißt; davon hat der Ort den Namen. Unser Missions-Medicus war begierig Blätter, Blüte und Früchte von dem Baum zu haben. Blätter wurden gebracht, aber Blüte und Frucht war nicht zu haben, weil es die Zeit nicht war. Ich: Wie heißt der Götze in dieser Pagode? Er: Nuganada-Suwanni, d. i. Schlangen-Gott. Ich: Soll es dann eine Verwandelung des Siwens seyn? Er: Es ist das eigentliche Heiligthum ein Schlangen-Nest oder Gehäuse von Erde; sonst ist die Schlange besonders auch von Stein, der Götze aber, welcher an den Festtagen herum getragen wird, ist eine kupferne Schlange, die vergüldet ist. Ich: Ihr gehet im Finstern und tappet wie die Blinden, und kommt auf solche Weise nie zur Erkentniß GOttes. Hier wurden sie auf die Erkentniß GOttes und Christi, und die Mittel, dazu zu gelangen, gewiesen, welches sie zwar ohne Widerspruch, aber theils leichtsinnig, theils gleichgültig anhöreten. Ein Büchlein wurde angenommen. Im Missions-Garten sprach

(*) Tiru muß wohl heilig, und Kula ein Teich heissen; Tschori heißt eine Stadt oder Flecken.

Oct. sprach man mit zwey Brahmanern, davon man einen, der aus Tiru-wenkadu war, vor einiger Zeit schon in dem Gefolge des Pandarams von Waitianadenkowil in der Bethlehems-Kirche gesprochen. Dieser wolte sich nicht einlassen von göttlichen Wahrheiten etwas anzuhören oder zu sprechen, wurde aber beschämet, als man ihm sagte: Ihr, als ein Priester oder Brahmaner, redet nur gern von leiblichen Dingen, wenn aber von geistlichen Sachen gesprochen wird, wolt ihr abbrechen und davon eilen. Er ließ sich darauf den Rath GOttes verkündigen und ein Büchlein geben. Während des Gesprächs kam ein Mensch gelaufen und erzehlete, daß er auf dem Wege von zwey Schlangen verfolget worden, welche Sarapambu und Nallapambu heissen. Diese vermischen sich zum öftern mit einander, und zu solcher Zeit sind sie nicht nur nicht scheu, sondern verfolgen so gar die Menschen, so daß jedermann vor ihnen fliehen muß. Sonst erzehlete der Mensch noch dabey die Fabel, die auch die zwey Brahmaner, als eine unter den Heiden allgemein gesagte und geglaubte Wahrheit, bekräftigten, wenn nemlich ein Mensch zu solcher Zeit sein Tuch oder Kleid über gedachte Schlangen werfe, so wickelten sich dieselben dahinein, und gingen nach vollendeter Vermischung davon, und ein solches Tuch sey hernach das sicherste Mittel gegen allen Hieb und Schuß, welches letztere aber vielleicht niemand, als ein Malabar, glauben dürfte. Einen andern Brahmaner fragte man, weil es eben der 18te October war, an welchem das Pfeil-Schiessen pfleget gehalten zu werden, woher daßelbe seinen Ursprung habe. Es pfleget neinlich der König von Tanschaur jährlich an diesem Tage (doch dieses Jahr ausgenommen, weil der Tag eben in die Zeit der Belagerung fiel) mit einem festlichen Pompe aussen vor der Stadt selbst in Person drey Pfeile auf einen gewissen Baum, Wannimaram genannt, abzuschiessen. Der Brahmaner leitete den Ursprung von einem ehemaligen Könige, Supramanien, her, der dieses Pfeil-Schiessen als eine Zeichendeuterey eingeführet. Denn, wenn auf den Wurf der Pfeile ein rother Saft aus dem Baum gekommen, so habe es Krieg bedeutet, sey aber der Saft weiß gewesen, so sey es eine Vorbedeutung von Theurung gewesen. Er setzte hinzu: Heut zu tage aber wird es nur als eine Gewohnheit beybehalten, ohne daß dabey aufs Wahrsagen gesehen wird, indem der Baum selten einen Saft giebt. Man führete den Brahmaner dabey auf ihre übrige Götzen-Ceremonien, die gleiches Ursprungs und gleiches Werthes seyen.

I. Bericht von 1771.

In Tilleiarhi wurde vor der grossen Pagode mit fremden und Oct. einheimischen Brahmanern und andern dazu kommenden Personen, deren an die hundert waren, eine weitläuftige Unterredung von dem einigen wahren GOtt, den sie aus ihren Gesetz-Büchern nicht erkennen könten, gehalten. Ein Brahmaner antwortete: Eine Lampe ist es, und bey derselben können verschiedene Personen verschiedene Verrichtungen vornehmen. Ich: An sich ist es wahr, daß bey einem Licht verschiedene Personen verschiedene Handlungen verrichten können; allein, das Licht bleibt nur ein Licht. Ihr müßt nicht von Menschen und ihren Geschäften reden, wenn ihr die Vielgötterey beweisen wollt, sonst verwechselt ihr offenbar die Geschäfte, so bey dem Licht verrichtet werden, mit dem Licht selbst. Er: Es stehet so in unserm Sastiram. Ich: Euer Sastiram redet nicht Wahrheit; ihr haltet euch nach eurem Sastiram vom Geschlecht Bruma, der hatte ja aber vier Köpfe, und ihr nur einen. Ein anderer Brahmaner aus dem Haufen nahm das Wort und sagte: Bruma hatte eine Schuld begangen, deswegen sind ihm drey abgeschlagen. Ich: Folglich war er ein Sünder, und das seyd ihr auch? Er: Geschiehet das nicht in der Welt? Was ist denn das, daß ihr einen GOtt ans Creuz geschlagen, verehret? Ich: Höret nur auch diese Ursach. Wir sind alle Sünder, und als solche können wir nicht zu dem heiligen GOtt nahen, die Sünde mußte daher getilget werden. Kein Mensch und keine Creatur kann dieselbe tilgen. JEsus, der GOtt-Mensch, wurde Mittler zwischen GOtt und uns Sündern, daher mußte er als Mittler am Stamm des Creuzes sterben. Er starb also nicht für eigene, sondern für unsere Schulden. Dieser JEsus ist Erlöser und Richter u. s. w. und dem werdet auch ihr dereinst Rechenschaft geben müssen von dem, was ihr jetzt gehöret. Der vornehmste, so das Wort meist geführet, sagte oder gab es vielmehr nur vor, daß er mich nicht verstünde, obgleich die andern alle es wohl verstunden, und überdem einer der gegenwärtigen es ihm in Grendischer Sprache noch erklärete.

In der Allee redete man dem Schultheiß von Erukkiranscheri, dessen Bruder vor zwey Monaten ermahnet worden, aber nun schon todt war, zu, sich bey Zeiten auch auf seinen Tod zuzubereiten. Er bezeigte sich dabey sehr höflich. Ein andermal kam man vor die grosse Pagode in Tilleiarhi, wo gegenwärtig viele Flüchtlinge aus dem Lande sich aufhalten. Man kam bald ins Gespräch mit einigen Brahmanern, wozu der Krieg und die dadurch entstehende Verwüstung Gelegenheit gab. Man be-

Oct. diente sich des Tamulischen Sprüchworts: **Ein halsstarrig Kind wird durch Schläge nicht gebessert,** und machte die Application auf sie. Einer widerstritte, daß sie nicht halsstarrige Kinder wären. Ich: Hat nicht GOTT in einigen Jahren euch bald durch Theurung, bald durch pestilenzialische Fieber, bald durch tödtende Durchfälle, nun aber durch Krieg geschlagen, und ihr wollt euch doch durch dieses alles nicht zur Erkentniß eures Schöpfers und Vaters bringen lassen. Er: Wir kennen und verehren GOtt! Ich: Eure Götter sind geboren und gestorben, folglich nicht GOtt. Eure Gesetz-Bücher können euch auch keine Erkentniß von GOtt beybringen, denn sie enthalten keine Wahrheit. Er: Wo soll man ihn dann erkennen! Ich: Beten müsset ihr, so haben wir es auch gemacht. Ihr seyd Sünder, und eure Sünden müssen getilget werden. Einer wolte widersprechen, wurde aber wieder stille, daher man ihnen und mehrern andern, so unter dem Gespräch herbey kamen, die Lehre von JEsu, als Heiland und Richter, vortrug; doch wolte niemand ein Büchlein annehmen. Von der grossen Pagode ging man in die Brahmaner-Gasse, wo ein etwas bejahrter fremder Brahmaner aus dem Vorhause in die Strasse heraus trat und sagte: Durch eure Gütigkeit leben wir jetzt hier und geniessen Ruhe unter eurem Schutz; unsere Götter haben wir auch mit hieher gebracht. Es wurde ihm geantwortet: Suchen also eure Götter auch Schutz? Ey, so können sie weder sich selbst, noch auch euch erretten, und sind mithin keine Götter. Ihr müßt also den wahren GOtt erkennen lernen, wozu euch eure Gesetz-Bücher keine Anweisung geben können. Er: Warum nicht? Ich: Weil sie keine Wahrheit sagen. Hierauf fing er an von Monds-Finsternissen und dem Lauf der Sterne zu reden, den sie aus ihren Castrangel vorher sagen könten. Man fuhr aber fort von GOtt zu reden und sagte: GOTT ist Einer, seine Offenbahrung in der Schrift eine einige, der Weg zu ihm nur einer. Unter dem Haufen, der unter dem Reden sehr angewachsen, trat ein Großsprecher, ein Brahmaner, auf und fragte: Wer ist der GOtt, von welchem ihr redet? Ich: Das höchste Wesen! Er: Weil ihr ihm einen Namen gebt, so ist er es nicht; das höchste Wesen hat keinen Namen! Ich: Muß man nicht, um sich einige Begriffe machen zu können, einer jeden Sache einen Namen geben? Er: Das höchste Wesen hat keinen Namen! Ich: So beschreibet oder nennet ihr ihn! Er: Das kommt mir nicht zu: Ich: Ey so nennet ihn euren und unsern Vater. Er: Ihr sagt Wahrheit, und menget doch eine Lüge mit darunter, weil ihr GOtt einen Namen gebet. Ich: Wir lassen

als

als Kinder von GOtt, weil wir ihn nicht sehen können. Er: Wenn wir mit GOtt eines wären, so würden wir ihm keinen Namen geben! Ich: Das Eins-werden ist von solcher Wichtigkeit, daß es erst vollkommen nach diesem Leben statt finden wird. Er: So lange dieses Haus (er wieß auf ein steinern Malabarisch Haus, die nur eine Etage haben,) mit Tach-Steinen bedecket ist, so ist das Licht in demselben geringe, nimmt man aber die Tach-Steine ab, so ist das innere und äussere Licht zu einem gemacht! Ich: Höret eine Erklärung davon. So lange wir diesen Cörper an uns haben, so lange ist keine vollkommene Vereinigung mit GOtt möglich. Er: Was ist der Cörper? Ich: Ein hinfälliges Geschöpfe, das einmal zur Erden werden muß. Er: Der Cörper ist nichts! Ich: Wenn euch jemand schlüge, so würdet ihr inne werden, daß ihr einen Cörper hätter, der schmerzhafte Empfindungen hat. Er: Und wenn ich auch zerspaltet werde, so ist doch mein Cörper nichts. Ich: Aber warum bringet ihr, als Priester, solche unnütze Disputen gegen die Wahrheit zum Anstoß anderer vor? Er fuhr aber noch fort nach seinem falschen Begriff von der Vereinigung mit GOtt, Ungereimtheiten zu behaupten, als z. E. Wenn man mit GOtt vereiniget wäre, so wäre keine Sprache, kein Lob GOttes mehr, so bekümmerte man sich nicht um einen andern, sondern ließe einen jeden seinen Weg gehen, und wäre ganz in sich selbst eingekehret u. d. g. und wolte keiner Ueberzeugung Raum geben. Man wandte sich daher zu dem Haufen (unter welchem einige dem Widersprecher beytraten, andere aber stille zuhörten) und sagte: Es kommt ein Tag, an welchem ihr werdet Rechenschaft geben müssen von allem, was ihr gehöret, geredet und geschwiegen, gethan und unterlassen habt, und theilete drey Büchlein unter ihnen aus, die willig und gerne angenommen wurden. Da man fortging, kam der Widersprecher nachgegangen und entschuldigte sich gleichsam von ferne, und bekannte, auf wiederholte Vorstellung an ihn, daß er es aus einem falschen Affect gethan hätte.

Ein andermal redete man bey der grossen Brücke mit zwey Brahmanern aus Tanschaur (welches aber nicht Pagoden-Brahmaner, sondern weltliche waren, die Handlung treiben) von GOtt und von der Sünde. Einer davon wolte den Ursprung der Sünde von GOtt herleiten, und da man ihm das Gegentheil beweisen wolte, unterbrach er beständig den Zusammenhang mit Zwischen-Fragen, als: Warum nicht alle Menschen so, wie die ersten, gut wären? Ob nicht GOtt den Baum des

Oct. des Erkentnisses Gutes und Bösen zum Nutz des Menschen erschaffen? Wie der Teufel als ein Geschöpf GOttes hätte können ein Feind GOttes werden? Als ihm aber einige Fragen beantwortet waren, und der andere Brahmaner ihn auch bedeutete, wurde er stille, und hörete die Lehre von JEsu, dem Sünden-Tilger, aufmerksam an. Da man auf die letzte Dinge zu reden kam, wunderte er sich, daß auch eine Hölle sey. Zuletzt wurde ihm ein Büchlein gereichet und zugleich der Inhalt desselben überhaupt gesagt, worüber er sich vergnügt bezeigte. In Irschiladi wurde ein Gärtner bey einer Apenars-Pagode ermahnet, nicht den Götzen, sondern den wahren GOtt zu verehren, da er gefragt wurde, wo die vielen Götzen-Figuren von Töpfer-Arbeit, die sonst vor der Pagode gestanden, hingekommen, antwortete er, daß sie theils zerbrochen, theils in einen Winkel gestellet worden, an ihre Stelle aber wären Bäume vor die Pagode gepflanzet worden, um dem Götzen eine bessere Aussicht zu verschaffen. Die arme Leute sind blinder, als die blinde Götzen selbst! GOTT öffne ihnen die Augen!

In Kottupaleiam besuchte man einen sehr angesehenen Menschen, Aneikudi-Swami, der denjenigen District des Tanschaurischen Reichs besitzet, der wegen seiner Fruchtbarkeit an den besten Citronen, Limonen und Pomeranzen, nur das Paradies des Tanschaurischen Landes pfleget genannt zu werden. Dieser Aneikudi-Swami ist der einzige Sohn des beym Könige in besondern Gnaden gestandenen Swaminadapullei (welcher Name als ein Ehren-Name erblich ist) da einer aus uns vor fünf Jahren in Tanschaur gesprochen. Weil etwa gedachter Aneikudi-Swami sich mit seiner ganzen Familie und Suite wegen der Kriegs-Unruhen hier in Cottupaleiam als ein Flüchtling aufhält, so hatte man Gelegenheit ihnen allen ausführlich die Lehre des Christenthums zu verkündigen und die Haupt-Irthümer des Heidenthums zu widerlegen, welches alles sie mit Aufmerksamkeit und Zustimmung anhöreten. Da einige Büchlein unter sie ausgetheilet wurden, fingen einige sogleich an laut darin zu lesen. Ach möchte doch ein und andere Wahrheit bey einheimischen und fremden Wurzel fassen, und reife Früchte bringen!

§. 19.
Arbeit an Christen. Tod des Catecheten Rajanaicken und Buchdruckers Schawrirajen.

In Sengidenkarei besuchte man zwey christliche Brüder. Des einen Kind war vor kurzem durch einen seligen Tod abgefordert worden.

Die

L. Bericht von 1772.

Die Eltern bezeigten Ziobs Gelassenheit in ihrer Maße, obgleich Oct. die heidnische Nachbarn sich daran ärgern, und sich es auch merken lassen. Die Mutter des verstorbenen Kindes war, nebst noch einem andern ihrer Kinder, auch krank. Als sie befragt wurde, was sie bey diesen Umständen dächte, daß GOtt von ihr hielte? gab sie die erweckliche Antwort: Er hält mich für sein Kind, und wird mich auch zu sich rufen. Es wurde ihr ein Wort der Stärkung zugesprochen und über sie gebetet. Beym Weggehen wurde ihr ein Almosen gereicht, das ihr ein Wohlthäter zu geben befohlen. Der andere Bruder, so auch krank war, bezeigte sich etwas ungeduldiger, doch ließ er sich zurecht weisen, da ihm das Exempel des Königischen vorgehalten wurde, der von der Erfahrung der leiblichen Noth und Hülfe zum seligmachenden Glauben aufgestiegen. Eben gedachtes Exempel wurde auch dem krankliegenden Arulappen und seiner gleichfalls kranken Frau in seinem Hause nahe bey der Bethlehems-Kirche zur Ermunterung vorgestellet. Im letztern Hause traff man noch eine junge Christin an, welche man bat ihrer Stief-Mutter um des HErrn willen zu gehorchen, welches sie zu thun versprach. Nachdem man fortgegangen war, begegnete man der Stief-Mutter von gedachter Christin selbst, welche der Stief-Tochter das Zeugniß gab, daß sie jetzt folgsam sey. In Manikapongöl fand man vor der Hütte unserer abgelebten blinden Christin, Tawasi, welche Tages zuvor begraben worden, einen kleinen Enkel der Verstorbenen. Auf die Frage, ob die Groß-Mutter ihm nicht ein Wort der Ermahnung zum Abschied gesagt, antwortete er gar herzlich: Ja! sie sagte: Zanket und schlaget euch nicht mit einander! Die verstorbene Tawasat pflegte sonst, sonderlich in den letzten Jahren, da sie GOtt blind werden lassen, beym Besuch zu bezeugen, daß sie sich dem HErrn JEsu ergebe, und nach einem seligen Ende verlange. Eine kranke Christin, Tasawai, redete gar lieblich von JEsu, und sagte, daß sie nur durch ihn und sein Verdienst selig zu werden hoffte, betete auch herzlich um Abwaschung aller ihrer Sünden. Nach einiger Zeit hat sie sich wieder erholet, und einer Kindbetterin helfen wollen, ist aber daselbst, nebst jener, der sie beyzustehen gekommen war, gestorben.

Den 20sten October wurde uns in einem Oles aus Arentangi und Mabangarubi der Tod des alten Catecheten Rajanaicken berichtet, der den 29sten Sept. zu Arentangi im ein und siebenzigsten Jahr seines Alters verstorben, und Tages darauf von den dasigen christlichen

Erste Abtheilung, von Trankenbar.

Oct. Soldaten zur Erde bestattet worden. Von seiner Krankheit, letzten Stunden und Reden war nur so viel in dem Ort angemerkt, daß er an dem gedachten Tage, als an einem Sonntage, noch Vormittags den Gottesdienst gehalten, nach dessen Endigung er zu einer kranken Christin gerufen worden, welcher er zugesprochen, und einige Römische, so daselbst mit zugegen gewesen, noch besonders ermahnet hatte, worauf er sich um die Mittags-Zeit wieder nach Hause begeben. Bald nach dem Mittags-Essen war er mit ausserordentlich heftigen Colic-Schmerzen, wobey zugleich eine starke Obstruction gewesen, befallen worden, daher er nach einem Christen gesandt, und ihn bitten lassen, er möchte zu ihm kommen, und einen Artzt mitbringen. So bald der Artzt gekommen, hat er ihm eine Erleichterung in Absicht der Obstruction verschaffet, deswegen auch der Christ die Hoffnung gehabt, es würde der Zufall von keinen weitern Folgen seyn, und wieder nach Hause gegangen. Allein das Uebel hat sich bald nachher noch vermehret so, daß der Catechet zum andernmal nach dem gedachten Christen geschickt. Doch ehe dieser angekommen, ist er bereits, mit dem Seufzer: HErr JEsu, nimm meinen Geist auf! verschieden. Dieser Catechet hat über vierzig Jahre bey der Mission gearbeitet. Wie ihn GOtt anfänglich von dem Irrthum der Römischen Kirche, in welcher er geboren war, zur Ueberzeugung gebracht, wie er darauf dieselbe verlassen und zur Evangelischen Kirche übergetreten, mit welcher Treue und Eifer er gleich von Anfang das Zeugniß von JEsu abgelegt, und was für einen ausgebreiteten Segen GOtt auf denselben gelegt, was er dabey für Verfolgungen ausgestanden, desgleichen was für treffliche Gaben ihm GOtt gegeben, und was für ein fähiger Verstand und gutes Gedächtniß sich bey ihm gefunden, auch was für eine Belesenheit er in der Bibel besessen, und wie bekannt er sich die Kirchen-Geschichte, nach dem davon für die Catecheten hier gedruckten kurzen Auszug, gemacht, davon ist in den Continuationen der ältern Missions-Geschichte mehrere Nachricht anzutreffen. (*)

Den 23sten October starb nahe bey der Bethlehems-Kirche in Poreiar unser bisheriger Haupt-Buchdrucker, Schawrirajen, welcher, seit dem Tode des seligen Factor Meisels, der Missions-Buchdruckerey als Factor vorgestanden. Er war der älteste Sohn des ehmaligen alten christlichen Schulmeisters, Pedru, und hatte in der Tamulischen Schule

(*) Das wichtigste davon ist auch in Nicfamps kurzgefaßter Missions-Geschichte, nach dem Register, unter dem Namen Rajan, Icken, zu finden.

I. Bericht von 1771.

eine schöne Erkentniß von den Wahrheiten des Christenthums sowol, als auch eine gute Fertigkeit im Schreiben, Rechnen u. d. g. erlanget. Nachdem er aus der Schule dimittiret worden, wurde er eine Zeitlang von einem Missionario zum Bedienten angenommen. Sein aufgeweckter Kopf fing schon damals an sich durch manche Erfindungen zu zeigen. Z. E. Weil er von seinem Vater, der ein grosser Botanicus war, die mehreste Indianische Kräuter, nach ihren Eigenschaften und medicinalischen Kräften, kennen gelernet, so machte er eine Wurzel ausfindig, welche er durch Zubereitung so weit bringen konte, daß die Faden derselben nicht nur an Feinheit, sondern auch an der Farbe und übrigem Ansehen, den Haaren gleich kamen, aus welchen er Peruquen verfertigte, die von den Europäischen Haar-Peruquen, wenn man sie auch in der Nähe ansahe, dem Auge schwehr zu unterscheiden fielen. So gab er auch in dem letzten Jahre noch einem Weber Anleitung, gleichfalls aus den Faden einer Wurzel, deren Zubereitung er sich aber vorbehielt, ein Stück Leinwand von acht Ellen zu verfertigen, welches wegen seiner Leichtigkeit und Stärke bewundert wurde. Da er Neigung zur Buchdrucker-Kunst bey sich merken ließ, wurde er als Lehrling in diese Officin aufgenommen, in welcher er auch nach und nach so zunahm, daß er wegen seiner Geschicklichkeit im Schriftsetzen und Drucken, nach Abgang des Europäischen Factors, die Aufsicht über die ganze Druckerey erhielt. Als Schriftsetzer war er vorzüglich brauchbar, indem er, ausser der Tamulischen, auch von der Portugiesischen und Teutschen Sprache so viel verstund, als zum Schriftsetzen in diesen Sprachen nöthig war, wozu noch eine besondere Fertigkeit kam, die grosse verzogene Anfangs-Buchstaben der Titel-Schriften aus einer Art Indianischen Holzes sehr sauber auszuschneiden. Seit mehrern Jahren war er auch mit zum Aeltesten der Porreiarischen Gemeine bestellet. Sein Hauptfehler war der Zorn, doch ließ er sich durch Zuredungen leicht wieder besänftigen, und alsdann erkannte er auch seinen Fehler. In den letzten Jahren hatte er zu verschiedenenmalen Anfälle von einem sehr heftigen Fieber, wodurch er einigemal dem Tode nahe war. Seine letzte Krankheit bekam er gegen die Mitte dieses Monats. Den 18ten, an einem Freytag, wurde er darin zum erstenmal von einem aus uns besucht, da er sehr über seine grosse Sünden winselte, und den HErrn um Vergebung bat, der auch an einem Freytage am Creuz gelitten und für die Sünder gebeten. Er klagte sich auch an, daß er vor ein paar Tagen in empfindlichen Schmerzen GOtt angelaufen, und aus einiger

Oct. Ungedult gefagt, ob er dann keine Barmhertzigkeit hätte bey seinem groffen Geschrey. Ingleichem sagte er, daß er sich am letzten Sonntag getroffen gefunden, da aus dem Evangelio von der Verachtung des Wortes GOttes geredet worden. Man gab ihm in seinen Klagen Recht und ermahnete ihn, den Namen des HErrn anzurufen nach seinem Befehl, denn wo die Sünde in ihrer Kraft erkannt würde, da sey die Gnade GOttes in JEsu mächtiger. Zugleich bat man ihn, GOtt um die Gnade der Treue anzuflehen, daß er nicht nur in diesen schweren Umständen so beten, sondern auch in gesunden Tagen damit anhalten möchte. GOtt arbeitete kräftig an seiner Seele, welches wir auch sonst mehrmals schon bemerket, da er aber mit den Gnaden-Wirkungen wol nicht allemal treu genug umgegangen, daher man ihn jetzt zu desto mehrer Treue ermahnete, und mit einem Gebet beschloß. Den 19ten besuchte man ihn wieder, und bat ihn die Seelen-Sorge die vornehmste seyn und bleiben zu laffen, welches er versprach, und sich beym Schluß-Gebet sehr aufmerksam und andächtig bewieß. Den 20sten ließ er um das heilige Abendmahl bitten. Nach der Frühpredigt in der Bethlehems-Kirche ging man zu ihm, und fand ihn in einer guten Faffung. Zu seinen Schmertzen im Unterleibe sagte er, als sey nicht anders, als ob ihm einige Schrauben eingeschraubet würden. Seine Beichte that er mit groffem Ernst und Inbrunst, und klagte GOtt, daß er so oft sein Wort nicht gehalten und wider sein Versprechen gehandelt, das er gegeben, wenn er zum heiligen Abendmahl gegangen, (Er siehe sete damit besonders auf den unterlaffenen Besuch des nachmittäglichen Gottesdienstes) und bat GOtt um Vergebung. Bey der Absolution wiederholete er die Worte, und eignete sie sich mit nachdruck zu. Das heilige Abendmahl nahm er mit groffer Ehrfurcht, und war nach dem Genuß deffelben gantz heiter. Den 21sten war ein Anschein der Befferung, die bis den 22sten Vormittags anhielt. Nachher aber verschlimmerte es sich so, daß ihn die Aerzte gegen Abend gantz aufgegeben. Weil der Catechet Arulappen bey der Bethlehemskirche auch krank war, so vertrat schon am Montage Schawariajens Anverwandter, der Compagnie-Dollmetscher, Daniel, bey seinem kranken Vetter die Stelle des Catecheten, und stellte ihm alles vor, was zur Zubereitung auf den wichtigen Schritt aus der Zeit in die Ewigkeit gehöre, womit auch den Dienstag fortgefahren wurde. Den Abend wurde ihm ein grösser Schulknabe zugesandt, ihm etwas aus der Bibel und Gesangbuch zur Stärkung vorzulesen. Den 23sten früh kam die Nachricht in die Stadt, daß

I. Bericht von 1771.

daß es mit seinem Leben zu Ende gehe, daher sein Anverwandter, der Oct. Compagnie-Dollmetscher, nebst den übrigen Freunden, bald zu ihm hinaus gingen. Auch sandten wir den Stadt-Catecheten Philipp zu ihm, welcher auch daselbst den Landprediger Ambros angetroffen. Zuvörderst hatte ihn der Compagnie-Dollmetscher ermahnet, weil er nur noch wenige Zeit übrig hätte, so möchte er die letzte Augenblicke seines Lebens sich noch recht zu Nutz machen, und sich von allem los machen und in JEsum ganz versenken, worauf der Kranke gesagt: Das will ich thun! Da er weiter von jenem befragt worden, ob er noch etwas auf der Welt zu bestellen hätte, etwan wegen seiner Frau und Kinder, hatte er erwiedert: Nein, ich habe von ihnen Abschied genommen, und nun übergebe ich sie euch. Der Dollmetscher: Seyd unbesorget. Ich war ein Kind von sechs Monaten, da mir mein Vater wegstarb, und sehet GOtt hat mich erhalten, und so weit gebracht, er wird es euren Kindern auch thun, wenn ihr auf ihn vertrauet. Der Kranke: Das will ich thun. Aber höret, werde ich auch meinen leiblichen Vater im Himmel kennen lernen? Der Dollmetscher: Ohne Zweifel. Wollen wir nicht noch mit einander beten? Der Kranke: O ja! thut doch ein Gebet. Hierauf hat der Compagnie-Dollmetscher gebetet; worauf der Kranke gesagt: Ich bin matt, ich will im Herzen beten. Der Dollmetscher hat in Copagnie-Affairen wieder nach der Stadt gehen müssen, und Abschied von ihm genommen, worauf der Landprediger Ambros ihm noch zugesprochen, ingleichem der Catechet Philipp, der ihn in einer guten Fassung und Richtung nach dem Himmel angetroffen, und noch ferner mit ihm gebetet. Bis gegen 11 Uhr ist der Sterbende noch munter gewesen, aber darauf hat er angefangen zu husten, über welchem Husten er auch, wie wir zuversichtlich hoffen, in seinem Erlöser selig entschlafen ist. Durch den Schulknaben, der ihm am Abend vor seinem Sterbe-Tage noch etwas aus der Bibel vorlesen müssen, ließ er bestellen, daß ihm bey seiner Beerdigung das Lied: Du o schönes Welt-Gebäude ꝛc. gesungen, und die Worte Offenb. 14, 13. Selig sind die Todten ꝛc. zu seinem Leichen-Text erwählet werden möchten, welches nach seinem letzten Willen geschehen.

§. 20.

Arbeit der National-Gehülfen.

Der Gehülfe aus dem Rawastalamischen Kreise berichtete, daß er einem kranken Catechumenen, auf seine Bitte, die Noth-Taufe gege-

Erste Abtheilung, von Trankenbar.

gegeben. Er hatte bereits einige Erkentniß von den Heils-Wahrheiten erlanget, doch war die Begierde, besonders bey der zugestoßenen Krankheit, grösser gewesen, als die Erkentniß. Nach Empfang der Tauf war er in seinem Gemüthe sehr heiter geworden. In Karwaschalam hatten die Brahmaner von ihren Götzen, besonders Reganada-Samis Fabel ausgestreuet, daß er dem König in einer Nacht ein Schwerdt gereichet mit den Worten: Damit wirst du die Feinde zu Boden legen. Der Gehülfe aber hatte dagegen gezeuget und gesagt: Die Götzen haben ja weder Hand noch Mund. Der Untercatechet Mirtu-Schawri im Tanschauischen Kreise, wohnhaft in Tiruppanturutti, war kurz vorher, ehe der Krieg mit den Engelländern ausgebrochen, einigemal in Tirukaduppalli gewesen, wo er die dasige christliche Soldaten und ihre Familien unterrichtet und besorget. Nachher war er bis zum 6ten dieses Monats in Tanschaur selbst geblieben, wo er die christliche Soldaten auf den Wällen besuchet und mit ihnen gebetet. Der Tanschaurische Catechet Rajappen, der diesen Monat hier geblieben, weil sowol sein Wohnhaus, als auch das Bethaus in den westlichen Vorstädten von Tanschaur gänzlich zerstöret, ist in dieser Zeit mit dem Stadt-Catecheten Philipp fleißig unter die Heiden, sowol auf der Compagnie als auch des Königs Grund ausgegangen. Einen Tag sind sie zusammen nach Waritschukudi, Melacasakudi, Puttakudi und Kurhukudi ganz gegangen. In dem letzten Ort hat sie ein Brahmaner zu sich sitzen lassen, welcher anfänglich nicht zugeben wollen, daß sie etwas aus einem Büchlein vorlesen solten. Doch ein Naicker, so bey gewesen, hat es dahin gebracht, daß der Brahmaner sich die zehen Gebote vorlesen lassen. Einer aus dem Haufen hat gesagt: Da ihr solche herrliche Lehren habt, warum werfet ihr nicht alles weg und werdet Einsiedler? Der Brahmaner aber hat verächtlich gethan. Auf dem Wege haben sie vier Büchlein mit Ermahnungen an die Heiden ausgetheilet. Ein andermal hat der Catechet Rajappen auf dem Compagnie-Grund einen Taden, oder Bettel-Mönch angetroffen, welcher ihm erzehlet, vor funf Jahren sey der Götze Kischnen in ihn gefahren und habe ihn besessen, und seit der Zeit habe er nirgends einen rechten Fuß fassen können, sondern er sey nach Kasi in Bengalen, nach Ramesuram im Marrawer Lande, und nach allen heiligen Orten gewalfahrtet. Seine Mutter habe ihn in allen diesen Jahren überall gesucht, bis sie ihn vor kurzem in Parhani angetroffen. Da habe sie den dasigen Götzen gebeten, ihr doch diesen ihren Sohn wieder zu geben ein der Götze habe seine Mutter gescholten, und zu ihr gesaget: Wie kanst du dich unterstehen, das wieder von mir zu fordern, was ich mir ausersehen und in Besitz genommen habe? Der Götze habe auch seine Mutter gestraft, daß sie drey Tage stumm gewesen, weswegen er (der Sohn) dem Götzen zur Versöhnung der Mutter ein Opfer zu bringen, sich ein Stück von seiner Zunge abgeschnitten und dem Götzen vorgeleget, worauf seine Mutter die Sprache wiederbekommen, ihm aber habe der Götze die Zunge wieder wachsen lassen. Hierbey hatte er die Zunge ausgestrecket und dem Catecheten gezeiget, welcher gesehen, daß die Zunge, wie über einander geschlagen gewachsen. (*) Der Laden hatte, auf die Vorstellung des Catecheten, zugegeben, daß er von dem allen keinen Nutzen habe, auch ein Büchlein angenommen und darin gelesen, und versprochen, die Priester des Catecheten selbst zu besuchen, und sich mit ihnen weiter zu unterreden.

§. 12.
Einige Merkwürdigkeiten.

Den 20sten ging das Europäische Schiff, der Cronprinz, Capitaine Whidt, von hier nach Dännemark unter Segel, mit welchem wir unsere Brief-Paquets an unsere hohe Vorgesetzte, theure Gönner und Wohlthäter abschickten. GOtt führe es sicher durch die Wellen, und bringe es wohlbehalten an seinen bestimmten Ort, zum Lobe seiner Herrlichkeit. Den 22sten setzte zwar die Regenzeit an, und fiel einige Tage hinter einander Regen, aber es klärete sich das Wetter bald wieder auf, und war bis ans Ende des Monats eine trockene Witterung, wobey der Nordwind abwechselnd ziemlich stark wehete.

Von den Kriegs-Unruhen und der Belogerung von Tanschaur sind folgende Umstände bekannt worden. Nachdem die Nababische und Englische Armee die Berg-Vestung Wallamkodtei, welche ein Brahmaner mit 700 Mann vertheidiget, am 20sten Sept. eingenommen, und darauf ihre Batterien vor Tanschaur zu errichten angefangen; so hatten zwar die Tanschaurer aus der Stadt mit 3000 Reutern und 6000 Fußvolk einen Ausfall auf das Nababische und Englische Lager gethan, in welchem sie anfänglich einige Vortheile erhalten, aber bald darauf mit grossem Verlust in die Stadt zurückgeschlagen worden.

Nach

(*) Dis kann eine andere Ursach gehabt haben, und hat vielleicht dem Laden zu der ganzen Erdichtung Gelegenheit gegeben.

Oct. Nach diesem mislungenen Ausfall haben die Tanschaurer sich gegen die Belagerer nur von den Wällen und Bastionen gewehret. Das Bombardement und Beschiessen von der Westseite, so bis gegen das Ende des Monats gedauret, hat sowol in der Stadt selbst eine grosse Zerstörung angerichtet, als auch in den Wällen eine starke Breche verursacht, so daß die Engelländer bereits zum Sturmlaufen Anstalten gemachet. Doch ist es nicht so weit gekommen, da die Engelländer die von dem Könige ihnen angebotene Friedens-Unterhandlungen angenommen, worauf der Friede bald geschlossen worden, und die Nabobische und Englische Armee noch vor dem Schluß des Monats sich bis Wallamkobtei zurückgezogen. Sonst ist anzumerken, daß die Tanschaurer ihr Norder-Thor während der ganzen Belagerung offen behalten, wo auch ihre Cavallerie in der davor liegenden Vorstadt Pariapaleiam nebst einigen Fußvölkern gestanden. Möchte doch das blinde Volk die Friedens-Gedanken GOttes über sich merken, und den durchs Evangelium ihnen verkündigten Frieden mit GOTT durch Christo auch annehmen!

November.

§. 22.

Arbeit an Heiden und Muhamedanern.

1 Nov. Bey der Porreiarischen Brücke wurde einem Knaben aus Erukkitanscheri, der nachfolgete, die Lehre von der Sünde und von Christo vorgehalten. Er ließ sich endlich merken, daß er um ein Büchlein zu erhalten nachgekommen sey, welches ihm gereichet wurde. Im Sutiren Dorf von Erukkitanscheri hatte man, beym Besuch einiger christlichen Wohnungen, Gelegenheit auch verschiedenen Heiden den Willen GOttes von unserer Seligkeit in JEsu zu verkündigen. Einer darunter berief sich auf die Vorfahren. Ein anderer sagte, daß ja GOtt die Götzen besorget hätte. Es wurde ihnen geantwortet, daß die Sünden der Vorfahren nicht nachzuahmen, und daß die Götzen, wie sie selbst wüsten, grosse Sünder gewesen, und also nicht von GOtt seyn könten; dahingegen JEsus ein heiliger und tüchtiger Sündentilger sey. Man gab ihnen zwey Büchlein zum Nachlesen, und bat sie sich des Heils in JEsu theilhaftig zu machen. Bey dem kranken Catecheten Arulappen
traf

I. Bericht von 1771.

traff man einen heidnischen Arzt an, zu welchem man sich mit den Wor- Nov.
ten wendete: Wenn ihr ein Jünger JEsu werden woltet, würde man
euch zuversichtlicher brauchen können. Er hörete darauf alles mit an,
was dem kranken Catecheten und dessen auch kranken Frau, zu ihrer
Stärkung und Ermunterung, vorgehalten wurde. Zuletzt redete man
ihm noch besonders zu, und suchte mit dem Evangelio JEsu sein Herz
zu erweichen, wobey er nicht ganz ungerührt zu bleiben schien, und den
gedruckten Brief an die Heiden zu sich nahm.

In Cottupaleiam weigerte sich einer, der aus dem Lande seyn
mochte, ein Büchlein anzunehmen. Als man aber weggegangen war,
sagte ein anderer zu ihm: Du meinest, sie werden dich, wenn du das
Buch annimst, ein andermal angreifen und dich zu sich zerren, so ist es
aber nicht. Auf diese Rede schickte er noch einen Menschen nach, und
ließ das Büchlein abholen. An einem andern Ort wurde mit der
Suite, des schon im vorigen Monat gedachten (*) Swaminadapullei aus
Anikudi geredet, welche meistens gar aufmerksam anhöreten, was ihnen
gegen das Heidenthum, von dem wahren GOtt und unserm allgemeinen
Heiland, JEsu, verkündigt wurde. Nur einer sagte, GOtt hätte das Heidenthum verordnet, welchem geantwortet wurde, es sey unmöglich, daß
GOtt ihnen dasjenige mit Verheißung eines Segens zulassen solte, was
er uns mit Bedrohung des Fluchs verboten. Vier Büchlein wurden
mit Begierde und Willigkeit angenommen, und auf dem Rückwege noch
einige begehrt, die aber auf ein andermal vertröstet wurden. In Itschan-
kadtu hörete ein Häuflein Heiden aufmerksam zu, da ihnen die Lehre
von GOtt und dem Glauben an JEsum annehmlich vorgestellt wurde.
Ein Weib sagte: Dann dürfen wir nicht mehr spinnen und arbeiten!
Es wurde ihr aber geantwortet, daß uns GOtt nicht zum Müßiggang
ermahne, sondern je herzlicher wir an JEsum glaubten, desto fleißiger
arbeiteten wir. Bey der Porreiarischen Brücke redete man einen Brahmaner an, welcher sein Vergnügen darüber bezeigte, daß man Tamulisch mit ihm redete. Als man gegen das Heidenthum redete, sagte er,
daß sein Gott aus Ackur in Tilleiarhi wäre. Frage: Wovon ist er gemacht? Antwort: Von Silber! Gegen den Beweiß, daß das nicht
GOtt seyn könne, und gegen andere Wahrheiten wider den Götzendienst
konte er nichts aufbringen; nur sagte er: Höret eins recht an. Ich:
Sagt her. Er: Man muß doch leben. Es wurde ihm aber bezeuget, daß
das ein schändlich Leben wäre, um deswillen man wider besser Wißen

Neuere Miss. Nachr. VIII. St. Rrrrr und

(*) Oben S. 1024.

Nov. und Gewissen beym Götzendienst bliebe, nebst einer Anweisung, zur Erkentniß des wahren GOttes zu kommen. Als mehrere herbey kamen, sagte er: Es ist nur ein GOtt; worauf ihm erwiedert wurde, daß uns auch ein Mittler unumgänglich nöthig wäre zu GOtt zu nahen, und das sey kein anderer, als JEsus. Ein Büchlein wolte er nicht annehmen, unter dem Vorwand, daß er schon eins gelesen, daher ein anderes darnach griff. In dem Parreier-Dorf Catutscheri traff man eine heidnische Wittwe an, die sich manchmal nicht unlenksam gegen den Ruf bewiesen. Man bat sie flehentlich mit ihren Kindlein sich zu JEsu zu wenden. Sie schwieg stille. Als aber auf eine Antwort gedrungen wurde, fragte sie: Was soll ich sagen? Man fragte sie, ob sie nicht herbey kommen wolte. Sie: Wo soll ich mit meinen Kindern hin? Man bezeugte ihr, daß sie der, so sie geschaffen, gewiß versorgen würde, wenn sie sich mit ihnen zu JEsu wenden wolte. Sie schien innerlich überzeugt zu seyn. Man suchte ihr daher noch mehr ans Herz zu reden. In der Stadt wurde an drey Orten mit Heiden geredet. Am ??? Ort lasen einige in einem Tamulischen Historien-Buch, welches, wie sie sagten, von einem Könige handelte. Man redete zu ihnen von dem allgemeinen Sünden-Verderben aller Menschen, und wie dagegen von JEsu Rath geschafft sey, an welchen nun, nach dem Befehl GOttes, alle glauben müßten, die selig werden wolten. Einer sagte: Was wolt ihr thun? Ihr sagt Ermahnung, ein jeder hat seinen Willen, was er thun will. Es wurde ihnen bezeuget, weil wir gewiß wüßten, daß nur in JEsu Heil sey, und wir sie liebten, so hielten wir an mit der Verkündigung dieser Sache. Denn warum solten wir uns sonst bemühen? Sie schienen von der Wahrheit überzeugt zu seyn. Man gab ihnen das Büchlein, Weg zur Seligkeit, und bat sie, es unter Anrufung des wahren GOttes zu lesen. Hinter Tileiarhi führete man einige Spieler auf die künftige Rechenschaft, und zeigte ihnen, wie sie die Zeit wohl anzuwenden hätten. Einer sagte auf den an ihn geschehenen Ruf zur Seligkeit: Es muß eine gelegene Zeit kommen. Zwey Büchlein wurden angenommen. Auf dem Rückwege fand man sie über dem Lesen der Büchlein, und freuete sich darüber.

Ausser noch vielen andern Gesprächen mit Heiden, hatte man auch in und bey Cottupaleiam mehrmalen eine Unterredung mit einigen von dem Gefolge des schon gedachten Swannunadapullei, und mit ihm selbst. Das erstemal, da er selbst nicht zugegen war, widersprach einer ziemlich hartnäckig, und wolte behaupten, daß der Götzendienst von

I. Bericht von 1771.

GOtt sey. Das anderemal, da Swaminadapullei, sein Priester und fast sein ganzes Gefolge zusammen waren, wurde von der Sünde und den Mitteln dieselbe zu tilgen geredet. Weil man die Sünde als eine tödliche Krankheit beschrieb, die nur durch einen erfahrnen Arzt könne gehoben werden; so wurde gefragt: Wer ist dann der Arzt? Ferner: Wie hat er die Sünde getilget? Weiter: Wenn ist das geschehen? und endlich: Wie hat er als GOtt sterben können? Die darauf gegebene Antworten vergnügten sie. Als man den allgemeinen Heiland auch als einen allgemeinen zukünftigen Richter vorstellete, wurden die Fragen aufgeworfen: Wenn, wie, und warum er sie zur Rechenschaft fordern würde? Es wurde erwiedert: Er werde sie fragen, warum sie nicht der Stimme ihres Gewissens gefolget, und warum sie sein Gesetz verachtet, und besonders warum sie nicht die Mittel, GOtt zu erkennen, recht gebrauchet. Sie wurden dabey bewegt. Die Haupt-Person fragte: Werdet ihr dann auch Rechenschaft geben? Es wurde geantwortet: Wir, die wir die Lehre JEsu gewußt und angenommen, werden Rechenschaft geben müssen, ob wir derselben auch gemäs gewandelt haben. Zuletzt drung man darauf, daß es höchst nöthig sey, bey Zeiten seine Rechnung richtig zu machen, und führete sie auf die Furcht des Todes, die sie alle zu Sclaven mache, zeigte ihnen auch den Weg davon los zu werden, nemlich den Glauben an JEsum. Es war merkwürdig, daß der Priester nicht nur kein Wort gegen das Vorgetragene redete, sondern auch zum öftern sich angelegen seyn ließ, des Redenden Mund zu seyn, indem er, wenn etwas nicht deutlich verstanden wurde, den andern es noch einmal wiederholete. Bey der Lehre von JEsu setzte er nur die Worte hinzu: JEsus, der ihr GOtt ist. Ehe gedachter Swaminadapullei nach hergestelltem Frieden wieder ins Land reisete, besuchte man ihn noch einmal zum Abschiede in seiner Wohnung, und wiederholete ihm und seinem ganzen Gefolge die Lehre JEsu, wobey einige nicht unbewegt blieben. Insonderheit erzehleten die Anwesende von einem unter ihnen, daß er fleissig in den unter sie ausgetheilten Tractätchen lese, und sich nicht davon abhalten liesse, wenn ihn auch andere verspotteten. Dieser Mensch sagte selbst: Wenn ich nur noch einen Monat hier bliebe, und mehrmals mit euch redete, so würde es alles klar bey mir werden; und setzte dazu: Ich werde auch alles, was ich gehöret, weiter sagen. Man ermahnete ihn zum Gebet und erzehlete ihm, daß man Exempel wisse, daß eine Seele auch nur durch Anhörung eines Vortrags von GOtt und Christo,

1706. wenn sie nachgehends um weitere Erleuchtung im Gebet angehalten, zur wahren Erkenntiß GOttes gekommen wäre. In Erukkitanscheri redete man drey Papar aus Tirukadeiur an. Einer, der ein heftiger Widersprecher war, antwortete gleich anfänglich auf den Ruf zur Seligkeit: Wenn ich den Bauch voll habe, das ist meine Seligkeit. Man antwortete mit Mitleiden: Ey, achtet ihr die Seligkeit so geringe? Er: Es ist für mich unmöglich, ich kan nicht anders leben, als mit Ausübung der Ungerechtigkeit. Ich: Wenn ihr es nur im Ernst anfangen woltet. Er: Eures gleichen, die in der ersten Geburt viel Gutes gethan haben, können sich mit solchen himmlischen Dingen abgeben, ich aber bin ans Joch der Rechnung gebunden. (Er war ein Rechnungs-Führer.) Ich: Die vielen Geburten sind nur eure Gedichte, die Wiedergeburt aber ist euch und mir nöthig. Er: Wie es mir in den Kopf geschrieben ist, so gehet es, ihr möget sagen, was ihr wollt. Man bot ihm ein Büchlein an mit den Worten: Thut das, was hierin geschrieben ist. Er: Dazu habe ich keine Zeit. Nachdem man noch ein Wort von der künftigen allgemeinen Rechenschaft wegen der Verachtung des Raths GOttes gesagt, eilete er davon. Einige Leute aus dem Lande, unter welchen auch verschiedene Weiber waren, hörten aufmerksam zu.

In dem Fischer-Dorf Wöpanscheri war alles sehr unruhig, weil eben zwey Taliaren die Fischer zum Frohndienst für die Pagode in Tiruckadeiur zusammen trieben, um die Götzen, die des Krieges wegen nach Porreiar gebracht waren, wieder nach Tiruckadeiur zu transportiren, weil daselbst das Gockapanei-Fest einfiel, welches, wie man bey dieser Gelegenheit erfuhr, an grossen Orten zwey Tage gefeyert wird, nemlich den einen Abend vor des Siwens, und den andern darauf des Wischtnu Pagode. Unerachtet der Unruhe, kamen doch, da man zu reden anfing, sowol die zwey Taliaren, als auch die übrigen Fischer herbey und hörten zu. Allein da die Taliaren nicht länger warten wolten, und die Fischer ungern an den Frohndienst gingen, wurde es bald unruhig. Indessen blieb ein Zöllner, nebst noch einem Menschen, stehen, und höreten aufmerksam zu, fingen auch an in dem ihnen gegebenen Büchlein zu lesen. In Itschiladi wurde zu zwey vornehmen Mohren, welche spieleten, gesagt: Das ist Isanabi nicht gefällig! Sie antworteten, wie gewöhnlich, es geschehe zur Schärfung des Verstandes, und so ginge es auf GOtt. Man antwortete in Moses und Davids Büchern ist Weisheit zu finden. Als weiter von dem anfänglichen Zustande

des

des Teufels und der Menschen, der Sünde und dem Zeugniß aller wah- Nov.
ren Propheten, daß in Jsanabi allein Vergebung der Sünden sey, geredet wurde, thaten sie das Spielzeug weg und hörten zu. Der Vornehmste sagte darauf: Ihr wolt also, wir sollen alle Patres werden!
Es wurde geantwortet: Ein jeder könne des andern Lehrer seyn. Ein
Mensch so unter dem Gespräch dazu kam, nahm unvermuthet das gedruckte Gespräch zwischen einem Muhamedaner und Christen zu sich.
Sonst haben die Catecheten Philipp und Rasappen aus Tanschaur
auch den Rath GOttes fleissig denen Heiden verkündiget, insonderheit
sind in diesem Monat vorzüglich viele Büchlein ausgetheilet, die von den
Flüchtlingen, da sie wieder ins Land zurückgegangen, dahin mitgenom-
men und so durchs Land zerstreuet worden. GOtt lege aus Gnaden auch
auf die Lesung derselben einen Segen!

§. 23.
Arbeit an Christen.

In dem Parrier-Dorf Itschiladi besuchte man einen schwehr
kranken Christen, der bald beym Eintrit sagte, daß er GOtt bäte, ihm
die Schmerzen zu lindern. Als man sagte, wenn es aber GOtt nicht
thun wolte, ob er ungedultig seyn wolte; antwortete er: Nein! Sein
Wille geschehe! Bey Vorhaltung des Leidens JEsu, besonders am
Oehlberge, that er ein Wort dazu, worauf man ihn bat in Erkenntniß
seiner Sünden sein an JEsum anzudringen, und nicht sicher zu seyn.
Er antwortete aufs letztere: Darf man sicher seyn? Eben dergleichen
Besuch geschahe in Wolipaleiam bey einer kranken Christin, welche bezeugte, daß, wenn sie GOTT rufen wolte, sie gerne sterbe. Auf die
Frage, warum sie an den HErrn JEsum glaube, versetzte sie: Weil
er mir meine Sünden vergiebt. Als man nach dem Schluß-Gebet fortgehen wolte, kroch sie von ihrem Lager herzu und reichte ihren Kopf her,
mit den Worten: Strecket doch eure Hände aus und gebet mir den
Segen! welches man that mit Wiederholung des Vater Unsers und
Sprechung des Segens. Bey einem andern Besuch antwortete der
gleich Anfangs erwehnte Christ in dem Parrier-Dorf Itschiladi, er stehe
zum HErrn JEsu, daß er ihm um seiner Leiden willen seine Sünden
vergeben, und ihn so zu sich nehmen wolte. Man hielt ihm aus dem
letzten Sonntags-Evangelio vor, wie der HErr JEsus Jairi Töchterlein
lebendig, und das blutflüssige Weib gesund gemacht, zum Zeichen, daß er

Nov. auch aus allem Sünden-Elend helfen könte. In Kummulentibel besuchte man einen Christen, der sich mit zum heiligen Abendmahl gemeldet, aber wegen zugestossener Krankheit nicht zum privat-Zuspruch kommen können. Er sagte: GOtt weiß meine Sünden, und mein Gewissen sagt mirs auch. Es wurde ihm geantwortet, daß er das, was ihm der heilige Geist zu erkennen gebe, vor GOtt ausschütten möchte. Er sagte weiter: Ich weiß nicht, ob mich GOtt hören wird; worauf ihm aus dem hohen Lied Salomonis vorgehalten wurde, daß, wenn er aufrichtig mit GOtt umginge, seine Stimme dem HErrn lieblich sey. Desgleichen hielt man ihm das Gleichniß des HErrn JEsu vor: Wo bittet unter euch ein Sohn den Vater ums Brod, der ihm einen Stein dafür biete u. s. w. Es ist ein Gemüth das Gefühl hat. Noch hatte sich eine Christin, Nallai, bey Porreiar, zum heiligen Abendmahl gemeldet, die aber von einer Unpäßlichkeit so hart angegriffen wurde, daß sie der Landprediger Ambros in ihrer Hütte berichten mußte. Da man sie besuchte, fand sie sich wieder etwas erträglich. Auf die Anrede, daß sie GOtt einmal nach dem andern so hart angriff, sagte sie: Das thut er um meiner Sünden willen. Da weiter gefragt wurde, was sie meine, wie er gegen sie gesinnet sey; antwortete sie: Er vergiebt mir meine Sünden. Frage: Denket ihr auch an ihn? Antwort: Ja! Frage: Wie aber? Antwort: Ich halte mich zu ihm mit ganzem Glauben. Zuletzt stellete man ihr vor, da das blutflüssige Weib durch das bloße Anrühren des Kleides JEsu gesund worden, so könne vielmehr ihre Seele genesen, da sie den Leib und Blut Christi selbst genossen. Sie hat eine schöne Erkenntniß. In der Porreiarischen Schule lag ein Knabe krank, der ziemlich ängstlich that. Auf die Frage, ob GOtt auf ihn zornig sey, antwortete er: GOtt ist gut gegen mich! Es wurde ihm die Beicht-Formul zum Durchbeten angepriesen. In Wölipaleiam wurde man von einem Christen zu seinem Hause gerufen, in welchem seine Tochter, die noch vor kurzem in der Schule gelernet, eben an einem Schlagfluß verschieden war. Man fragte, wie das Kind verschieden. Die Mutter und eine ältere Christin bezeugten, daß es unter dem wiederholten Seufzer; HErr JEsu, verlaß mich nicht, rette mich! verschieden. In Kadtutscheri, item in Mödtupareitscheri versammlete man die da gegenwärtige Christinnen, um sie zu catechisiren und mit ihnen zu beten. Ein Parrier-Christ antwortete auf geschehene Nachfrage, ob er den letzten Sonntag in der Kirche gewesen, daß seine Herrschaft, besonders die Frau, welche Römisch ist, eben am Sonntage ihm die meiste

I. Bericht von 1771. 1039

meiste Arbeit auflegte. Noch fand man in Wölipaleiam einen kranken Nov.
Christen in einer guten Bewegung des Gemüths, welchem die Worte
JEsu aus Joh. 3. Gleichwie Moses in der Wüste eine Schlange er-
höhet hat u. s. w. appliciret wurden. Der heilige Geist wolle es ihm
und allen auch durch den Glauben im Herzen appliciren.

§. 24.
Arbeit der National-Gehülfen.

Der Gehülfe Sattiananden im Majaburamschen Kreise berichtete von dem im vorhergehenden schon gedachten (*) Christen in
Kodenkudi, daß ihn die Heiden an seinem Orte heftig zugesetzt, die
erkannte Wahrheit der christlichen Religion zu verlassen, weil es ja offenbar sey, daß um deswillen seine Kinder, eins von einer Schlange, das
andere von einer Kuh getödtet worden. Er hatte aber denen Heiden
geantwortet: Wenn ihm auch sein eigen Eingeweide abfaulen
und dahin fallen solte, ja wenn auch sein Weib, die sich kläglich dabey geberdet, in den Unglauben zurück fallen, und von
der Wahrheit abtreten wolte, so würde er doch nicht ins Heidenthum zurück kehren. Der Gehülfe Matthäus hatte angemerket, daß ihm etliche angesehene Heiden Gelegenheit gegeben, Act. 17, 22.
vorzulesen, und dabey von der Sünde, von Christo und vom letzten
Gericht zu reden. Einer hatte geantwortet: Wir haben jetzt nicht mehr
Zeit und du bist auch schwach, ein andermal wollen wir dich wieder
rufen. Von einem alten Christen in Cadrunawadi erzehlete er, daß er
gegen sein Ende andere Christen zu sich gerufen und sie beten lassen,
auch selbst mit geseufzet: HErr JEsu rette mich! und so verschieden sey.
Der Gehülfe Muttu in Puletanpödtei hat, laut seines Journals
von drey Monaten, bey Anfang des Kriegs, in der Mitte des Septem-
bris Gelegenheit gehabt, ein Zeugniß von der Ohnmacht der Götzen ab-
zulegen, da Anstalt gemacht worden, auf einmal Neun aus Messing
gegossene Götzen aus Tirumasaram, Ameisartiram, Tiruwidamarndar
und Tiruwanam (**) in Sicherheit zu bringen. Im Anfange des
Octo-

(*) Oben S. 1017.
(**) Die beyde letzte Orte werden für die Mitte von dem Reiche Choramandalam
oder eigentlich Sorhamandalam (Niek. kurzgefaßte Miss. Gesch. 1 Th. S. 11.)
gehalten, weil der König Sorhen in Tiruwidamardur eine Vestung, und in Tiruwanam einen Pallast gehabt (wovon die Rudera noch zu sehen) und daher in beyden Orten ab und zugegangen, und sich bald hie, bald da aufgehalten.

Nov. Octobers ist sein ganzes Haus, und er selbst krank geworden. Die Kinder hatten die Pocken. Den 2ten October haben die Engelländer und des Nababs Leute in Sorhagaram, Wöpattur, Cumbagonam und den dazu gehörigen Dörfern souragiret. Etwan eine viertel Meile von dem Ort des Catecheten hatten sie ihr Lager gehabt, doch war niemand in das Haus des Catecheten gekommen, wo alles nebst ihm noch krank gelegen, und deswegen niemand hätte flüchten können, da sonst die mehresten aus der ganzen Gegend geflüchtet. Nach einigen Tagen, da die Truppen sich wieder entfernet, sind die Einwohner zu ihren Wohnungen zurückgekehrt und haben sich verwundert, daß das Haus des Catecheten vor Ueberfall gesichert geblieben. Einige hatten gesagt: Das hat GOTT gethan! Andere: Das ist Verwegenheit von euch! Der Unter=Catechet Muttu in Tirupalaturei, der zugleich die Medicin verstehet, hat bey hundert Personen, sowol Heiden als Christen, an einem Fieber und Durchfall, so zwey Monate lang grassiret, in der Cur, und dabey reiche Gelegenheit gehabt, den ersteren JEsum als den einigen Arzt der Sünder zu verkündigen. Einige von den letzten haben zur Dankbarkeit Oehl zum brennen einer Lampe an das Bethaus geschenkt. Zwey christliche Weiber sind an der Krankheit gestorben, und zwar, wie der Catechet versicherte, in einer guten Fassung des Gemüths. Die eine hatte vor ihrem Ende herzlich gebetet, und ihre Seele in die Hände GOttes übergeben. Die andere hatte gesagt: Ich gehe zum Vater; der Vater, Sohn und heilige Geist ist bey mir. Den 18ten October hat der Catechet erfahren, daß einer seiner Anverwandten, Namens Moki in dem belagerten Tanschaur, von einer zersprungenen Bombe in der Seite getroffen worden, und davon sehr krank läge. Er ist daher hingegangen, weil die Stadt von der einen Seite noch offen gewesen, und hat zehen kleine Wunden an seinem Leibe gefunden, von welchen er ihn jedoch wieder hergestellt. Er hat sich vier Tage in Tanschaur aufgehalten, in welcher Zeit er die übrige Christen daselbst besucht und ermahnet. Sonst hatten ihn die Heiden öfters gefragt, ob in seinem Gesetz=Buch nicht geschrieben stünde, wie es mit diesem Kriege ablaufen würde. Er hat ihnen bezeuget, wie GOtt in seinem Worte von den letzten Zeiten, als Gerichtsvollen Zeiten, rede; wie er aber zum Frieden geneigt sei. Der Gehülfe im Madewipadtnamischen Kreise, Jesaidan, der sein Verzeichniß der Arbeit von zwey Monaten durch den Vorbeter einsendet, hatte häufige Unterredungen mit den Heiden, die jetzige Kriegs=Läufte betreffend, aufgeschrieben. Die Heiden hatten sich an mehrern Orten

verlau-

I. Bericht von 1771.

verlauten laſſen, daß ſie glaubten, die Engelländer würden Tanſchaur Nov.
nicht einbekommen, weil alle Götter verſprochen, dem König beyzuſtehen
und ihn zu ſchützen. Der Gehülfe hatte gefragt: Welche Götter? Und
da jene einige nahmentlich genennet, ſie weiter gefragt: Wo ſind dieſelbe
jetzo. Jene haben geantwortet: In Nagapatnam, wohin ſie zur Sicherheit wegen des Krieges gebracht worden. Worauf der Gehülfe erwiedert: Bedenket es doch, ſie können ſich ja ſelbſt nicht einmal
ſchützen. Ach! ja möchten doch dieſes alle bedenken, den Betrug des Sa-
tans merken, und ſich von Herzen zu ihrem GOtt und Schöpfer wenden.

§. 25.
Einige Merkwürdigkeiten.

Der ganze November, in welchem ſonſt gewöhnlich die gröſte Fluth
von Regen-Waſſer zu ſeyn pfleget, war ſo trocken, daß es auch nicht
einmal in demſelben geregnet. Viele Saat iſt ganz verdorret, und andere hat ſehr groſſen Schaden gelitten, wozu noch kommt, daß im Lande
des Krieges wegen viele Gegenden unbeſtellt liegen geblieben.

Von dem Frieden mit Tanſchaur iſt ſo viel bekannt worden,
daß, da die Engelländer alle nöthige Breche geſchoſſen, und auch den
Sturm ſchon beſchloſſen, dem König die Augen endlich aufgegangen,
und dem bis dahin in Ungnade geweſenen Generaliſſimo, Manoſiappen,
von ihm aufgetragen worden, ſich in das Nababiſche und Engliſche
Lager zu begeben, und an einem Frieden zu arbeiten, welcher auch auf
die vom Nabab vorgeſchlagene und vom König eingegangene Bedingun-
gen zuſtande gebracht worden, unter welchen die vorzüglichſten ſind,
daß der König alles beym Kriege gegen die Marrawer-Fürſtin eingenom-
mene Land und erpreßte Geld u. ſ. w. wieder zurück geben, und an den
Nabab funfzig Lack Rupien (*) bezahlen, und daneben noch ver-
ſchiedene Städte mit ihren Ländereyen von ſeinem Lande abtreten muß,
worunter inſonderheit die Veſtung Wallam iſt, welche im Anfang des
Krieges zuerſt von dem Nabab belagert und erobert wurde. Dieſe Veſtung, die wegen ihrer Lage den König von Tanſchaur im Zaum halten
kann, iſt ſogleich von dem Nabab und Engelländern mit neuen Batterien und andern Veſtungs-Werken verſtärket worden. Durch dieſen
Krieg und darauf erfolgten Frieden iſt in dem Tanſchauriſchen eine groſſe
Armuth

(*) Ein Lack iſt hundert tauſend Rupien oder Gulden.

Nov. Armuth entstanden, weil der König zu Abtragung der zu zahlenden Summe eine General-Schatzung aufs ganze Land geleget. Doch will das arme Volk nicht merken, daß diese Züchtigungen vom HErrn kommen, noch sich kehren von dem Wege ihrer Abgötterey und GOtt die Ehre geben.

December.

§. 26.
Arbeit an Heiden und Muhammedanern.

Dec. In Anandamangalam klagte ein Heide über Mangel des Regens. Da er auf die Sünde, als die Ursach davon, gewiesen wurde, und man die Klage gegen ihn und sein Volk wandte, daß sie sich des Heils in JEsu nicht annehmen wolten, antwortete er: Was wissen wir? Es wurde erwiedert: Ihr wisset und saget selbst, daß es unnütz Ding sey, einen stummen Stein anzubeten, und doch thut ihrs. Er fragte: Kan euer GOtt? Antwort: Der mir und euch den Mund gegeben, solte der nicht reden können? Er brach höflich ab. Nahe bey der Pagode ward einigen Heiden der Greuel des Heidenthums bewiesen, und JEsus, als der Weg zum Leben, ihnen angepriesen. Sie versuchten zu widersprechen, konten aber nicht fortkommen, wurden daher stille, und nahmen drey Büchlein an. Zu einer andern Zeit traff man daselbst im Parrier Dorf einige heidnische Parrier, welche mit Zerstückung eines umgefallenen Stücks Viehe beschäftiget waren, welches einen empfindlichen Geruch von sich gab. Der Umstand, daß die Parrier das umgefallene Viehe essen, ist es, der die Parrier in den Augen der andern Geschlechter abscheulich macht. In Tileiarhi wurde an zwey Orten das Evangelium verkündiget. Am ersten Orte wurde alles ohne Widerspruch angehört, aber am andern widersprach ein angesehener Heide. Sein Widerspruch lief da hinaus, daß sich GOtt ihnen nicht zu erkennen gäbe, da er ihnen doch so nahe wäre. Es wurde ihnen dagegen bewiesen, GOtt lasse sie seinen Willen wissen, sie handelten aber gegen die erkannte Wahrheit. Zugleich bat man sie, da sie zugestehen musten, daß sie Sünder wären, die ihre Sünden nicht tilgen könten, so möchten sie sich doch mit uns zu JEsu wenden, und durch denselben selig machen lassen. Der, so widersprochen, sagte hierauf: Gut! und wurde stille. Zwey Büchlein wurden ihnen gereicht, dergleichen eins auch in der Tileiarhischen Allee einem

I. Bericht von 1771.

Sòdti (Kaufmann) mit einem kurzen Unterricht gegeben wurde. In Dec. Erukkitanscheri wurde vor einer heidnischen Schule ein Saame des Worts ausgestreuet und ein Büchlein gegeben. Einer sagte nur: Wir haben keinen Verstand! welchem geantwortet wurde, daß der steinerne Götze keinen Verstand geben könte, sie möchten GOtt darum anrufen, wie ein nach Milch weinendes Kind. Beym Weggehen lief ein Jüngling nach, und bat, mit einer fast christlichen Ehrerbietung, um ein Büchlein, und bekam es. Auf dem Felde bey Sengidenkarei, that man einigen Heiden aus dem Lande einen Vortrag. Einer fragte: Wird dann alle unsere Sünde getilget, wenn wir zum HErrn JEsu kommen? Ein anderer that die Frage: Ist dann ausser dem HErrn JEsu noch ein anderer GOtt? Beyden wurde geantwortet und näherer Unterricht angeboten. Auf dem Hofe einer Christin an obgedachtem Orte gab selbst ein gegenwärtiger Heide einer hier vor kurzem verstorbenen christlichen Witwe das Zeugniß, daß sie bis ans Ende sich auf die Seite des HErrn JEsu gehalten, und sich nirgends anders wohin gewendet. Man brauchte dieses, ihn zu bitten, auch zu JEsu zu kommen. Auf dem Rückwege zur Stadt wurde noch dem Manikaren aus Tileiarhi, nebst noch einem andern Heiden, ein Wort des Heils zugerufen. Er antwortete: Das Heidenthum ist eine lasterhafte Unwissenheit! In der Stadt fand man vor einem Hause einige angesehene Tamuler, worunter auch zwey Brohmaner waren. Einer von den letztern sung etwas vor, welchem die andern zuhöreten. Da man nachfragte, was, und von wem er sänge; antwortete der Brahmaner: Von dem HErrn JEsu! Und als man es anfänglich nicht glauben wolte, so bestätigten es nicht nur die übrigen, sondern der Brahmaner fing selbst wieder an zu singen, daß man den Namen JEsu hören könte. Auf geschehene Nachfrage, wie er dazu komme, und von wem er das gelernet, sagte der Brahmaner, daß er das Lied einmal in der Familie unsers christlichen Compagnie-Dollmetschers habe singen hören, bey der Gelegenheit, da ein Kind aus gedachter Familie wäre getauft worden. Man brauchte diese Gelegenheit sowol dem Brahmaner, als auch den übrigen, diesen JEsum, als den einigen Heiland der Welt, zu verkündigen, und sie zur gläubigen Annehmung desselben zu reizen. Bey Cottupaleiam wurde das Wort GOttes zu einigen Reisenden, deren einer aus Tanschaur, zwey andere aber aus Combagonam waren, geredet, so daß mehrere Arbeiter mit zuhöreten. Einer von denen aus Cumbagonam machte einige gewöhnliche Einwendungen. Beym Abschiede nahmen sie zwey

Erste Abtheilung, von Trankenbar.

Dec. Büchlein mit. In der Allee redete man einige fremde Pandarangöl an. Einer davon sagte aber bald Anfangs: Wir wollen ein andermal kommen und mit euch sprechen. Ich; Unser Leben ist ungewiß, das Heute muß man in Acht nehmen. Ein anderer Pandaram sagte hierauf: Wir verehren nichts, das geboren und gestorben ist. Ich: Die Asche an der Stirn zeiget, daß ihr Siwen verehret, welcher geboren und gestorben ist. Er: Wir verehren nicht Siwen, sondern den wahren GOtt. Damit brach er ab, und ging nebst den übrigen davon. In Tileiarhi wurde vor einem Compagnie-Hause mit einigen von dem Gefolge des grossen Pandaram aus Tarmaburam, den die Heiden Tambiran (Gott) nennen, und auch vor ihm niederfallen, geredet. Es wurde eben alles zur Rückreise ins Land fertig gemacht. Vor dem Hause saß ein angesehener Pandaram, der ein grosses Sadei, oder Haarbund, auf dem Kopf hatte. Als man nachfragte, wer er wäre, wurde geantwortet: Ein Pilgrim! Ich: Wir sind alle Pilgrime und reisen nach dem Himmel rc. Während des Redens kam ein bejahrter Pandaram herbey und sagte: Was redet ihr mit denen, die euch nicht antworten können. Ich: Es so kommt ihr, und höret und antwortet, ihr seyd ohnedem schon alt. Er: Ich habe freylich schon einen grauen Bart. Ich: Daher müßt ihr vornemlich auf eine Zubereitung zum Ende gedenken. Er hörete eine Weile zu, und, wie es schien, nicht ohne Ueberzeugung. Es wurde aber das Geräusch und Geschrey derer, so mit dem Einpacken beschäftigt waren, zu stark, daß man abbrechen muste. Doch theilete man noch drey Büchlein aus. Jenseit der grossen Schleusse auf des Königs Grund kam man noch mit zwey Pandarangöln ins Gespräch, die auch zum Gefolge des ebengedachten grossen Pandarams gehöreten. Einer, so das Wort führete, sagte: Es muß eine gelegene Zeit kommen. Es höreten noch an zehen andere Personen mit Beystimmung die vorgetragene Wahrheiten an. Nicht weit davon wurde noch einem Zöllner und einem Rechnungsführer ein Wort des Heils zugerufen, und ein Büchlein gegeben. Auf dem Rückwege begegnete man einigen Bedienten aus Udeiarpaleiam, deren einer ein Schwerd trug, dessen Schaft den halben Arm bedeckte. Weil dieser sich stark mit Asche beschmieret hatte, so zeugte man dagegen. Er antwortete: Es ist nur eine Ceremonie; damit man nicht seinen Dienst verliere, muß man es so machen. Ich: Zuerst Treue gegen GOtt, darnach auch Treue gegen Menschen ist einem Bedienten nöthig. Am Ende der Allee traff man den Nord-Naicker an, den man auf die Auskaufung der gelegenen Zeit zur Suchung der Gnade
GOttes

I. Bericht von 1771.

GOttes in Christo führete. In Porreiar wurde mit zwey Brahmanern **Dec.** aus Madras von der Allgemeinheit der Sünde und dem allgemeinen Unvermögen, sich selbst von der Sünden-Last zu entledigen, von welcher uns niemand als JESUS helfen könne, weitläuftig geredet, mit der Ermahnung, dessen Lehre zu hören und anzunehmen, auch zu ihm zu beten, ohne welches uns nicht durch ihn könne geholfen werden. Sie billigten alles, und nahmen drey Büchlein an. Noch kam man mit einem angesehenen Mohren ins Gespräch. Da gesagt wurde: Wir sind alle Sünder! warf er die Frage auf: Ist nicht ein jeder, der vom Weibe geboren wird, ein Sünder? Es wurde geantwortet: Allerdings sind alle, die nach dem Willen eines Mannes vom Weibe geboren werden, Sünder. Nur Isanabi, oder JEsus, der Erlöser, ist nicht also geboren. Er sagte hierauf: Hat dann Isanabi kein Fleisch und Blut gehabt? Antwort: Allerdings, aber ohne Sünde. Hierauf schlug er einem bey sich stehenden auf die blosse Schulter und sagte dabey: Ein jeder, der solch Fleisch hat, das einen Schall macht, ist ja ein Sünder. Man widerlegte solches und führete an, daß JEsus wahrer GOtt und Mensch in einer Person sey. GOtt der gnädiglich verheissen, daß sein Wort nicht leer wieder zurück kommen, sondern das thun solle, was ihm gefalle, lasse diese Verheissung, auch in Absicht des in diesem Jahr so reichlich verkündigten Worts, Ja und Amen seyn, zum Ruhm seiner ewigen Wahrheit.

§. 27.
An Christen.

Vor Anandamanaalam begegnete man einer unordentlich wandelnden jungen christlichen Parrier-Witwe, die man um der Wunden JEsu willen bat, sich doch wieder zurecht weisen zu lassen. Sie schien durch diese Bitte angegriffen und bewegt zu werden. In Wölipaleiam besuchte man einen kranken Christen, mit dem es sich zur Genesung anläßt. Man forschete, ob er auch suche von dieser Krankheit nach dem Zweck GOttes, zum Heil seiner Seele einen wahren und guten Gebrauch zu machen, da während der Krankheit der Geist GOttes an ihm gearbeitet. In Itschiladi wurde eine christliche Sutirer-Witwe vor ihrer Hütte an ihren Taufbund erinnert, und eine andere an Zachäi Exempel. Ersteres that man mit Fleiß auf öffentlicher Gasse, daß es die herum wohnende Leute hören möchten, weil gedachte Christin in Gefahr gewesen, völlig

Dec. wieder eine Heidin zu werden. Sie lenkt aber nun wieder gut ein. In Erukkitansсheri wurden einige christliche Häuser besucht. In einem wuste eine christliche Witwe aus der letzten Sonntags-Predigt anzuführen, daß man stets wachen und beten müsse. In dem Hospital der Stadt erweckte man einen kranken Portugiesischen Constabler, sich durch die bisher erfahrene Gedult und Langmuth GOttes aus dem Verderben erretten zu lassen, andere Constabler, so gegenwärtig waren, wurden mit ermahnet, die gegenwärtige Zeit zum Heil ihrer Seelen anzuwenden. In Wölipaleiam wurde eine kranke Frau von der Portugiesischen Gemeine besucht. Es versamleten sich mehrere Christen von der Tamulischen Gemeine daselbst, denen sämtlich vorgehalten wurde, wie sie sich dem HErrn, der sie erkauft, mit Entsagung des Teufels und seiner Werke immer völliger hinzugeben hätten.

Zur Feyer des heiligen Weihnachts-Festes hat GOtt gnädiglich Gesundheit und Kräfte geschenket so, daß auch derjenige aus uns, der seit dem October am Almorein hart darnieder gelegen, sich durch göttliche Hülfe so gestärket befand, daß er im Feste seine Amts-Arbeit wieder verrichten konte. Von der Land-Gemeine waren gegen zweyhundert Seelen aus dem Majaburamischen Kreis zur Festfeyer hergekommen. Unter den Confitenten sowol der Stadt= als Land-Gemeine befanden sich manche, die uns mit ihrem inbrünstigen und eindringenden Gebet viele Ermunterung und Erquickung gaben. Auch wurden aus dem Majaburamischen Kreise neun Kinder getauft, und einige schon getaufte confirmiret. GOTT lege um JEsu willen einen Segen auf alle Arbeit, damit auch davon noch in der Ewigkeit eine Frucht möge vorgefunden werden.

§. 28.
Tauf- und Abendmahl-Präparation.

Den 20sten wurden fünf Heiden im Namen des dreyeinigen GOttes getauft, und eine Römische Person in unsere Kirche recipiret. Die fünf Heiden waren, ein Cattunschilderer mit seinem Sohn aus Sengidenkarei, der noch den Tag vor der Taufe manche Versuchungen von Seiten seiner heidnischen Anverwandten, die ihn zum Rücktritt ins Heidenthum bewegen wolten, zu überwinden hatte. Sein rechtmässiges Eheweib, mit welcher er auch einige Kinder gezeuget, hatte ihn schon vor mehrern Jahren verlassen, und ihm einen Scheidebrief gegeben,

I. Bericht von 1771.

geben, worauf er sich ein Kebsweib genommen, mit welcher er auch Dec. Kinder bekommen. Da er in die Präparation zum Christenthum eintrat, hatte ihn auch das Kebsweib verlassen. Sein Schwieger-Vater von der ersteren gab sich alle Mühe, ihn vom Christenthum zurück zu halten. Insonderheit hatte er ihm den letzten Tag vor der Taufe Vorschläge thun lassen, daß er ihm nicht nur seine Tochter, als sein rechtmässiges Eheweib, wiedergeben, sondern ihm auch eine gewisse Schuld-Forderung, die er an ihn hatte, völlig erlassen wolte, wenn er vom Christenthum abstehen wolte. Er blieb aber nicht nur für seine Person beständig bey der erkannten Wahrheit, sondern brachte auch noch sein Sohnlein den letzten Tag mit zur Präparation, und den folgenden Tag zur Taufe. Eine Sutirer-Witwe aus Itschiladi hatte sich zu einer christlichen Witwe in Itschenkadu gesellet, welches die Gelegenheit wurde, daß sie auch eine Christin ward. Sie hatte ein gesetztes Wesen und bewieß eine feine Aufmerksamkeit bey dem Unterricht und versprach, wie der erst gemeldte Mensch, dem HErrn treu zu werden. Ein junger Mensch aus Tirukadeiur hatte sich bey seinen christlichen Anverwandten in Sandirapadi eingefunden, die ihn mit zur Kirche geführet, worauf er den Entschluß gefasst, selbst ein Christ zu werden. Er ließ in der Zubereitung ein gutwilliges und folgsames Wesen von sich blicken. Einen Knaben aus dem Lande hatte der Catechet Njanaprasadam als ein verirrtes Schaf in Tileiarhi gefunden, und bis zur nächsten Präparation in die Schule gesetzt. Seine Mutter hatte ihn an eine Gaukler-Bande übergeben, daß er mit derselben herumziehen und selbst die Gauckeley lernen solte. Der Knabe war eine Zeitlang mit herumgezogen, doch hatte es ihm zuletzt nicht mehr gefallen wollen, daher er die Gauckler verlassen, und nach Tileiarhi gekommen war, wo er aber ganz fremde gewesen, und sich an niemanden hatte halten können, und als ein solcher Fremder war er dem Catecheten in die Hände gefallen. Während der Präparation fand sich die heidnische Mutter aus dem Lande ein, und forderte den Knaben zurück. Es wurde ihr geantwortet, daß wir den Knaben gegen seinen Willen nicht fortstossen könten. Es werde dabey alles auf den Willen des Kindes selbst ankommen, womit die Mutter zufrieden war. Es wurde also der Knabe aus der Schule geholet, und seiner Mutter vorgestellet, und in Gegenwart derselben befraget, ob er lieber in der Schule bleiben, und ein Christ werden wolte. Der Knabe antwortete ganz männlich: Er wolle in der Schule bleiben, und der Mutter nicht ins Land folgen. Da die

Mutter

1048 Erste Abtheilung, von Trankenbar.

Dec. Mutter das hörete, machte sie keine weitere Schwierigkeit, sondern stund von selbst von ihrer Forderung ab. Der Knabe ist zwar nur schwächlich, aber der gnädige GOtt in JEsu kan ihn an Seel und Leib stärken und auch brauchbar machen. Auf Verlangen eines werthesten Wohlthäters, wurde ihm in der heiligen Taufe der Name Johann Matthias gegeben. Die Römische Person, so recipiret wurde, bezeigte sich während der Zubereitung so, daß man ihretwegen besorgt war. Ein Römischer Mann, der auch die Präparation mit anhörete, sagte von ihr: Sie sey eine, so sieben Teufel habe. Doch er selbst ging vor dem Schluß der Präparation heimlich davon, sie aber hielt aus, bis zum Tage der Reception. Der HErr der ein Erbarmer ist, erbarme sich ihrer aller, und lasse sie etwas werden und bleiben, zum Preise seines Namens in JEsu!

In diesem Monat wurde auch eine Präparation zum heiligen Abendmahl mit sechs und dreyssig Personen gehalten, welche drey Wochen dauerte. Am vierten Advent wurden sie in der Bethlehems-Kirche confirmiret, und ihnen dabey Offenb. Joh. 11, 21. Siehe ich stehe vor der Thür u. s. w. ans Herz geleget. Viele von ihnen waren freylich schwach am Erkenntniß, doch hat ein jeder den theuresten Verspruch gegeben, sich seinem Seelen-Bräutigam redlich zu ergeben und ihm treu zu bleiben. Zwey Geschwister, die in der Porreiarischen Schule gelernet, erfreueten uns vorzüglich mit ihren fertigen Antworten, auch liessen sich an ihnen manche gute Rührungen und Wirkungen der Gnade verspüren. Ein Mann und Frau, die etwa vor einem Jahre getauft worden, bewiesen beym Unterricht besondere Aufmerksamkeit und Andacht. Der heilige Geist erinnere einen jeglichen täglich und stündlich an den bey dieser Gelegenheit erneuerten Taufbund.

§. 29.
Nachricht von dem frühzeitigen Tode des seligen Herrn Missionarii Müllers.

Den 30sten Decemb. Mittags zwischen ein und zwey Uhr gefiel es GOtt, unsern uns nur kurze Zeit im Leben lieb gewesenen neuen Collegen, Herrn Wilhelm Jacob Müller, unvermuthet durch einen Schlagfluß selig zu vollenden. Seine kurze Walfarth in Indien läst sich am besten beschreiben mit den Worten des alten Jacobs 1 B. Mos. 47, 9. Wenig und böse ist die Zeit meines Lebens ꝛc. Der
Selige

Selige kam den 13ten Januar. 1771. mit dem Dänischen Compagnie-Schiff, Rügernes Oenske, hier in Trankenbar an. Nach dem äussern Anschein war er in den beyden ersten Tagen gesund und wohl. Aber schon am dritten Tage nach seiner Ankunft äusserte sich bey ihm ein merklicher Grad von Schwermüthigkeit, die theils aus Gemüths- theils aus hypochondrischen Umständen des Cörpers herzuleiten seyn mochte. Es wurden gleich anfangs sowol geistliche, als leibliche Mittel angewendet, um sein Gemüth aufzuheitern. Insonderheit wurde eine Veränderung des Orts und Aufenthalts vom Medico angerathen, zu welchem Ende einer von uns mit ihm in den Missions-Garten zog, wo er nicht nur nahe Gelegenheit zur Motion hatte, sondern auch eine freyere Luft genoß, nebst andern Gegenständen zur Aufmunterung an den abwechselnden grünen Feldern und Bäumen. Nachdem er hier sechs Wochen gewesen, und die nahe kommende Regenzeit einen längern Garten-Aufenthalt nicht verstattete, so nahm ihn ein anderer aus uns zu sich ins Haus, um ihn von der Einsamkeit, die keine Freundin der Schwermuth ist, desto mehr abzuziehen. Allein es hatten weder diese Veränderungen noch die übrige Arzney-Mittel die gewünschte und gehoffte Wirkung. Nach Verlauf von vierzehen Tagen bezog er auf sein Verlangen wieder seine eigene Wohnung; doch wurde ihm ein christlich wandelnder Europäer zugesellet, um bey ihm zu seyn und ihm an die Hand zu gehen. Täglich aber ging einer von uns abwechselnd mit ihm einige Stunden spazirén. Dieses daurete bis zum 30sten Dec., da er den Vormittag noch in seinem gewöhnlichen Zustand war, auch des Mittags noch eine Suppe speisete. Nach Tische aber gegen zwey Uhr wurde er plötzlich von einem Schlagfluß befallen, und sank todt nieder, ohne ein Wort oder Laut von sich zu geben.

  Was seinen Seelen-Zustand betrifft, so hatte ihn GOTT in eine gar tiefe Erkenntniß seines sündlichen Verderbens, und in ein lebendiges Gefühl seiner grossen Unwürdigkeit, besonders in Absicht des wichtigen Amts, zu welchem er berufen war, geführet. Diese seine Unwürdigkeit war auch der Inhalt seiner beständigen Klagen. Doch mitten unter solchen Klagen sprach er öfters sehr nachdrücklich von der Macht der Gnade JESU auch gegen die grösten Sünder. Nur hinderte sein kranker Gemüths- und Leibes-Zustand, daß er zu keiner empfindlichen Freudigkeit des Glaubens kommen konte.

Erste Abtheilung, von Trankenbar.

Dec. Seine Gebeine wurden Tags darauf, den 31sten Dec., auf dem Kirchhof der Neu-Jerusalems-Kirche in ihre Ruhe-Stätte eingesenkt. Die Leichen-Rede wurde über die Worte Jes. 45, 15. Fürwahr, du bist ein verborgener GOtt, du GOtt Israel, der Heiland! in der Kirche gehalten. Den darauf folgenden Neujahrstag führeten wir in den Vormittags-Predigten unsere sämtliche Missions-Gemeinen auf diesen frühzeitigen Todesfall, und erweckten sie zur Buße und Gebet. GOtt lasse es uns und unsern Gemeinen zur kräftigen Ermunterung dienen, unsere Lampen stets gefüllt und in Bereitschaft zu halten, um JESU willen!

§. 30.
Bericht aus dem Lande.

Die Catecheten aus Tirupalaturei und Kawastalam hatten in dem Verzeichniß ihrer Arbeiten angemerkt, daß viele Heiden und Christen an einer graffirenden Krankheit plötzlich hingestorben. Unter den letztern war auch ein Abfälliger gewesen, der viele Jahre den Weg des Verderbens gewandelt. Sein Sohn aber, der den bösen Fußtapfen des Vaters vorher gefolget, war durch diese plötzliche Wegraffung des Vaters zum Nachdenken gebracht, und dadurch zum Umkehren von dem breiten Wege des Verderbens aufgewecket worden. Der Gehülfe Matthäus im Malabarischen Kreise hatte eine Reise bis Nagapatnam gethan, wo er Gelegenheit gehabt, auch manchen verirrten Schafen zuzureden. Der Gehülfe Sattianand n berichtet von einem alten Heiden, der sonst wol eine Neigung zum Christenthum bezeigt, daß er dem Catecheten sagen lassen, wo er nicht käme, und ihm vor seinem Tode die Taufe gäbe, solle er es vor der Majestät GOttes zu verantworten haben. Der Gehülfe war bald zu ihm gegangen, und hatte ihm vorgehalten, daß er selbst die Sache immer aufgeschoben. Der Heide hatte ihm darauf bekannt, daß er schon seit einem Jahr dazu schlüssig gewesen, aber wegen ein und anderer Hindernisse nicht dazu habe kommen können; jetzt sey es sein ganzer Ernst. Der Gehülfe hatte gesagt: Du hast viele Götter angebetet, in wessen Namen willst du getauft werden? Worauf der Kranke geantwortet: Pfui! redet davon nicht, das Götzenwesen habe ich diese dreyßig Tage lang vergessen. Im Namen des allgegenwärtigen GOttes, der mein und euer Vater ist, will ich getauft seyn. Der Gehülfe hatte hierauf die Anverwandte

I. Bericht von 1771.

wandte befragt, was sie dazu sagten; welche geantwortet: Wenn unser Vater sich dem grossen GOtt ergiebt, so wäre es ja eine Schandthat ihn darin zu hindern. Der Gehülfe hat ihn darauf zwey Tage lang in den Grund-Wahrheiten der christlichen Lehre und in der Ordnung des Heils unterrichtet. Und, da der Kranke endlich gebeten, mit der Taufe zu eilen, so hat er ihm die Zusage des Taufbunds in mehrerer Zeugen Gegenwart ablegen lassen, und ihn getauft; worauf der Kranke den dritten Tag frühe, unter Seufzen und Beten zum HErrn JEsu, verschieden ist. Als einige Heiden begehret, daß heidnische Ceremonien bey seiner Beerdigung solten gemacht werden, hat der älteste Sohn, der sonst tief im Heidenthum gesteckt, gesagt: Es soll gehen, wie es der Catechet ordnet, wer nicht damit zu frieden ist, der gehe weg; wir werden alle dem Weg folgen, den uns unser Vater gewiesen. Der Gehülfe hat daher bey der Beerdigung einen Vortrag von dem dreyfachen Tode gehalten. Die ganze Familie ist entschlossen zum Unterricht zu kommen. Wir liessen ihnen durch den Catecheten sagen, sie möchten ja eilen, und es nicht, wie ihr Vater, aufschieben bis aufs Todten-Bett. Der Untercatechet Schinnappen im Cumbagonamischen Creise, der an einem Fieber hart darnieder gelegen und dem Tode nahe gewesen,(*) schickte sein Journal, nebst dem Tage-Register seines ältern verstorbenen Bruders, Rajanaicken, ein, weil er selbst noch nicht von seiner Krankheit hergestellt gewesen. Aus dem letztern, welches bis an seinen Todes-Tag geführet war, bemerkten wir, daß er auf seiner Rückreise von hier nach Arentangi, wegen der damaligen grossen Wasserfluth im August, genöthiget gewesen, sich funfzehn Tage lang in Tiruwalur aufzuhalten; alwo er das Evangelium von Christo den Heiden reichlich verkündiget hatte. Muttu-Schawri in Tirupanturutti hat in der Belägerung die in Tanschaur dienende christliche Soldaten fleißig besucht, ihnen zugeredet und mit ihnen gebetet. Einige davon sind zwar blessiret worden, doch hat keiner davon das Leben eingebüßt. Der Catechet hatte angemerkt, daß die Engelländer während des Bombardements viele steinerne Götzen zerschlagen, sie in die Canonen geladen, und in die Stadt geschossen, wodurch mancher Schade angerichtet worden. Muttu, Gehülfe in Cumbagonam, kam mit vieler Bekümmerniß hier an, weil er zwey von seinen Kindern in einer tödtlichen Krankheit

---

(*) Er ist auch zu Anfang des folgenden Jahrs verstorben, und also seinem ältern Bruder bald nachgefolget.

Doc. heit zu Hause verlassen. Er eilete daher bald wieder nach Hause, hat aber beyde Kinder nicht mehr beym Leben angetroffen, da sie in seiner Abwesenheit bereits verstorben, und auch schon begraben gewesen. Er schrieb nachher ein Oles an uns, in welchem er besonders wegen seines Söhnleins, das ein fein Kind gewesen und munter gelernet, seine Traurigkeit, doch aber auch zugleich sein in den Willen Gottes ergebenes Gemüth bezeigte. Jesadian, Gehülfe im Madewipatnamischen Kreise, hatte mehrere mit Heiden gehaltene Gespräche aufgezeichnet. JEsus Christus lasse sein Wort, das Geist und Leben, sich auch als ein Wort des Lebens an den Herzen aller derer legitimiren, denen es verkündiget wird, damit es allen ein Geruch des Lebens zum ewigen Leben werden möge. Er sey und bleibe uns gnädig, so genüget uns, Amen!

Johann Balthasar Kohlhoff.

Daniel Zeglin.

Oluf Maderup.

Jacob Klein.

Johann Friederich König.

Friederich Wilhelm Leidemann.

Christoph Samuel John.

II. Auszug aus der Missionarien Briefen an den seligen Herrn D. Knapp, das Jahr 1771. betreffend.

1. Von Herrn Kohlhoff unterm 19ten August 1771.

Von Tirutschinapalli aus habe nebst den theuresten Brüdern, Herrn Schwarz und Gericke, an Ew. Hochw. ein gemeinschaftlich Schreiben unter dem 5ten März abgelassen. Das von uns beyden, Herrn Gericken und mir, gemeinschaftlich geführte Reise-Diarium ist den 20sten Julii mit einem Englischen Schiff übersandt. (*) Der HErr hat dort herum seinem Evangelio eine Thür aufgethan, das ist offenbar. Unsern besten und redlichsten Catecheten, Philipp, haben wir hingesandt, und hoffen, daß diese Reise ihm zu besonderer Erweckung und vielem Segen gereichen werde. Es wird Ew. Hochw. bewust seyn, daß ein hohes Missions-Collegium schon vor einigen Jahren Erlaubniß gegeben hat, diesen Catecheten zum Landprediger zu ordiniren. Wir werden auch wol nächstens dazu schreiten müssen, weil der Landprediger Diogo immer schwächlicher wird, und der Landprediger Ambros sein Gesicht fast ganz verloren hat, so uns sehr nahe gehet, da er sonst von redlicher Gesinnung ist, und die Schafe treulich suchet. Diogo Sohn, Namens Njanaprasadam, d. i. geistliche Gabe, welcher der zweyte Stadt-Catechet ist, hat gleichfalls feine Gaben, auch eine starke Leibes-Constitution, und ist im Stande, eine so gründliche, exegetische und erbauliche Predigt zu meditiren und zu halten, wie der geschickteste Studiosus theologiä, daher er künftig auch solches Amt zu führen fähig ist. Was die Erziehung meines ältesten Söhnleins betrifft; so hat der liebe Bruder, Herr Schwarz, ihn im April vorigen Jahres mit nach Tirutschinapalli genommen, alwo er in der Englischen Sprache gute Progressen gemacht hat. Vor einiger Zeit schrieb Herr Schwarz an mich: Die redliche Englische militair-Personen kommen noch immer in der Kirche des Abends zusammen. Von dieser edlen Gesellschaft ist Ihr lieber Sohn ein Mitglied. Da ich nebst Herrn Gericke dort war, ka-

men

(*) Dieses folgt unten im Anhang.

men gegen sechzig Personen zu ihrer Erbauung in der Kirche zusammen. Wir sind allemal dabey zugegen gewesen, und müssen bezeugen, daß wir uns innig darüber gefreuet. Wenn sie eine halbe Stunde vor sich die Psalmen musiciret, so kam Herr Schwarz, sprach ein Lied aus des seligen Dr. Watts Liedern vor, und las und erklärte ein Capitel aus der Bibel, worauf alle sich auf die Knie warfen, und Herr Schwarz that ein Gebet. Den Beschluß machte ein Ermunterungs-Lied zum Lobe des Dreyeinigen GOttes. Nachher musicirten sie noch eine halbe Stunde und drüber vor sich. Ich kann zum Preise des Herrn sagen, daß von dieser Reise einen grossen Segen gehabt, welches auch in meinen Cörper einen solchen Einfluß gehabt, daß mich munterer und gestärkter befunden, (*) als in vielen vorigen Jahren nicht gewesen bin.

2. Von den sämtlichen Herrn Missionarien
unterm 17ten October 1771.

Ewr. Hochw. können wir nun, mit frölichem Herzen über die Hülfe des HErrn, und zum Preise seiner ewig währenden Güte, gehorsamst berichten, daß sich endlich die dunkele Wege und Führungen GOttes, in Absicht auf das Aussenbleiben der vorjährigen Schiffe, auch für uns in lauter Liebe und Segen geendiget.

Beyde Schiffe, und alles, was wir mit denselben im vorigen Jahr erwarteten, ist in diesem Jahr unter GOttes gnädiger Bewahrung wohlbehalten angekommen. Das Englische Schiff, The Morse, so nach Brasilien verschlagen worden, traff im April auf dieser Küste ein, und mit demselben hatten wir die Freude Ewr. Hochw. väterliche Zuschrift vom 19ten Jan. 1770, nebst Beylagen vom Herrn Senior D. und den Nachrichten aus dem Reiche GOttes, wie auch der Rechnung von den für die Mission eingelaufenen milden Wohlthaten, nebst darzu gehörigen Briefen, zu erhalten. Gelobet sey der Name JESU, der uns diese Aufmunterung, Trost und Hülfe nicht entzogen werden lassen, wie es anfänglich das Ansehen haben wolte. Er segne dafür Ew. Hochw. und alle theure Wohlthäter überschwänglich! Den 12ten Junii erblickten wir auch mit einer gar lebhaften Freude aussen vor unserer Rheede das Dänische Schiff, Rigernes Oenske, mit Capitain Fäster, auf welchem uns
GOtt

(*) Die nachher erfolgte Krankheit ist aus den folgenden Briefen zu ersehen.

II. Briefe von 1771.

GOtt die lange erwartete und erbetete beyde neue Brüder in Gesundheit, nebst Lettern für unsere Druckerey, Briefschaften und Kisten vom Jahr 1769 und 1770 wohlbewahrt zuführete; so, daß dieses Jahr für die Mission ein recht reiches Segens-Jahr im Aeussern gewesen. GOtt wolle uns nun auch im Geistlichen eine vielfältige Frucht und Erndte aus Gnaden verleihen!

In schuldiger Antwort auf die zugleich erhaltene väterliche Zuschriften verehren wir zuvörderst die gute Vorsehung GOttes, die, nach dem friedensvollen Abschiede des Wohlseligen Herrn Directoris D. Francken, so sichtbar über den sämtlichen Anstalten des Waisenhauses gewaltet, daß alle der Sache GOttes nachtheilige Veränderungen bey und in denselben verhütet worden, wodurch den segensvollen Fußstapfen des noch lebenden und waltenden, liebreichen und getreuen GOttes ein neues Siegel angehänget worden.

Wegen der neuen Einrichtung des Diarii und Abkürzung der weniger interessanten oder öfters vorkommenden Sachen in demselben, haben wir nach Ew. Hochw. Vorschlag einen Versuch gemacht, und mit der andern Hälfte dieses Jahres angefangen. Weil aber eine sachenvolle Kürze mehr Zeit erfordert, als die übrige Arbeit verstattet, theils auch das Werk weitläuftiger ist, als vor etlichen dreyßig Jahren, so möchte es schwer werden die Niekampische Kürze völlig zu erreichen.

Was unsere gegenwärtige Umstände betrifft, so hat uns GOtt bey allem unserm geistlichen und leiblichen Elende bisher väterlich getragen, erhalten und gestärket, doch so, daß uns die tägliche Noth von innen und aussen auch täglich erinnert, daß wir in Kedars Hütten wohnen. Vor schwehren und anhaltenden Krankheiten hat uns GOtt seit dem Abgang unserer letzten Briefe, ausser unserm lieben Herrn Müller, gnädig bewahret.

Kohlhoff und Leidemann thaten im Januar eine Reise nach Nagapatnam (*) auf zehen Tage, zu Verkündigung des göttlichen Worts, bey welcher Gelegenheit unsere dasige Glaubensgenossen, wie auch der Herr Gouverneur Hakstein abermals einen reichen Beytrag für die Mission gethan. Auch sandte der Herr Gouverneur Rose auf Jasnapatnam fünfhundert und vierzig Pfählten und Latten oder Bauhölzer der Mission zu einem Geschenk, welche der Herr Gouverneur Hakstein auf seine Kosten uns mit einem besondern Fahrzeug von Nagapatnam anhero

(*) Siehe das Stück S. 103 f.

anhero sandte. Letztgedachter Herr Gouverneur ist im Begriff nach Batavia, als Raad Ordinarius van Indien, zu reisen, nachdem sein Successor im Gouvernement, der Herr von Blissingen, bereits eingetroffen. Er hat sich allezeit als einen Beförderer und Freund der Mission bewiesen.

Am Ende des Januarii traff der geliebte Bruder Herr Gericke aus Cudelur bey uns ein, mit welchem wir einige Tage einen brüderlichen und gesegneten Umgang hatten. Bald darauf reisete ich Kohlhof mit demselben nach Tirutschinapalli zu Herrn Schwarz. Wir freueten uns, da wir die muntere Arbeit und den sichtbaren Segen sahen, worin der werthe Bruder stehet, und halfen ihm während unsers Aufenthalts treulich. GOtt schenke ihm bald einen Gehülfen, der seinen Sinn und Verleugnung haben möge!

Unsere beyde Landprediger fangen an merklich schwächer zu werden, besonders hat den lieben Landprediger Ambros eine solche Schwäche und Blödigkeit des Gesichts befallen, daß er nicht mehr im Stande ist eine Schrift, sie sey groß oder klein, zu lesen. Er hilft sich bey Actibus Ministerialibus im Lande mit seinem Gedächtniß, da er das Formular von der Taufe und vom heiligen Abendmahl auswendig gelernet. Daher haben wir angefangen, die Ordination eines dritten Landpredigers, wozu die Erlaubniß aus Copenhagen vor einigen Jahren bereits ertheilet worden, mit Ernst vor GOtt ins Gebet und Ueberlegung zu nehmen. Unser Gemüth hat GOtt dabey auf den ältesten Stadt-Catecheten, Philipp, gelenket, dem wir auch die Sache vorläufig bekannt gemacht, und zur Prüfung vor GOtt übergeben. Zu dem Ende haben wir ihn im Julio eine Reise nach Tirutschinapalli zu Herrn Schwarz thun lassen, um ihn in nähere Bekanntschaft des Landes und der Landgemeinen zu bringen. GOtt wolle uns in dieser wichtigen Sache um JEsu willen mit seinem heiligen Geist leiten.

Die Catecheten sind sämtlich noch am Leben und gesund. Der Suttirer-Catechet Rajappen, der Treue und Geschicklichkeit in seinem Amte beweiset, hat im März eine Reise nach dem Marrawer-Lande gethan, weil die meiste unter seiner Besorgung stehende Tanschaurische Christen unter den Trouppen befindlich waren, mit welchen der König von Tanschaur in dasselbe eingerückt war, die Fürstin zu bekriegen.

Die

II. Briefe von 1771.

Die Glaubens-Genossen auf Ceylon haben abermals eine Reise zu ihnen von hieraus verlanget, die ihnen auch aufs nächste Jahr, so der HErr will, versprochen worden. (*)

Was die Landes-Umstände betrifft, so ist seit vorigem Monat der Krieg zwischen dem Nabab von der Carnatic und den Engelländern eines theils, und dem König von Tanschaur andern theils ausgebrochen. Der König von Tanschaur, der dem Nabab den von mehrern Jahren rückständigen Tribut abzutragen sich geweigert, hat alle Vorschläge zur Vermittelung in Güte, gegen den Rath seiner Minister, ausgeschlagen, daher eine combinirte Nababische und Englische Armee, die schon seit dem August zu dem Ende bereit stand, in das Tanschaurische eingerückt ist, und zuvörderst die Vestung Wallam, oder Wallamkodtei, eingenommen, und darauf auf Tanschaur selbst ihren Weg fortgesetzet hat, welches sie sogleich von der Westseite eingeschlossen, und nun bereits seit einigen Wochen mit Nachdruck bombardiret hat. Der König von Tanschaur hatte zwar anfänglich seine Truppen in zwey Lagern ins Feld gestellet, die er aber, nach einigen fehlgeschlagenen Versuchen, bald an sich in die Vestung gezogen, bis auf die Cavallerie, welche die Ostseite bisher noch offen gehalten. Doch sollen, nach dem jetzt laufenden Gerücht, die Nababische Trouppen auch schon vier und mehrere Meilen östlich, disseits Tanschaur, furagiren und plündern, welches eine Anzeige ist, daß entweder die Ostseite schon eingeschlossen, oder doch nicht lange mehr offen bleiben dürfte. Nach allem menschlichen Ansehen dürfte Tanschaur dieses mal, wo GOtt nicht etwas anders in seinem heiligen und weisen Rath beschlossen hat, schwerlich conservirt werden, zumal da es, nach den neuesten Nachrichten, am dasigen Hof, auch bey und unter den zur Seite niederschlagenden Bomben, doch ganz Sardanapalisch zugehen, und in der Stad weder gehörige Ordnung noch Aufsicht seyn soll. GOtt, der seine Hand mit darunter hat, wolle aus Gnaden alles so regieren, daß das Reich JEsu Christi dadurch gebauet und erweitert werden möge.

Die Fluth des frischen Wassers ist in diesem Jahr sehr groß gewesen, GOttes Segen aber im leiblichen in den Gegenden dieser Küste noch grösser, indem der Nellu in einigen Jahren nicht so wohlfeil gewesen, als dies Jahr, obgleich eine grosse Quantität durch die Handlung von hier aus an andere Orte der Küste verführet worden.

Unsere

(*) Sie hat aber erst zu Anfang des Jahrs 1772. geschehen können.

Erste Abtheilung, von Trankenbar.

Unsere Brüder in der Englischen Mission befinden sich durch die Güte des HErrn noch alle wohl. Auf Ewr. Hochw. letzters geehrtes Schreiben vom 11ten Febr. dieses Jahrs versparen wir die Antwort biß zum Abgang des Dänischen Schiffs, da dieses mit einem Englischen Schiff gehen soll.

3. Von Herrn Kohlhoff unterm 7ten October 1771.

Kaum hatte an Ew. Hochw. den 29sten Sept. ein geringes Schreiben abgelassen; so erhielte am demselben Abend Ew. Hochw. hochgeehrtes Schreiben vom 4ten Febr. a. c. Ew. Hochw. umfassen mich mit eben der väterlichen Liebe und Zärtlichkeit, womit der wohlselige Herr Consistorial-Rath D. Francke mir je und je zugethan gewesen, welches mich vor dem HErrn innigst erfreuet hat. Der gnädige GOtt wolle alle Dero väterliche Wünsche über meine geringe Person, Amt und Familie, in Christo gnädig erfüllen.

Von dem geliebten Bruder, Herrn Schwarz, haben wir nun in etlichen Wochen wegen der Kriegs-Unruhen keine Nachricht, indem der Weg gesperret ist.

Wenn ich auf die gegenwärtige Zeichen der Zeit mein Gemüth richte, so bewundere ich die weise und heilige Wege unsers grossen Monarchen. Da unser theurer Bruder, Herr Schwarz, auf der Insel Ceylon das Evangelium verkündiget hatte, erfolgten bald darauf zwischen dem Kaiser von Candia und den Herrn Holländern blutige Kriege. Nachdem gedachter Bruder verschiedene mal in Tanschaur dem Rath des HErrn Hohen und Niedrigen, Heiden und Muhamedanern, ja dem König selbst, kund gethan, so ist dieser verderbliche Krieg darauf entstanden. Auch geliebter Bruder, Herr Gericke, und ich unwürdiger haben, bey der in diesem Jahr durch das Tanschaurische Land nach Tiruschinapalli gethanen Reise hin und wieder einer ausserordentlichen Menge Volks das Evangelium verkündiget. Denn bey den Streifereyen des Heyder-Ally haben sich viele von des Nababs Grund ins Tanschaurische retiriret und daselbst niedergelassen, so, daß ich auf den vorigen Reisen nie so viel Menschen vor mir gefunden, als diesmal. Der König, Teluja-Rasa genannt, ist ein junger Herr, gegen dreyssig Jahr alt. Zu Anfang dieses Jahrs erfochte er einen wichtigen Sieg über die Marrawerische Fürstin. Hierdurch wurde er stolz, und versagte dem Nabab, Muhamed Ally Chan, den Tribut. Dieser sandte zu verschiedenen

II. Briefe von 1772.

denenmalen Abgesandte an ihm, und ließ ihn an seine Pflicht erinnern: er wieß solche aber trotzig ab, und antwortete, daß er den Säbel in der Hand habe. Seine alte erfahrne Ministers und Generals riethen weislich, sich zum Ziel zu legen: aber er verachtete ihren Rath, und folgte den jungen Räthen, die mit ihm aufgewachsen waren. Seine Mutter erbot sich, achtzig tausend Rupies herzugeben, aber er drohete ihr mit Schlägen. Dennnach ist der Nabab mit seinen Allürten, den Engelländern, mit einer Armee von etlichen dreyssig tausend anmarschiret. Vor vierzehn Tagen nahmen sie Wallam, eine Berg-Vestung drey Stunden von Tanschaur westwerts ein. Gleich darauf giengen sie auf die Residenz Tanschaur selbst los, auf welche sie bis jetzo von verschiedenen Baterien heftig canoniren und bombardiren. Es verlautet, daß sie bereits eine Breche von sechs Ellen geschlossen hätten. Die Bomben und Kugeln haben in der Stadt schon viele Lahme und Krüppel gemacht, und viele getödtet. Viele von den vornehmsten Familien sind auf die hiesige Küste geflüchtet. Des verstorbenen Prinzen Gadara Familie selbst ist vor etlichen Tagen hier angekommen. Möchten doch die abgöttische Völker, die ihre Götzen theils vergraben, theils auf die Küste in Verwahrung bringen, erkennen, daß ihre Götzen nichts seyen! Möchten sie doch sich von allem Götzen-Wesen abwenden, und zu dem lebendigen GOtt bekehren und dessen Hand erkennen! Da unser Compagnie-Grund von Tanschaurischen Einwohnern wimmelt, so suchen wir und unsere Mitarbeiter aus der Nation bey aller Gelegenheit ihnen die Nichtigkeit ihrer Götzen zu zeigen. Unser Tanschaurischer Catechet und der dasige Schulmeister haben sich auch hieher retiriret. Jener aber gehet täglich unter die Heiden aus.

Die Marrawerische Fürstin und der Tondaman,(*) welche dem Nabab tributbar sind, bedienen sich dieser Gelegenheit, und nehmen alle die Städte wieder ein, die Tanschaur südlich liegen, und welche der König ihnen weggenommen hatte. Man sagt, daß der Nabab sie dazu aufgemuntert, und ihnen versprochen habe, daß er sie bey allen Eroberungen schützen und solche ihnen garantiren wolle.

4. Von

(*) Dieses ist vielleicht der andere Fürst, der, nach den unten folgenden Anmerkungen, auch von dem König zu Tanschaur bekrieget worden, welcher aber daselbst einen andern Namen hat. Doch kan Tondaman gleichsam der Ehren-Titel seyn. Im Siebenden Theil der älteren Missions-Nachrichten Cont. LXXI. S. 1370. ist es der Name eines vornehmen Grenzhüters, der im Jahr 1754 mit dem Marrawer-Fürsten Krieg geführt, und nach dem Achten Theil Cont. LXXXVI. S. 309. hat ein Tondaman im Jahr 1757 mit dem König von Tanschaur Krieg gehabt.

4. Von den sämtlichen Herrn Missionarien
unterm 25sten Febr. 1772.

Da wir, nach dem in unserm gemeinschaftlichen Schreiben vom 7ten Octobr. gethanen Versprechen, auf Ew. Hochw. väterliche Zuschrift vom 11ten Febr. 1771. jetzo antworten sollen; so melden wir folgendes:

Der Vorschlag wegen einer Orgel in unsere Neu-Jerusalems-Kirche (*) scheinet uns sehr annehmlich zu seyn, wenn wir nemlich aus Europa selbst ein gutes Orgelwerk durch einige liebreiche Wohlthäter besorget und heraus bekommen könten. Wir haben seit einigen Jahren schon unter uns davon geredet, ob wir es nicht wagen dürften, dieserhalb an unsere theure Väter in Halle zu schreiben, weil es uns ohne ein solches Instrument oft höchst schwer und bisweilen gar unmöglich fällt, unsere Tamulische Gemeine bey dem Singen in Ordnung zu halten. Die einzige Schwierigkeit aber wegen eines guten Organisten, hat uns abgehalten, etwas davon zu gedenken. Wir können daher den unverhofften Vorschlag des liebreichen Wohlthäters, Herrn P. M., nicht anders ansehen, als eine Spur der göttlichen Vorsehung. Obgleich der zum Augenmerk gehabte Zweck, nemlich die Bewunderung der Heiden, nicht so vollkommen möchte erreicht werden, indem die Malabaren in der Stadt und in der Nähe solches schon gewohnt sind, weil hier in der Dänischen Zions-Kirche sowol, als in einigen Privathäusern dergleichen befindlich. Doch aber könten wol fremde aus dem Lande im Vorbeygehen gereitzt werden in die Kirche zu kommen.

Von Leidemanns glücklichen Zurückkunft von Ceylon ist bereits das nöthige gemeldet worden. Die liebe Seelen auf Ceylon haben schon im vorigen Jahre zum öftern Ansuchung gethan, daß wieder einer aus uns hinkommen möchte. Wir haben es ihnen auch unter der Bedingung, wenn GOtt nicht wichtige Hindernisse in den Weg lege, mehrmalen versprochen. Sie haben letzlich eine förmliche und preßante Vocation hiergesendet, und die hohe Erlaubnis des Wohledlen Herrn Gouverneurs von Ceylon uns gemeldet, so daß wir herzlich wünschen, daß ihnen möchte geholfen werden. Allein weil ich, Kohlhoff, einmal

nach

(*) Welcher nach der Beylage zur Vorrede des dritten Stücks §. 2. S. 71. von einem Wohlthäter geschehen.

nach dem andern bey einer Almoreyn-Krankheit dem Tode nahe gewesen, und ich, Zeglin, auch mich sehr entkräftet gefühlet: so haben wir bisher zu keinem Schluß kommen können. Der HErr, der gute Hirte, wolle sich dieser verlassenen Heerde selbst annehmen und ihnen Hülfe schaffen. O daß ihnen doch einen eigenen Prediger zu halten erlaubet würde, wie auf Batavia.

So viel haben wir in schuldigster Antwort auf Ew. Hochw. hochgeschätzte Zuschrift erwiedern sollen. Diesem müssen wir noch folgendes beyfügen:

Ich, Kohlhoff, habe im vorigen Jahre zwey Monat lang an einem heftigen Almoreyn vieles erlidten. Gegen das Christ-Fest stärkte mich der gnädige GOtt wieder so weit, daß ich meine Amts-Geschäfte verrichten, und dem vollendeten Bruder, Herrn Müller, selbst die Leichen-Rede über die Worte: Fürwahr du bist ein verborgener GOtt rc. halten konte. Aber in der Mitte des Januarii wurde ich aufs neue von dieser Krankheit so angegriffen, daß ich mich mehrmalen meinem Ende sehr nahe sahe. Doch scheinet es jetz, daß es noch nicht der Wille meines himlischen Vaters sey, mich abzurufen, da er mich wie aus dem Tode wieder zum Leben gerufen, und mir ziemliche Erleichterung geschenket hat.

Ich, Zeglin, aber habe, durch eine Art fliegender Gicht, und durch ganz unnatürliche Schweisse bey Nacht und bey Tag, eine ausserordentliche Entkräftung verspüret. Bey drey Wochen lang habe ich von aller öffentlichen Amts-Arbeit mich enthalten, und mediciniren müssen. Letzteres wird auch noch fortgesetzt. Bey dem allen verspüre ich nicht die gewünschte Erleichterung.

Ich, Maderup, finde mich ebenfalls durch die mir öfters zustossende Zufälle sehr angegriffen.

Wir sehen aber alle auf den HERRN, der unser Arzt und Helfer ist. Er kann das, was schwach ist, wieder stärken.

Den 21sten Januar. reiseten Klein und König nach Nagapatnam, um unsern Glaubens-Genossen daselbst das Evangelium zu verkündigen und das heilige Abendmahl auszutheilen. Kohlhofs zunehmende Schwachheit aber, war Ursach, daß wir zwey Tage früher, als gewöhnlich, zurück eilen musten.

Von unserm geliebten Bruder, Herrn Schwarz, in Tirutschinapalli haben wir fast seit zwey Monaten die Hoffnung gehabt, daß er uns besuchen würde. Allein die Umstände des Landes und der Gemeine haben ihn im Anfange aufgehalten, die Reise zu uns anzutreten. Hernach ist durch göttliches Verhängniß ein Pulver-Magazin daselbst entzündet worden und in die Luft gesprungen, wobey viele Menschen, sowol Blanke als Schwarze, beschädiget worden: wodurch er genöthiget wird, seine Reise zu uns noch etwas aufzuschieben. Herr Schwarz schreibt von diesem kläglichen Zufall folgendes: „Hiermit berichte Ihnen, daß „es dem heiligen GOtt gefallen, diesen sündhaften Ort am 14ten dieses „durch ein heiliges Gericht heimzusuchen. Es war Nachmittags um 3 Uhr, „als das Pulver-Magazin aufsprung mit solchem entsetzlichen Knall, als „ich in meinem Leben nicht gehöret. Die Luft war voller Kugeln und „grosser und kleiner Steine. Viele hundert Menschen, Europäer und „Malabaren wurden unter den Häusern begraben. Das Elend ist so „groß, daß ich mich entsetze, wenn ich daran gedenke. In diesem Jam„mer hat der grundgütige GOtt mich und John (ist Kohlhofs ältester „Sohn) väterlich bewahret. Ich saß am Tische, da ich zum Erstaunen „sahe, wie die Fenster in Stücken sprungen und vor mir niederfielen. „Eine Menge Kugeln kam in meine kleine Kammer, welche wir auf„hoben. Bald darauf gingen die Pulver-Wagen in die Luft und bran„ten; und es hieß, daß das grosse Magazin sich auch entzünden würde. „Nun flohe alles mit entsetzlichem Lamentiren. Ich und John flohen „über den Fluß. Der erbarmende GOtt aber dachte an seine Barm„herzigkeit mitten unter seinen Gerichten. Gelobet sey sein Name! Ach „HErr GOtt, was ist der Mensch, wenn du anfängst zu zürnen und zu „strafen! Der junge Mensch (ein Präparand) welcher von Samlab„ram vor einigen Tagen anher kam, ging auf den Bazar (Markt) und „da er just im Zurückgehen bey das Magazin kam, flog es auf. Er „wurde halb begraben und einige Todte lagen über ihm. Wir konten „ihn nicht finden. Nach ungefehr dreyßig Stunden wurde er heraus„gezogen, und ist nun im Hospital, wo ihn eben jetzo besucht habe. Er „betet herzlich; sein Aufkommen stehet in GOttes Hand. Sonst ist noch „ein Christ etwas beschädiget; die andern alle aber väterlich errettet. „Ich war heute zweymal im Hospital. Das Herz thut einem wehe, wenn „man die armen Menschen ansiehet." So weit Herr Schwarz.

Unsere Brüder in den Englischen Missionen an der Küste, sind durch göttliche Güte munter und arbeiten im Segen. Herr Hüttemann ist dem letzten Schreiben zu folge, auf dem Wege uns zu besuchen. Herr Kiernander hat in Bengalen abermals am letzten Neu-Jahrs-Tag
einen

einen Römischen Missionarium in die Protestantische Kirchen-Gemeinschaft aufgenommen. Die Frembde von dem Dänischen Schiff, die aus Bengalen gekommen und diesen Mann gesehen, reden lauter Gutes von ihm, wie auch Herr Kiernander ihn wegen seiner Geschicklichkeit sehr rühmet.

Die Umstände dieses Landes sind Mitleidens würdig. Der König von Tuntschaur muß, die erschreckliche Summa Geldes, welche er an den Nabab auszahlen soll, aufzubringen, in seinem ganzen Lande Contribution ausschreiben und eintreiben lassen. Unsere Catecheten und Christen haben ebenfalls nicht nur, von ihren Häusern, sondern auch von den Bethäusern die Contribution erlegen müssen, wozu wir ihnen, wie billig, aus der Casse hülfreiche Hand gereichet, um die Bethäuser im Lande zu conserviren, und nicht zu verlieren. Die Leute flüchten stark aus dem Lande, wegen dieser Last, die ihnen, wenigstens manchen, über Vermögen aufgeleget wird.

Bey diesen unruhigen Umständen haben wir den Tanschaurischen Catecheten, Nujappen, noch hier behalten, weil sowol sein Bethaus, als sein eigen Haus durch den Krieg zerstöret ist, bis GOTT wieder Bahn macht.

Die Ernte ist in der Nähe bey uns in diesem Jahre (*) nur sehr geringe, doch ist sie weiter im Lande Gottlob etwas besser, und daher das Getreide noch um guten Preis zu haben.

Eine grosse Wohlthat für dieses Land ist, daß die schon in der Nähe gewesene Maratter vom Nabab befriediget, und vors erste zurück gezogen sind, welche sonst alles würden völlig zu Grunde gerichtet haben.

Beylage

(*) Da die Missionarien im October 1771. oben S. 1507. von einem grossen Segen gemeldet; so muß solches von der zweyten und sonst dieser Ernte, die im Januario anfängt, zu verstehen seyn.

Beylage
zu vorstehenden Briefen.

Einige von einem der Herrn Missionarien gesamlete Anmerkungen und Nachrichten.

Der Catechet Rajappen, der, nachdem Rajanaicken von uns nach Arentangi gesetzet worden, als Suttirer-Catechet in Tanschaur stehet, und von unserm lieben Bruder, Herrn Schwarz, ein gutes Zeugniß hat, wurde von uns im März nach dem Tanschaurischen Lager, das vor Ramanadaburam, dem Haupt-Ort des Marrawer-Landes stund, gesandt, weil die mehresten von seinen Schafen, die er in Tanschaur besorgen muß, christliche Soldaten sind, und daher mit in den Krieg ziehen müssen. Von diesem haben wir folgende Nachrichten eingezogen.

I. Das Marrawer-Land ist weit grösser, als das Tanschaurische. Allein es ist wegen der vielen Wälder u. d. g., dem grösten Theil nach, unbebauet, daher nicht halb so kornreich als das Tanschaurische. Es gibt fast ganze Tagereisen, da man kaum einen bequemen Ort zum sichern Aufenthalt, vornehmlich des Nachts, bekommen kann, zumal es manche Raubthiere, und sonderlich Tieger gibt. Ausser den Wäldern, in welchen mehrentheils unfruchtbare Bäume und fürchterliche Dornsträuche (woran einige Dornen eine halbe Elle lang seyn sollen) wachsen, gibt es grosse brach liegende Flächen, in welchen kein Baum anzutreffen, um in der schweren Sonnenhitze einigen Schatten zu geniessen. Wo das Land bebauet ist, gibt es viele grosse stehende Seen, die beym Mangel des Regens (da es ein Land heist, welches der Himmel ansehen muß) in der dürren Zeit zum Bewässern der Felder grosse Dienste thun.

II. Ramanadaburam, als die beständige Residenz der Marrawer-Fürsten, hat Mauren und einen Graben. Allein der Graben ist nicht tief und die Mauren haben keinen Wall von innen, ausser wo die Batterien sich befinden. Sie sind auch nur anderthalb Mann hoch von Bruch-Steinen und über denselben noch einen halben Mann hoch von gebrannten Steinen aufgeführet.

III. Die Marrawer sind gute Bogen-Schützen, und führen schwere Bogen und Pfeile. Die Pfeile haben zwey Wiederhaken, die also

also in dem Fleisch stecken bleiben, und beym Ausziehen grosse Wunden machen. Der Catechet hat im Lager vor Ramanadaburam zugesehen, wie ein Bogen-Schütze einem andern in einer Ferne von zwanzig Schritten durch die Oeffnung der zugebogenen Hand, ohne Verletzung, durchgeschossen.

IV. Es ist keiner Weibs-Person in Ramanadaburam erlaubt, mit einem buntfarbichten Tuch oder Kleid zu gehen, weil die Regentin es als ein Regale für sich ansiehet, in bunten Kleidern zu gehen. Alle Weibs-Leute gehen daher nur in weissen Kleidern. Ich dachte hierbey an 2 Samuel. 13, 18. Sie hatte einen bunten Rock an, denn solche Röcke trugen des Königs Töchter.

V. Die Sprache im Marrawer-Lande ist zwar Tamulisch. Allein der beste Tamuler, der nie im Marrawer-Lande gewesen, hat Mühe die Marrawer recht zu verstehen. Sie reden sehr metaphorisch und ihr Dialect hat was eigenes. Z. E. Als ein Marrawer gefragt wurde: Gehet der Weg nach Ramanadaburam hier, oder da hin? erwiederte er: Waladri roladri ellam ingittale pariudu angittale nium parigiradalla d. i. Alles den Schwanz rührende (sind die Pferde) und die Haut bewegende (sind die Elephanten und Kamehle) theilet sich hieher; dahin theile du dich auch. Er setzte hinzu: Ingittale padi allo arrode ni Silembalam ada madrai d. i. hier ist Einsinken (d. i. Koth) damit wirst du nicht fechten können. Ein Schieß-Gewehr, das im Tamulischen Tupacki heist, wird im Marrawer-Land Kulel genannt. Die gemeine Leute brauchen von einander und gegen einander das Wort Peiel, welches Junge heist, und bey den Tamulern schon schimpflich ist; etwas ansehnliche Leute rufen sie Naja, das ist, Herr.

VI. Von Padtu-Kodtei etwa ein Kada warhi (drey Stunden Weges) östlich kommt man an die See. Das ist der ordentliche Weg von Tanschaur nach Ramesuram. Hier wohnen lauter Muhamedaner, die zugleich Fischer und Seefahrer sind. Hier macht das Meer gar kein Geräusch durch das Anschlagen der Wellen, wie sonst allenthalben am See-Strande. Die Heiden fabuliren, als Ramen, der Götze, von seinem Heer-Zuge gegen Rawanen, den grossen Riesen auf Ceylon, zurück gekommen, und er hier ein Pusel (das ist Opfer) verrichtet, das Geräusch der See aber ihn dabey in der Andacht gestöret, habe er die See bedrohet, worauf sie stille geworden, und auch bis jetzo zum Andenken des Ramens und seines Opfers stille geblieben. Allein die Muha-

Muhamedaner, welche auf die heidnische Fabeln nichts achten, ob sie gleich selbst abentheuerliche Fabeln genug von ihrem Muhamed behaupten, haben die wahre physicalische Ursach entdeckt. Es hat nemlich das Meer in dieser Gegend eine gute Strecke eine Untiefe und ist ausser dem mit vielem Moos bewachsen, weswegen keine Brennung, oder Anschlagen der Wellen statt hat.

VII. Der erste Ort am Seestrand ist Tondi=Padtaram, ein grosser Platz, der eine gute Rhede hat. Bis dahin ist das Geschütz, nebst Ammunition und Provision, für das Lager vor Ramanadaburam zu Lande mit Ochsen und andern lasttragenden Thieren gebracht, sodann daselbst eingeschifft, und gegen Ramanadaburam über wieder ausgeschifft worden, da es wieder fünf Malabarische Stunden, oder zwey unserer Stunden, über Land durch Ochsen u. d. g. bis ins Lager geschafft werden müssen. Die mehresten Einwohner in Tondi-padtanam sind Muhamedaner. Zu Lande ist Ramanadaburam von diesem Ort zwey Tagereisen entfernt.

VIII. Nach Tondi-Padtaram kommt am Seestrand Onpadan kall murhucku. Es ist dieses ein von den Heiden heilig gehaltener Wasch=Ort, davon er auch den Namen hat, welcher so viel bedeutet, als der Wasch-Ort von neun Steinen. Es sind nemlich neun Stuffen von Feld-Steinen in die See hinein gebauet, welche man hinunter steigen muß, wenn man sich wäschet. Dieser Ort heist auch Dewipadnam, auch Nawapaschanam. Dieses letzte ist Grendisch und zeigt eben so viel an, als Onpadan kall murhucku.

IX. Der Catechet ist auf dem Rückweg den Landweg gegangen, und von Ramanadaburam nach Tanschaur auf folgende etwas merkwürdige Oerter zugekommen. Peruweiel. Hier ist eine grosse Pagode. Der König selbst ist eine Nacht da geblieben, und hat der Pagode wichtige Schenkungen gemacht. Tiruwidanandi, ein weitläufiger Ort, den die Marrawer=Fürstin dem Könige von Tanschaur vorher weggenommen, und der König jetzo recuperirt hat. Rennankudi=Kodtei, eine Vestung von Erde. Diese hat der König von Grund aus zerstöret. Hierauf folgen Irumbannadu, Arentangi, eine Vestung von Mauren, Padtukodtei, desgleichen Papannadu, Oruttanadu und dann Tanschaur.

X. Vom

Beylage zu vorstehenden Briefen. 1067

X. Vom Kriege selbst meldet der Catechet, die Tanschaurer hätten vor Ramanadapuram in zwey Lagern gestanden. Die Laufgraben seyen an einigen Orten schlecht, an andern aber besser gewesen. Die beste Canonen, die der König mit sich geführet, seyen zwey französische gewesen, welche der General Lalli Anno 1758. vor Tanschaur zurück lassen müssen, als er die Belagerung aufgehoben. Diese hatten die meiste Dienste beym Breche-Schiessen gethan. Uebrigens hatten sich die Marrawer in der Stadt vortrefflich defendiret. Die Canonier in derselben sollen fast alle Caffern gewesen seyn, die das Schiessen gut gelernet. Auf den Canon-Kugeln, die aus der Stadt geschossen worden, ist mit Tamulischen Lettern geschrieben gewesen: Für diese Kugel sieben Fano (nemlich für denjenigen, der sie wiederbrächte.) Die Fürstin habe auch nach geschlossenem Frieden niemanden aus dem Tanschaurischen Lager in ihre Residenz zu kommen verstattet.

XI. Von den Friedens-Tractaten ist dem Catechet folgendes bekannt worden. Das ganze Land, welches die Marrawer-Fürstin beherrschet, ist auf zwölf Leetschan, oder Tonnen Goldes, an Einkünften taxiret worden. Hiervon hat der König das in mehrern Jahren ihm vorher abgenommene Land, welches drey Tonnen Goldes beträgt, wieder zurück bekommen. (*) Einem Prätendenten zu dem Fürstenthum, Mapulleibewer genannt, der den König eigentlich zu diesem Kriege aufgewiegelt hat, ist auch ein solcher District Landes zuerkannt worden, welcher drey Tonnen Goldes einbringt, und worinnen Arumiugakodei der Hauptort, und eine Vestung ist. Die regierende Fürstin hat einen jungen Prinzen von ihrem vorigen Mann, in dessen Minderjährigkeit sie das Regiment zu verwalten bestätiget worden; da sie dann von dem Lande, welches sie behält, sechs Tonnen Goldes Einkünfte hat. Sie muß aber davon bis an drey Tonnen Goldes an den grossen Mogul (**) Tribut gaben. Ausser dem hat die Fürstin dem König zwey grosse Elephanten und zwey ausserordentlich grosse Perlen, die eigent-

Xrrrrr 2 lich

(*) Daß er dieses nach dem mit dem Nabab geschlossenen Frieden an die Marrawer-Fürstin wieder abtreten müssen, ist oben S. 1041. gemeldet.

(**) Vermuthlich muß dieser Tribut an den Nabab der Carnatic abgegeben werden, weil anderwärts bekannt ist, daß die Marrawer-Fürstin demselben tributbar sey. Der Nabab dependiret eigentlich von dem Grossen Mogul. Ob er aber demselben noch ietzo wirklich Tribut zahle, ist zweifelhaft, da des Grossen Moguls Ansehen und Macht sehr herunter gekommen, und der Nabab mit den Engelländern alliirt ist.

lich das Regale bey diesem Fürstenthum sind, und welche daher Ramen und Letschmanen (zwey Brüder in der Götter-Historie) heissen, und nechst dem noch eine grosse Perlen-Schnur, die bis über den Nabel herunter gehet, und endlich noch einige Tonnen Goldes im baaren Gelde geben müssen. Weil die Fürstin einen grossen Antheil an der Perlen-Fischerey hat, so besitzet sie viele derselben von grossem Werth.

XII. Als der König mit Ramanadaburam fertig gewesen, hat er noch einen andern Fürsten, Udeiattan genannt, der beständig ein Alliirter von dem Marrawer-Fürsten ist, bekrieget. Allein dieser hat sich bald zum Frieden bequemt, und dem König, unter andern Geschenken, eine lebendige Kuh, die nur drey Spannen hoch ist, mit vielen Juwelen und Gold-Stücken behangen, in einem Palanquin zugeschickt.

XIII. Nachdem der König alles vollendet, hat er einen sehr pompeusen Einzug in Tanschaur gehalten. In allen Städten und Flecken, durch welche er gezogen, sind Ehrenpforten aufgerichtet gewesen. Vor der Vestung Tanschaur hat er erst seine Mutter besucht, welche sich in einem Garten aufgehalten und seiner erwartet. Hierauf ist er auf seinen Stats-Elephanten gestiegen. Vor ihm ist der Götze Ramen von purem Golde in einem köstlichen Gehäuse, und darauf oben gemeldete Kuh mit ihrem Schmuck in einem Palanquin getragen worden. Endlich ist der König gekommen. In seiner rechten Hand hat er die zwey grosse Perlen, die an einem goldenen Drathe bevestiget gewesen, gehalten. Die grosse Perlenschnur hat er um den Hals und bis auf die Brust herunter hängen gehabt. Er hat recht königlich, und dabey sehr freundlich ausgesehen, und alle Zuschauer haben geschrien: Das ist der sichtbare Gott. Alle Canonen um die Vestung sind abgefeuret worden, und von der Menge der Begleiter und der vielen Reuterey und Fußvolk ist ein dicker Staub aufgestiegen.

XIV. Noch muß ich eine Anmerkung nicht vorbey lassen. Im gemeinschaftlichen Diario des vorigen Jahrs ist einigemal vorgekommen, daß manche Heiden, ja selbst Bruhmaner, bey den Unterredungen mit ihnen, als eine gewisse Wahrheit selbst erzehlet, oder vor gewiß angenommen, daß Ramesuram, und vornemlich der Ort, wo das Waschen, als von besonderer Heiligkeit, so berühmt ist, untergegangen, oder vielmehr zum Waschen fernerhin ganz unbrauchbar geworden,

weil

Beylage zu vorstehenden Briefen. 1069

weil die See daselbst weit zurückgewichen, und bey einer viertel Meile Weges tiefen Schlamm zurückgelassen habe. Der Catechet Rajappen ist zwar nicht bis dahin gewesen. Er hat aber von ganz glaubwürdigen Leuten, die ordentlich zum Baden dorthin gereiset und davon wieder zurückgekommen, vernommen, daß dieses eine völlige Unwahrheit sey. Ein Mann von guten Einsichten hat, zum Beweis, daß es unmöglich sey, gesagt: Ist es auch je erhört, daß die See auf dieser Ost-Küste Land zugesetzet. Sie wäschet beständig vom Lande ab, setzet aber nirgends Land an: folglich könte Ramesuram ehe in die See versinken und ganz untergehen, als daß die See daselbst mehr Land ansetzen solte.

XV. Der König von Tanschaur hat, zum Andenken dieses glücklichen Feldzugs, eins von den Stadt-Thoren, die seit 1758 (da Lally vor Tanschaur kam) zugemauert gewesen, das Ramanadaburam-Thor genannt, gegen Süden gelegen, wieder feierlich aufmachen lassen, und dieses ist, weil es das nächste bey seinem Palais ist, sein favorit-Thor, dadurch er am meisten aus- und eingehet. Es ist solches aber so niedrig, daß kein Reuter mit seinem Pferde (denn die Ordinairen Pferde sind hoch) vielweniger ein Elephant durchgehen kann.

XVI. Eben diesem Catecheten hat ein Gelehrter in Papannadu folgende Erzehlung gemacht: Das Sammaner Wedam (so nennen sie die christliche Religion) ist nun in diesem Lande dreyhundert ein und zwanzig Jahr alt,(*) und wenn noch sechshundert neun und siebenzig Jahre vorbey, folglich tausend Jahr verflossen seyn werden, so wird alles zur christlichen Religion übergehen, und dann werden die, so dieselbe von uns annehmen, erst ins Weigundam (d. i. des Wischnu Himmel) Hierauf ins Keilasam (d. i. des Siewens Himmel) nachgehends ins Sockam, und zuletzt ins Motscham eingehen. (Eigentlich sollen dieses vier Stuffen der Seligkeit seyn.) Ferner hat er erzehlet: Da die Europäer in diesem Lande zu erst die christliche Religion ausbreiten wolten, dachten sie es auf eine besondere Art anzufangen. Als Chinapurukarer (**) brachten sie Taback-Saamen ins Land, die Tamuler säeten dagegen Agatikirei-Saamen. Dieses ist ein Gegengift gegen den Taback. Da es den Europäern hiermit nicht gelung, brachten sie spanischen Pfeffer-

Xxxxxx 3 Saa-

(*) Dieses muß von den Catholischen Missionen verstanden werden.
(**) d. i. als solche, die der Chineser Verstand haben. Es nennen die Tamuler alle die, welche viel Witz haben, auch die menschliche Neigungen bald entdecken können, weil sie davor halten, daß die Chineser vor allen Völkern Witz haben.

Saamen. Allein die Tanuler säeten dagegen Zwiebeln, als welche dem Pfeffer die Kraft benehmen. Da sie nun sahen, daß sie auf solche Weise die christliche Religion nicht ausbreiten konten; so wähleten sie das Mittel, dieselbe mündlich zu verkündigen. Sie hielten sich anfänglich viele Jahre nur am See-Strand auf, und predigten da. Endlich kamen sie weiter, und drungen ins Land hinein und predigten, wie auch noch jetzo geschiehet: daher auch zu dieser Zeit die christliche Religion schon mehr überhand genommen. Endlich werden alle dieselbe annehmen. Er hat noch hinzu gesetzt: Dieses stehet in unserm Sastiram.

XVII. Eben dieser Catechet erzehlete, wie er von den christlichen Soldaten in Tanschaur folgendes erfahren habe. Ein jeder Soldat der sechs Pardou (zehen Fano ist ein Pardou, folglich fünf Thaler in Gold Fano) hat, oder haben solte, bekomt eigentlich nur zehen Monat Sold, weil zwey Monate dem Könige wieder heimfallen, oder von ihm eingezogen werden, als ein Theil der Contribution, die an den grossen Mogul als Tribut entrichtet werden muß. Ausserdem bleiben immer zwey Monate als Rest stehen, von welchen der Soldat nach ein paar Jahren etwa einen halben oder ganzen Monat ausgezahlt bekomt. Hiernächst bekomt der Sippu (das ist derjenige, welcher als Schatzmeister das Geld an die Truppen auszahlen muß) als seine Gebühr, alle Jahr von einem jeden Soldaten dreyviertel Monat Sold. Zu Tarma-Silam (d. i. zu Stiftungen) wird alle Jahre ein halber Monat Sold abgezogen. Sadara Sawurosi, der Oberzahlmeister, hat auch jährlich einen halben Monat Gebühr. Und zu Sawadu podru (zur rothen Farbe, die wohl riecht und als ein Schmuck vor die Stirn, wie ein Kügelchen, gesetzet wird,) wird gleichfalls ein halber Monat Sold inbehalten. Das gewisse ist also sechs weniger ein viertel Monat Sold. So ungerecht ist die Staats-Verfassung.

XVIII. Noch will ich einige Phisicalia hinzuthun:

1. Im ganzen Monat April 1771. war die Witterung gar besonders. Die Nacht-Thaue sind in diesem Monat sonst was ordinaires. Allein diesesmal ist auf dieser Küste den halben Monat bey Nacht und Tag ein ausserordentlicher Nebel gewesen, wovon die Sonne beym Aufgehen und Untergehen blutroth ausgesehen. Die Heiden haben viele Urtheile darüber gefället, auch blutige Kriege prognosticiret, selbst dem Könige von Tanschaur haben sie dergleichen Prognostica gestellet. Daß es aber
nichts

nichts ganz ausserordentliches sey, siehet man aus einigen Astronomischen Büchern, da sie diese und andere Vorfälle recensiren, und Zeichendeuterey darüber gemacht haben. An einem Orte haben die Heiden zum Landprediger Diogo gesagt: Es ist alles voller Rauch, denn hinter den sieben Welt-Meeren ist ein Schwefelberg in Brand gerathen, wovon ein solcher Rauch allenthalben aufsteiget.

2. Die Leute nach Süden sind kleiner Statur, die nach Norden aber länger von Statur. So sind auch die Leute in Norden stärker und gesunder von Natur als die in Süden, weil sie mehrentheils Wasser trinken, das von den Gebürgen und aus den Felsen komt, da die in Süden keine Fluth des frischen Wassers, sondern lauter Regen-Wasser haben. Die Leute in Norden sollen daher viel besser hungern können, als die in Süden, weil das kalte Felsen- oder Bergwasser den Hunger nicht so sensible werden läßt. Denen Sechswöchnerinnen wird in Norden erst nach acht Tagen ordentlich Essen gegeben, da die in Süden nach drey oder vier Tagen dasselbe zu sich nehmen müssen. Die Kranken in Norden können ohne Furcht durch achttägig Fasten sich curiren, da es die in Süden nicht wagen dürften, so lange zu fasten. In Norden können die Leute eine Menge Spanischen Pfeffer zu ihrem Zugemüsse gebrauchen, ohne üble Zufälle davon zu befürchten. Wenn die Leute in Süden halb soviel gebrauchen, bekommen sie davon die Krätze und Dyssenterie.

3. Den 21sten Julii hatte auf Ersuchen des Missions-Medici, Herrn Rönigs, veranstaltet, daß ein gelehrter Tamulischer Schulmeister, der in Orhuvamangalam sich niedergelassen, und von der sogenannten Rakerlaker Kaste ist, die ganz weiß am Cörper sind, oder da die Haut als abgeschilbert ist, daher die Farbe des Cörpers vielmehr ins rothe fällt, in unsern Missions-Garten kommen möchte. Weil ich den Menschen wohl kenne und zum öftern mit ihm gesprochen, ihn auch von gutem Verstande befunden: so that es gerne. Unser Medicus käm mit dem Schiffs-Chirurgo und Schiffs-Prediger, und sie betrachteten seinen Cörper wohl. Aus denen ihm durch mich vorgelegten Fragen erfuhren wir folgendes: 1) Daß seine Eltern, welche beyde noch am Leben sind, die ordinaire Farbe, braungelb, aber mehr ins schwarze, als die andere Malabaren, an ihrem Cörper haben. 2) Daß nur die zwey von ihnen erzeugte Söhne diese weisse Farbe am Cörper hätten, dahingegen

gegen vier Töchter die Farbe der Eltern hätten. 3) Daß niemand unter den Malabaren irgend eine Ursach von dieser Irrung der Natur, oder Abweichung von dem gewöhnlichen in der Farbe anzugeben wüste. 4) Daß sein Cörper, folglich auch andere von dieser Art, weder viel Sonnenhitze, noch auch viel Wind vertragen könte. 5) Daß er auch keine Strapazen ausstehen, auch nicht viel marchiren, oder starke Tagereisen thun könte. 6) Daß er, wenn die Sonne hoch steigt und helle scheint, viele Schwäche und Dunkelheit in den Augen verspüre. 7) Daß er aber, wenn das Wetter dunkel, oder der Himmel etwas bezogen ist, in einer ziemlichen Distanz Leute und Sachen erkennen könne. 8) Von besondern Krankheiten wuste er nichts zu sagen. 9) Es wurde bey ihm der Pulsschlag untersuchet, und ziemlich ordentlich, nemlich fünf und funfzig Schläge in einer Minute befunden.

Er ist einer der Gelehrten, weil er viele poetische und andere Bücher gelesen, und eine Menge Verse hersingen kann. Er sung uns auch zu dreyenmalen etwas vor und erklärte es, man konte daraus merken, wie er gut choisiren könne. Eine Pause war ein Gebet um Erkenntniß GOttes, die andere enthielt eine Historie von einem lieblosen Reichen, den die Rache GOttes schon hier in diesem Leben auf eine fürchterliche Weise verfolget. Zur Nutzanwendung war ein Gebet um ein liebreiches und gutthätiges Herz. Ihm wurde bey dieser Gelegenheit manches ans Herz geleget, und er gebeten, da er die Wahrheit erkenne, so möchte er sie auch äusserlich vor seinen Landsleuten bekennen u. s. w.

Andere Abtheilung
von der Englischen Mission zu Calcutta in Bengalen.

I. Herrn Kiernanders Schreiben an Herrn Secretair Broughton zu London unterm 31sten December 1771. Aus dem Englischen.

Der barmherzige und gnädige GOtt, dessen Güte und Treue alle Morgen neu ist, hat bis hierhin gegen mich, seinen unwürdigen Knecht, seine göttliche Huld mit einem Reichthum des Segens zu beweisen fortgefahren. Ihm alleine sey alle Ehre, Preis und Herrlichkeit mit unabläßigem Dank. Durch dieses verflossene ganze Jahr hat es GOtt gefallen, mir gute Gesundheit zu verleihen, und mich auf allerley Weise durch seinen Segen zu erfreuen. Er hat mich gestärkt, meine Amtsverrichtungen durch Lehren und Predigen sowol in der Englischen, als Portugiesischen Gemeine ununterbrochen fortzusetzen, welche durch den Segen GOttes von Zeit zu Zeit in diesem Jahr vermehret worden mit

Ein und zwanzig Kindern, so in der Gemeine geboren und getauft worden,

Sechs erwachsenen Personen aus den Heiden, nemlich drey von der Malayischen, und drey von der Bengalischen Nation, und mit

Sechs Römisch-Catholischen, nemlich vier Portugiesen, einem Franzosen und einem Teutschen, welche in unsere Kirche aufgenommen worden. Welches zusammen einen Zuwachs von drey und dreyßig Seelen ausmacht.

Ausser diesen aber sind noch mehrere aufgewecket worden, zum Gehör des heiligen Wortes GOttes zu kommen, und für die Errettung ihrer Seelen zu sorgen, welche, ob sie gleich vorher den Namen protestantischer Christen lange geführet, dennoch seit vielen Jahren, manche auch von ihrer Kindheit an und seit dem sie getauft sind, in keine Kirche gekommen, noch jemals das heilige Abendmahl genossen haben. Nun aber war-

warten dieselbe nicht nur den Gottesdienst fleissig ab, sondern beweisen auch eine aufrichtige und ernstliche Sorge, unter dem Gebrauch der Gnaden-Mittel, dazu sie nun reiche Gelegenheit haben, ihre Seelen selig zu machen.

In der Englischen Gemeine haben drey und achtzig Personen und darunter fünf zum erstenmal; in der Portugiesischen fünf und neunzig, und darunter sieben zum erstenmal, und von den Teutschen neunzehn Personen das heilige Abendmahl genossen.

In der Charität=Schule sind zwey und neunzig Kinder, wovon zwanzig aus der Stadt-Charität, und vier sonst gänzlich unterhalten werden, drey und sechzig aber, so von aussen dazu kommen, nur freyen Unterricht, Bücher, Federn und Tinte, als Wohlthaten der hochlöblichen Societät, geniessen, und fünf für ihren Unterricht bezahlen. Diese sämtliche Kinder werden von vier Schulmeistern und einem jungen Gehülfen unterrichtet.

Die oben gemeldete sechs erwachsene Heiden von dem Malayischen und Bengalischen Geschlecht sind vor ihrer Taufe beynahe ein gantz Jahr in Portugiesischer Sprache unterrichtet worden, und haben eine gute Erkenntniß erlanget, beweisen auch durch ihr Leben und Wandel, daß sie dem Evangelio gehorsam geworden. Einer von denen Bengalern ist ein Tischler, und verfertiget sehr feine mit Elfenbein ausgelegte Arbeit.

Der vormals gedachte Herr Manoel Joze de Costa starb den 2ten März, nach einer langwierigen beynahe ein Jahr gedaurten Krankheit. Bis an sein Ende bezeigte er ein grosses Verlangen nach Siam zu gehen, und hat verschiedene Briefe seiner vorigen Bekannten von dorther erhalten, welche ihr Verlangen nach seiner Zurückkunft ausdrucken. Er hatte beständig eine grosse Hoffnung, viele, nicht nur von den Römisch-Catholischen, sondern auch von den Heiden, zu gewinnen, indem daselbst eine freye Religions-Uebung verstattet ist. In seiner Krankheit ergriff er sorgfältig alle Gelegenheit, diejenige zu ermahnen und zu erwecken, welche ihn zu besuchen pflegten, und bezeugte ihnen, wie froh er sey, und wie glücklich er sich schätze, daß er von der Catholischen Kirche ausgegangen sey, und die Wahrheit aus dem hellen Lichte des Wortes GOttes erkannt habe. Er pflegte oft zu sagen, er habe nunmehro nur einen Erlöser, er wisse aber gewiß, daß er sich an ihn halten, und die Seligkeit durch ihn erlangen könne.

Herr Bento ist seit einiger Zeit viel von Krankheit heimgesucht worden, dem ohneractet hat er mir, so viel es dabey möglich gewesen, in der Besorgung der Portugiesischen Gemeine treulich und fleißig beygestanden.

Ich habe unlängst das Vergnügen gehabt, bey Ankunft der Schiffe, Morse und Lord North die Glocken, Kirchen-Uhr und Orgel sowol, als auch die Bücher, Papier und andere liebreiche Wohlthaten der Hochlöblichen Societät richtig zu erhalten, deren fortwährende Geneigtheit und Vorsorge ich mit der grösten Dankbarkeit erkenne. Zugleich erkenne ich mich denen Directeurs der Ostindischen Handlungs-Gesellschaft zu nicht geringerer Dankbarkeit verbunden, daß dieselbe die Gewogenheit gehabt, von allen diesen Dingen eine frachtfreye Uebersendung geneigt zu bewilligen. Ich bitte um Erlaubniß, für diese grosse Gütigkeit hierdurch meine schuldigste Dankerkenntlichkeit zu bezeugen, und zugleich zu versichern, daß ich GOtt aufs herzlichste anrufe, daß er zu allen ihren Besitzungen und allen ihren fernern Unternehmungen seinen reichen Segen geben wolle.

An diesem Tage beschliesse ich nun den ersten Monat meines ein und sechzigsten Jahrs, und gehe, mit GOtt und unter seiner gnädigen Vorsorge, Geduld und Gnade, in meiner Pilgrimschaft, nach seinem Wohlgefallen fort, in Hoffnung, annoch einen von der Hochlöblichen Societät herausgesandten Bruder und Mitarbeiter zu sehen, dessen Sorge ich meine Heerde übergeben könne, wenn es GOtt gefallen wird, mich von hinnen zu rufen.

Ich empfehle mich zu der Hochlöblichen Societät fernerem Gebet und Gewogenheit und bin in schuldigstem Respect ꝛc. ꝛc.

II. An eben denselben, unterm 13ten Januar. 1772. Auch aus dem Englischen.

Nachdem ich bereits unterm 18ten Novemb. mit dem Schiff Ponsborn, und unterm 31sten December 1771. mit dem Schiff Asia das nöthigste geschrieben; so kann ich nun Denenselben berichten, daß abermal ein Römisch Catholischer Priester und Missionarius, Franciscus Joseph Hanson, welcher ungefehr einen Monat vorher von Bussora hier angekommen, am 1sten dieses Monats dem Pabsthum abgesagt, wie Dieselbe aus den Beylagen zu ersehen belieben werden. Nach geendigtem Morgengebet machte ich die vorhabende Handlung der Gemeine bekannt, und er las seine Absagung von der päbstlichen Kirche öffentlich vor der ganzen Versamlung, mit einer lauten und vernehmlichen Stimme her, die er mir sodann überreichte; worauf ich ihn in unsere Kirchen-Gemeinschaft feyerlich aufnahm, und mit Gebet und Absingung des 100sten Psalms diese Handlung beschlossen wurde. Hernach wurde über Offenb. 18, 4. 5. geprediget, und nach der Predigt empfing er, nebst dem Herrn Benzo und mir, das heilige Abendmahl, welches die übrige Gemeine bereits den vorigen Sonntag empfangen hatte. Bey dieser Gelegenheit war der Herr Gouverneur und die meisten Herrn von dem Rath, wie auch der Herr Dr. Burn und viele andere Herrn gegenwärtig, daß meine kleine Kirche voll wurde.

Der gedachte Herr Hanson hat eine ziemlich gute Kenntniß verschiedener Sprachen, als der Teutschen, Englischen, Portugiesischen, Französischen, Türkischen, Armenianischen, Arabischen und Lateinischen. Er wäre willig gewesen, sich hier bey der Mission gebrauchen zu lassen: weil ich aber einen oder zwey Missionarien aus Europa erwarte; so kann ich mich nicht wohl zu dessen Unterhaltung verbindlich machen, sondern will der Hochlöblichen Societät beliebige Ordre erwarten. Mittlerweile will ich den Herrn Gouverneur ersuchen, ob es möglich wäre, ihn bey einer civil-Bedienung unterzubringen, um seinen Unterhalt zu erlangen. Ich bin u. u.

N. S. Bey dieser Gelegenheit ist am Neu-Jahrstage eine Collecte gesammlet worden, welche 313 Rupien betragen, wovon dem Herrn Hanson 300 Rupien gegeben, und die übrige 13 für andere Arme aufgehoben worden.

Der obgedachte ehrwürdige Dr. Burn ist der erste Englische Prediger an diesem Pflanzort, welcher sich geneigt und willig bezeiget, das Beste der Mission auf alle Weise zu befördern.

III. Herrn

III. Herrn Hansons Entsagung von der Römisch-Catholischen Kirche. Aus dem Englischen übersetzt.

Nach Endigung des Morgengebets machte ich die vorseyende Handlung der Gemeine folgender maſſen bekannt:

Es ist ein abermaliger Beweiß der göttlichen Liebe in Suchung und Errettung verlorner Sünder, wenn ich dermalen die Freude habe, meiner Gemeine bekannt zu machen, daß der gegenwärtige Herr Franciscus Joseph Hanson, welcher in der Römisch-Catholischen Kirche geboren und erzogen ist, und als Priester und Missionarius vier Jahre zu Bussora im Amt gestanden, aber durch Lesung der Bibel unter GOttes Segen zur Erkenntniß der Wahrheit gekommen, und von den mancherley und gefährlichen Irrthümern der Römischen Kirche völlig überzeuget worden. Da er nun durch GOttes Gnade völlig entschlossen ist, der vorgegebenen päbstlichen Gewalt und Autorität sowol, als allen irrigen und verführenden Lehren der Römischen Kirche anjetzo öffentlich abzusagen, und seinen Glauben und Leben nach dem heiligen Worte GOttes alleine einzurichten, mithin Verlangen trägt, als ein Glied der Kirche Christi aufgenommen zu werden: so habe ich mich verbunden erachtet, wenn er dieses öffentlich erkläret haben wird, seiner Bitte zu willfahren.

Hierauf las er folgendes vor:

Ich, Franciscus Joseph Hanson, gebohren zu Wien im Jahr 1739, bin von meinen Eltern, Franciscus Joseph Hanson, Administrator von Altenburg in Ungarn, und Maria Anna Hanson von Sorafsky, in den Meinungen der päbstlichen Religion erzogen worden, und habe in derselben verschiedene Jahre in Europa das Amt eines Priesters, und zuletzt vier Jahre lang das Amt eines Missionarii, des Ordens der Carmeliter, zu Bussora verwaltet, woselbst ich, aus vollkommener Ueberzeugung von den mannigfaltigen und seelverderbenden Irrthümern der päbstlichen Religion, mein Amt niedergeleget, mit der Entschliessung, das Pabstthum gänzlich zu verlassen, und zu der protestantischen und wahren Religion JEsu Christi mich zu wenden. Weil aber zu gedachtem Bussora kein protestantischer Geistlicher befindlich; so habe ich mich hierherbegeben. Vor GOtt und dieser christlichen Versammlung sage ich

Andere Abtheilung.

demnach dem Pabst und aller seiner päbstlichen Gewalt und Autorität, nebst allen päbstlichen Lehren öffentlich und feyerlich ab, als welche dem Worte GOttes so sehr entgegen sind, und auf nichts anders abzielen, als auf das ewige verderben der Seelen. Ich verspreche und bin entschlossen, durch den gnädigen Beystand GOttes, meinen Glauben, mein Leben und mein ganzes Verhalten nach der Regel des heiligen Wortes GOttes einzurichten. Ich beklage von Herzen meine übel angewendete Zeit und sündenvolles Leben in der Finsterniß des Pabsthums, und werde solche Lebenslang herzlich beweinen. Ich ruhe durch den Glauben in Christo JEsu allein, und vertraue auf sein Verdienst, durch welches ich Gnade und Barmherzigkeit, Vergebung aller meiner Sünden, und die Rechtfertigung durch das für mich vergossene Blut JESU Christi bey GOtt zu erlangen hoffe. Ich verspreche und verpflichte mich, durch die Gnade und den Beystand GOttes, von diesem Tage an bis an das Ende meines Lebens in dieser protestantischen wahren Religion beständig zu bleiben, von welcher ich vollkommen überzeuget bin, daß sie auf das wahre und untrügliche Wort GOttes gegründet sey. Und von diesem Tage an rechne ich also meine gewisse Hoffnung der ewigen Seligkeit durch das Verdienst JEsu Christi, meines Heilandes. Amen.

Nachdem er diese Absagung an mich abgeliefert hatte; so faßte ich ihn bey seiner rechten Hand, und sagte: Franciscus Joseph Hanson, ich nehme dich in unsere christliche Gemeine auf, daß du seyest ein Glied Christi, ein Kind GOttes, und ein Erbe des Himmelreichs, in dem Namen der heiligen und hochgelobten Dreyeinigkeit, Vaters, Sohns und heiligen Geistes, Amen. Mit Auflegung der Hand bey diesen letzten Worten.

Hierauf fuhr ich fort: Lasset uns beten, (alles knieend.) Gelobt und gepriesen sey dein heiliger Name, o gnädigster GOTT, der du also die Welt geliebet hast, daß du deinen eingebornen Sohn, JEsum Christum gegeben hast, auf daß alle, die an ihn glauben, nicht sollen verloren werden, sondern das ewige Leben haben. Schenke nun diesem unserm neu aufgenommenen Bruder die Vergebung aller seiner Sünden, und einen lebendigen Glauben an JEsum Christum, stärke und bevestige ihn in einem aufrichtigen Gehorsam gegen alle heilsame Lehren des Evangelii, und leite ihn durch dein Wort und Geist auf dem Wege der Heiligkeit und Gerechtigkeit bis an das Ende seines Lebens, und cröne ihn nach diesem mit ewiger Seligkeit, um des Verdienstes JEsu Christi, unsers einigen Erlösers, willen. Amen.

IV. Herrn

IV. Herrn Kiernanders Predigt bey der Aufnahme des Herrn Hansons, am Neuen-Jahrs-Tage 1772. Aus dem Englischen übersetzt.

Du barmherziger GOtt und Vater unsers HErrn JEsu Christi, du hast mit diesem neuen Jahr deine Gnade gegen uns erneuert, du bist noch nicht müde uns mit Geduld zu tragen, du verlängerst unsere Tage, und noch sind deine Hände in Gnaden ausgestreckt, bußfertige Sünder aufzunehmen, welche zu dir zurückkehren wollen. O so begleite doch dein heiliges Wort mit einem solchen Segen, und einer solchen Kraft, daß alle die aufgeweckt und durch deinen Ruf zu dir gezogen werden, welche noch ferne von dir sind. Verleihe uns allen deine Gnade, unser Leben zu erneuern, und ins künftige dasselbe zu deinem Lob und Ehre zu führen, auch uns allezeit für deine fortwährende Gnade und Wohlthaten recht dankbar zu beweisen, damit solchergestalt unsere zukünftige Tage mit allem Fleiß und Sorgfalt zu deinem Dienst angewendet werden mögen. O erhöre dis unser Gebet und segne uns, um des Verdienstes unsers Erlösers JESU Christi willen; in dessen Namen wir beten: Vater Unser rc.

Text, Offenb. 18, 4. 5: Und ich hörte eine andere Stimme vom Himmel, die sprach: Gehet aus von ihr, mein Volk, daß ihr nicht theilhaftig werdet ihrer Sünden, auf daß ihr nicht empfahet etwas von ihren Plagen. Denn ihre Sünden reichen bis in den Himmel, und GOtt denket an ihren Frevel.

Dis ist eine sehr gnädige und liebreiche Stimme des HErrn JEsu, welcher sein Volk aus dem sündenvollen Babylon, vor dessen endlichen Zerstörung, herausruft. Dis Babylon ist die päpstliche Kirche in aller ihrer päpstlichen Gewalt. Das Papsthum ist nun dem Ende seiner weltlichen Macht, Herrlichkeit und Grösse nahe gekommen. Die Welt fängt an ihre Augen aufzuthun, und will sich nicht mehr jener blinden Herrschaft unterwerfen. Der Papst kann nun nicht mehr die treue Bekenner JEsu Christi in dem Grad mit Feuer und Schwerd verfolgen, als er in den vorigen Zeiten mit vieler Grausamkeit gethan hat. Die Zeit komt nun immer näher, da die Strafen und Plagen, welche in dem letzten Theil des Capit. 14. und den beyden folgenden Cap. 15.

Andere Abtheilung.

und 16. der päpstlichen Kirche gedrohet worden, in ihre Erfüllung gehen sollen. Und daß alle die schreckliche Plagen, deren daselbst gedacht wird, insonderheit auf das grosse Babylon gehen, welches die Mutter ist aller Hurerey und Greuel auf der Erde, nemlich das Papstthum, mit aller seiner Ausdehnung, und mit allen seinen Anhängern, lernen wir sehr deutlich aus dem vor unserm Text hergehenden Cap. 17. Alle diese so fürchterliche und erschreckliche Plagen werden hinlänglich seyn, den gänzlichen Fall und Zerstörung Babylons zu bewirken. Aber gleichwie in vorigen Zeiten absonderlich in dem 12. 13. 14. und 15ten Jahrhundert, noch immer ein Volk GOttes gewesen, welches der Stimme Christi JEsu gehorsam geworden, und aus dem Papstthum ausgegangen ist, wie wir in den Geschichten von den Einwohnern von Piemont, Frankreich, Italien, Teutschland und Engelland lesen, welche unter dem Namen der Albingenser, Waldenser, Hussiten und Wikleffiten bekannt sind, und welche dem Ansehen der Römischen Kirche öffentlich entsaget, auch Rom das Appocalyppische Babylon, und den Papst den Antichrist genannt haben: also ist noch vielmehr und in grösserer Anzahl das Volk GOttes aus der Päpstlichen Kirche ausgegangen, da zu den Zeiten der Reformation ganze Städte, Provinzien, Königreiche und Nationen sich von der Gemeinschaft dieser sündenvollen Kirche getrennet haben. Und seit dieser Zeit sind manche emigriret, unter andern die Salzburger, welche ausgegangen sind, und sich zum Theil in America niedergelassen haben, woselbst sie die Freyheit, nach ihrem Gewissen dem lebendigen GOtt zu dienen und die Errettung ihrer Seelen in Christo JEsu ungehindert zu suchen, erlanget haben. So wie nun in den vorigen Zeiten und bis auf unsere Tage manche die Päpstliche Kirche verlassen haben: also ist nun der merkwürdige Zeitpunct vorhanden, da, vor dem Einbruch der letzten Plagen und Gerichte über die Römische Kirche, noch manche die Stimme JEsu Christi hören, von dieser abgöttischen Religion ausgehen, und also denen bevorstehenden Gerichten entgehen sollen. O wie gnädig ist unser GOtt, welcher die Unschuldige nicht mit denen Schuldigen strafen will. O wie barmherzig ist unser GOtt, welcher die Strafe der Gottlosen von einer Zeit zur andern aufschiebet, damit alle diejenige vorher errettet werden können, welche seine Stimme hören und sich erretten lassen wollen. O laßt uns also mit einem offenen Ohr und gehorsamen Herzen die gnädige Stimme aufnehmen, wenn Christus sagt: Gehet aus von ihr mein Volk, daß ihr nicht theilhaftig werdet ihrer Sünden, und daß ihr nicht empfanget etwas von
ihren

ihren Plagen. Damit wir nun diesen gnädigen Ruf uns recht zu Nutz machen, und der Gnade theilhaftig werden mögen, welche uns angeboten wird, wollen wir zweyerley in eine ernstliche Betrachtung nehmen;
Erstlich Christi gnädigen Ruf, und zum
Andern die Ursachen, welche uns bewegen sollen, diesem Ruf gehorsam zu werden.

Stehe uns bey, o heiliger Geist GOttes, daß wir mit der gehörigen Aufmerksamkeit und Gehorsam den gnädigen Ruf Christi annehmen, und von allen, sowol zeitlichen, als ewigen Strafen, welche die Sünder mit allem Recht zu erwarten haben, errettet werden.

Wenn wir nun I. Christi gnädigen Ruf betrachten, so haben wir zu bemerken, wer rufe, wer gerufen, und wovon sie gerufen werden.

1. Wer rufe? In der Ausführung der Gerichte des göttlichen Zorns über die Sünder finden wir auch, daß Engel gebraucht werden, wie wir hier in dem Anfang des Cap. 18. lesen: Und darnach sahe ich einen andern Engel niederfahren — und er schrie: — sie ist gefallen sie ist gefallen, Babylon die Grosse. Aber in den Worten unsers Textes sagt Johannes: Ich hörte eine andere Stimme vom Himmel, die sprach: Gehet aus von mir mein Volk — kein erschaffner Engel könte sagen: Mein Volk; sondern Christus selbst, der uns erkauft mit seinem eigenen Blut, und dessen Volk und Eigenthum wir sind; dieser kann mit vollem Recht sagen: Mein Volk. Er spricht aber solches mit einer zärtlichen Liebe und Mitleiden gegen solche Seelen, welche unter dem päpstlichen Joch und Tiranney betrübt und bekümmert sind; und daher ruft er ihnen sehr gnädig zu: Kommet heraus. Und er wird ihnen zu solcher merkwürdigen Zeit durch seine Knechte und Diener des Worts GOttes eben dieses zurufen, als welche nichts anders sind, und nichts anders seyn sollen, als eine Stimme des, der da rufet in der Wüste dieser Welt, eine Stimme Christi, da sie nur seine Worte aussprechen. Christus wird, sage ich, mit solchem Nachdruck rufen, daß viele, viele seine Stimme hören und ihr gehorsam werden.

2. Wer gerufen wird? Die Knechte Christi sollen, wie zu allen Zeiten, also auch insonderheit in solchem Zeitlauf mit lauter Stimme rufen, warnen, ermahnen und das Volk bitten, ihr sündliches Leben zu verlassen und sich mit GOtt versöhnen zu lassen. Absonderlich sollen sie diejenige rufen und warnen, welche, als Christi Volk, eine Sorge für

Andere Abtheilung.

ihre Seelen haben, daß sie ausgehen von der Gemeinschaft der verstockten Sünder und Anbeter des Thiers, das ist von dem geistlichen Babylon, von der abgöttischen päpstlichen Kirche, unter deren Gewalt und Herrschaft sich manche befinden, welche deren Irrthümer einsehen, und unter ihrem Druck heimlich seufzen, welche auch in ihrem Herzen einen Abscheu vor ihren Greueln haben, ob sie gleich sich nicht getrauen solches öffentlich zu bekennen. Diese sollen gerufen werden, und sie sollen in grosser Anzahl ausgehen aus solcher sündenvollen Gemeinschaft. Allein leider lebet der grösste Theil dieser päpstlichen Kirche in solcher tiefen Finsterniß und Unwissenheit, daß sie glauben, wenn sie die Knöpfe ihres Rosencranzes zehlen, und vor den Bildern niederfallen, sie seyen gute Christen und gefallen GOtt wohl. Sie bedenken nicht, daß GOtt befohlen hat: Du solt keine andere Götter haben neben mir, du solt dir kein Bildniß, noch ein Gleichniß einigen Dings machen, du solt nicht niederfallen vor denselben, und sie nicht anbeten. Und ob sie gleich dieses alles wider GOttes Verbot thun; so meinen sie doch, GOTT habe einen Wohlgefallen an ihnen, ohne zu bedenken, daß GOtt gedrohet hat, eben diese Sünden, daß sie GOtt verlassen und Bilder anbeten, heimzusuchen und ernstlich zu strafen, womit GOtt erkläret, daß er sie hasse. O wenn sie nur wolten lesen, hören und merken was GOTT in seinem Wort von ihnen sagt; so würden sie bald andere Gedanken von sich selber bekommen. Denn sie gehet es insonderheit an, was im Cap. 14, 9. gesagt wird: So jemand das Thier anbetet und sein Bild, und nimt sein Mahlzeichen an seine Stirn, oder an seine Hand, derselbe soll trinken von dem Wein des Zornes GOttes, der eingeschenkt und lauter ist in seines Zornes Kelch, und wird gequälet werden mit Feuer und Schwefel vor den heiligen Engeln, und vor dem Lamm, und der Rauch ihrer Qual wird aufsteigen von Ewigkeit zu Ewigkeit, und sie haben keine Ruhe Tag und Nacht, die das Thier haben angebetet und sein Bild, und welche das Mahlzeichen seines Namens angenommen haben.

3. *Wovon sie gerufen werden.* Wolte nun jemand, wenn er diese göttliche Drohung höret, lieset und weiß, noch in dieser abgöttischen Kirche länger bleiben und die Bilder anbeten? Solte es nicht vielmehr rathsam seyn, ehe diese schwere Gerichte ausbrechen, Christi gnädigen Ruf zu hören, von ihnen auszugehen und sich von solcher sündvollen Gemeinschaft zu scheiden und zu reinigen? Laßt uns aber bemerken, daß hier nicht sowol eine Absonderung von einer gewissen

Stadt

Stadt oder Landschaft, dem Ort nach, als vielmehr eine sittliche Absonderung von den päpstlichen Irrthümern, Aberglauben und Abgötterey, gemeinet sey, dergestalt, daß man sich nicht ferner verunreinige oder beflecke mit ihren Sünden. Ja, die Meinung ist, daß man von allen und jeden sündlichen Wegen ausgehen, und durch wahre Busse und Glauben zu Christo kommen, auch in seinem Licht und Wahrheit leben und wandeln solle. Dieser so gnädige Ruf Christi hat schon bey sich selbst, wenn er recht erwogen wird, ein grosses Gewicht und starken Bewegungsgrund ihm zu folgen. Wenn wir nun aber

II. Die Bewegungsgründe betrachten, welche Christus hinzuthut, um die Seelen aus dem Schlaf aufzuwecken und zu ermuntern, daß sie seine Stimme hören, der Gefahr entfliehen und den zeitlichen und ewigen Strafen entgehen sollen; so werden wir solche so wichtig und erweckend finden, daß niemand seine Ohren davor verstopfen kann, als diejenige, welche in ihrer fleischlichen Sicherheit verstockt und ganz gleichgültig sind, wie es mit ihrer Seele werden möge. Christus rufet und saget nicht nur: Gehet aus von ihr, mein Volk; sondern er zeiget auch die stärkste Ursach und Bewegungsgründe an, nemlich: Daß ihr nicht theilhaftig werdet ihrer Sünden. Und ferner: Daß ihr nicht empfahet etwas von ihren Plagen, die Cap. 16. und 17. angezeiget sind. Und noch ferner: Denn ihre Sünden reichen bis in den Himmel, und GOtt gedenket ihrer Ungerechtigkeiten; die Strafe kann nicht länger aufgeschoben werden. Wenn man also in der Gemeinschaft einer so verdorbenen Kirche, worinnen nicht nur die Sitten und der Lebenswandel, sondern auch die Sätze der Religion dem heiligen Worte und Befehl GOttes ganz entgegen sind, unbekümmert bleiben wolte, so würde solches nichts anders seyn, als daß man muthwillig und vorsetzlich sich ihrer Sünden schuldig und theilhaftig machen, und folglich auch Antheil an ihren Strafen nehmen wolte. Ist es dann möglich, daß jemand, der diesen gnädigen Ruf Christi höret: Gehet aus von ihr, mein Volk, damit ihr nicht theil nehmet an ihren Sünden und Strafen, und der zugleich höret, daß das Maaß ihrer Sünden voll sey, daß sie bis in den Himmel gestiegen seyn, und daß GOtt ihrer Ungerechtigkeiten gedacht habe, folglich nun die Zeit, da sie mit den wohl verdienten Strafen heimgesucht werden solle, vorhanden sey, ist es möglich, sage ich, daß jemand der dieses alles höret, sich noch einen Augenblick besinnen könne? Solte nicht ein solcher ohne den geringsten Auffschub kommen,

und

und in die Arme der Barmherzigkeit JEsu Christi fallen, damit er nur errettet werde? Ist einige Sicherheit bey der fortgesetzten Gemeinschaft mit denen, welche unter dem Fluch liegen, und denen GOtt ein so erschreckliches Gericht angekündigt hat? Denket nicht, weil GOtt so viele Jahrhunderte Geduld gehabt, und das Gericht so lange aufgeschoben hat, daß er vergessen habe, die Sünder zu strafen. Nein, er denket daran, und unser Text sagt ausdrücklich: GOtt gedenke ihrer Sünden. Er ist im Begriff den Befehl zu geben, daß ihr Gericht vollzogen werde, und niemand kan solches hindern. Gewiß schon vor manchen Jahrhunderten ist das Geschrey der Sünden des Pabstthums bis in den Himmel gestiegen, nicht allein das Geschrey der Sünde ihrer Abgötterey, sondern auch die Stimme und die Klagen über die Sünde ihrer unmenschlichen und mehr als greulichen Verfolgungen und Vergiessung des unschuldigen Bluts, ja ihrer Sünden von allen andern Arten, die GOtt alle gesehen und gehöret hat. Und da nun die Zeit der Heimsuchung GOttes nahe ist, wer wolte dann im geringsten länger in diesem Sodom bleiben? Wer wolte dieser Strafen, die ihr gedräuet sind, theilhaftig werden? Wäre es nicht viel besser, der Stimme Christi gehorsam zu werden: Gehet aus von ihr? O was für ein seliger Wechsel würde solches für alle diejenige seyn, welche bisher ihre unsterbliche Seelen so falschen und blinden Wegweisern anvertrauet haben, die sie von dem Wege der Wahrheit verleitet, und durch ihre selbst erfundene Menschenlehren in so manche seelenverderbliche Irrthümer hineingeführet; o was für ein seliger Wechsel, sage ich, würde es für sie seyn, wenn sie aus dieser gefährlichen Finsterniß ausgingen, und zu Christo kämen, um sich durch dessen heiliges Wort leiten zu lassen, welches Licht und Wahrheit ist, und welches allein den rechten Weg zum Himmel und zur ewigen Seligkeit zeiget? Denn es ist in keinem andern Heil, als in JESU Christo allein. Gesch. 4, 12.

Nun, meine theuer Geliebteste, laßt mich auch euch eure Schuldigkeit zu Gemüthe führen, GOtt herzlich zu danken, daß er euch die unschätzbare Gewissens-Freyheit, und die Freyheit GOttes heiliges Wort zu lesen und zu hören, geschenket hat; welcher grossen Wohlthat GOttes wir von der Zeit der Reformation, als eine Frucht der grossen und wichtigen Unternehmung jener edelmüthigen und berühmten Reformatoren, genossen haben. Laßt uns aber dahin sehen, daß wir von dieser Wohlthat einen rechten Gebrauch machen, laßt uns unsere Lust haben am Gesetz des HErrn, laßt uns die Stimme Christi, unsers Erlösers, ernstlich und mit Gehorsam hören, laßt uns in dem Evangelio uns Tag und Nacht üben, und laßt uns nach demselben unser Leben ausbessern, und vor dem gnädigen GOtt in Heiligkeit und Gerechtigkeit wandeln, daß wir uns als ein würdiges Beyspiel der Nachfolge darstellen vor den Augen aller derer, welche in so grosser Unwissenheit, und Finsterniß leben, in welcher sowol die Papisten, als Heiden, sich befinden, von welchen wir so manche um und neben uns haben, damit dieselbe also im Stande seyn mögen, den Unterschied zwischen Licht und Finsterniß zu bemerken und einzusehen, und damit sie erwecket, ermuntert und angeleitet werden, zu Christo zu kommen, und von allem zeitlichen und ewigen Jammer befreyet zu werden.

Bey diesem Text bitte ich euch noch diese einige Anmerkung zu machen. Wie wir sehen, daß in diesem sündlichen Babylon, welchem GOtt mit der gänzlichen Zerstörung drohet, solche sind, die nicht von Babylon sind, sondern welche Christus sein Volk nennet, sie heraus rufet und von solchen gedroheten Strafen befreyet: also sind auch viele unter denen, welche protestantische Christen heissen, und doch nicht zu Christi Volk gehören, sondern in solche Sünden verwickelt sind, denen sie nicht absagen wollen. Was meinet ihr, wird der blosse Name eines protestantischen Christen solche selig machen, und sie von solchen Plagen und mit ihren Sünden wohl verdienten Strafen befreyen? Nein, ihre Sünden werden sie finden, ihren Strafen und Plagen werden sie nicht entgehen, wo sie auch sind, und was für einen Namen sie auch führen. Wenn sie unbekehrte Sünder sind, so werden sie nicht ungestraft bleiben, weder in dieser Welt, noch hernach in alle Ewigkeit. O wie nöthig ist es demnach, daß wir alle die gnädige Stimme des HErrn hören, zu Herzen nehmen und derselben gehorsam werden: Gehet aus, gehet aus ein jeder aus allen und jeden Sünden. Und was könte an diesem ersten Tage des Jahrs schicklicher und von grösserem Nutzen für uns seyn, als wenn wir uns entschlössen, von der Sünde und allem Elende herauszugehen, und zu dem HErrn JEsu zu kommen, der an diesem Tage uns so gnädig zu sich ruft, und uns noch selig machen will, und eben in dieser Absicht uns auch dieses neue Jahr erleben lassen. Das allerwichtigste, was wir für das ewige Wohlseyn unserer Seele thun können, ist gewiß dieses, daß wir allen Sünden absagen und zu CHRISTO kommen. Das sollte also billig ins künftige unsere allervornehmste

Bemü-

Bemühung, und unsere nothwendigste und ernstlichste Sorge seyn. Als dann werden wir gewiß den Segen der gnädigen Verheissung Gottes einernten, wenn er sagt: Ich will euch annehmen, und will euer Vater seyn, und ihr sollt meine Söhne und Töchter seyn, spricht der Allmächtige HERR, welchem als Vater, Sohn und Heiligen Geist alle Ehre, Preis und Herrlichkeit sey nun und in Ewigkeit. Amen.

O Heiliger HErr JEsu, du hast uns von der Sünde und ihren Strafen gerufen, zu dir zu kommen und selig zu werden. Nun rufen wir zu dir, hilf uns, o HErr JEsu, und stehe uns gnädig bey, allen Sünden abzusagen, und dem Licht und der Leitung deines Worts und Geistes zu folgen, um unser Leben zu erneuren und unsern Weg zu dir zu richten, in welchem allein wir haben Heil, Leben und Seligkeit. Gib auch allen denen dein heiliges Wort, welche in Unwissenheit leben, und nicht erkennen, wie gnädig du bist. Rufe dieselbe heraus aus ihrer Finsterniß, bringe sie zu deiner Erkenntniß, und errette noch viele, viele Seelen vom Verderben. O erhöre uns, und verleihe uns Gnade, o JEsu, ferner in deinem Namen, und wie du uns gelehret hast, zu beten: Vater Unser, der du bist ꝛc. ꝛc.

V. Auszug aus Herrn Kiernanders Schreiben an den seligen Herrn D. Knapp, unterm 25sten November 1771.

Ich habe hiermit meinen gehorsamsten Dank abzustatten für Ewr. Hochw. hochgeehrteste Zuschriften vom 24sten Febr., und 24sten September 1770, wie auch vom 26sten Januarii 1771.

Der erstgedachte Brief ist erst vor kurzem alhier angekommen, da das Schiff, the Morse, so lange Zeit unterwegs gewesen.

Herr Manoel Joze de Costa, ist nach einer Krankheit von einem ganzen Jahr endlich am 2ten Merz dieses Jahres verstorben. Er war noch bis auf das letzte sehr begierig nach Siam zu gehen, und hegete die Hoffnung, daß nicht nur viele von den Römischen Christen, die auf ihn warte warteten, ihre Irrthümer verlassen würden; sondern daß auch viele von den Heiden selbst der Wahrheit Raum geben würden, weil alda eine allgemeine völlige Religions-Freyheit soll verstattet werden. GOtt aber hat dieses Werk noch auf eine andere Zeit verschoben, und wird schon tüchtige Werkzeuge dazu ausrüsten und ihnen den Weg bereiten. Dieser liebe Mann war zuletzt von der langen Krankheit ganz abgematttet und ausgezehrt. Er bewies sich aber geduldig, und nahm auch aller Gelegenheit wahr, denen, die ihn besuchten, ein gutes Wort der Ermahnung zu geben. Er pflegte oft wiederholt zu versichern, wie vergnügt er sey, daß er aus dem verwirrten Papstthum herausgegangen, und zu dem einigen Heilande, Christo JEsu, gekommen sey.

Auch hat mich herzlich erfreuet, daß GOTT Ew. Hochw. Herz willig gemacht, ein tüchtiges Subjectum auszusuchen, und als einen Gehülfen hieher zu senden. Ich zweifele auch nicht, GOtt werde zu rechter Zeit einen solchen Mann anweisen, der zu Halle studiret, und auch in den Anstalten einige Zeit gearbeitet und treu erfunden worden. GOTT wolle doch den rechten Mann geben, der nach seinem Herzen gesinnet sey. Solten zwey Missionarii kommen (wie ich letztens, in Hoffnung des Legati von dem seligen Capitain Griffin, gebeten habe,) so wird es wol etwas schwehr werden, das Salarium hier ausfindig zu machen; jedoch wird GOtt schon dafür sorgen, und wir haben nicht nöthig uns deswegen zu ängstigen. Es hat der selige Capitain Griffin wol nicht gedacht, daß einige von seinen Schuldnern insolvent werden solten, durch welchen Umstand aber sein Legatum für Beth Tephillah sehr gering werden wird, wie wir jetzo schon einsehen. Ehe jedoch alle Schulden und Legata abbezahlet worden, kann noch nichts gewisses gesaget werden; und es wird noch Zeit erfordern, bis wir damit Stande kommen. Doch es kommt darauf nicht allein an. Wenn uns GOtt hierinnen prüfen, und dieses nicht geben will, so kann er ja wol sonst das Nöthige darreichen, wie er als ein guter GOtt und treuer Vater bisher allemal gethan hat. Gelobet sey dennoch allezeit der Name des HERRN!

Was den Bau meiner Kirche betrifft, so haben die Ornamente eben keine mehrere Kosten erfordert, als sonsten ohnedem möchten nöthig gewesen seyn. Und doch habe ich allezeit gedacht, daß ein solches Haus doch etwas Vorzügliches vor andern haben müsse, und ein besseres Ansehen meritire, ob ich wol von dem Gebäude selbst nichts mehr mache,

als

als billig ist; sondern in allem auf GOTT und seine Gnade sehe, und sehen werde, so lange mir GOtt seine Gnade gönnet, und das thue er doch bis ans Ende meines Lebens, und bis in die Ewigkeit hinein!

Ewr. Hochw. geneigte Zuschrift an Herrn Pastor Bento, so bey Dero erstgedachtem Brief befindlich war, werde, so bald ich ein wenig Zeit bekomme, ins Portugiesische übersetzen, und ihm übergeben. (*) Dieser Mann ist eine Zeit her ziemlich kränklich gewesen, doch thut er dabey alles was möglich ist, um mir in der Arbeit an der Portugiesischen Gemeine beyzustehen.

Dritte

(*) Von Herrn Bento ist auch auf dieses Schreiben eine Antwort an den seligen Herrn D. Knapp unterm 19ten Jan. 1772. in Portugiesischer Sprache, nebst einer Teutschen Uebersetzung, die Herr Hanson hinzugethan hat, eingelaufen, darinnen er für die gute Ermahnungen und Ermunterungen, welche der selige Herr Doctor in seinem Brief einfliessen lassen, sehr herzlich danket, solche als eine grosse Liebe erkennet, und dieselbe mit grossem Eifer tief in sein Gemüth einzudrücken verspricht. Er setzt hinzu, daß billig ein jeder catholischer Christ also beschaffen seyn sollte, daß er die Liebe GOttes und seines Nächsten die Richtschnur aller seiner Handlungen seyn lasse, wie er an seinem vielgeliebten Mitbruder, dem Herrn Alexander, solches wahrnehme, welches die demselben schuldige Hochachtung bey ihm sehr vermehre und ihn reize, desselben Beyspiel nachzufolgen. Auf seinen Ausgang aus der Römischen Kirche appliciret er die Worte Petri: Nun weiß ich gewiß, daß der HERR mich errettet hat aus der Hand Herodis und von allem Erwarten des Jüdischen Volks. Gesch. 12, 11. Und bezeuget, wie unendlichen Dank er GOtt schuldig sey, daß er ihn aus der Finsterniß errettet, und zum wahren Licht gebracht habe, mit dem Wunsch, daß er ihn in seinem ganzen Leben und bis an seinen Tod dabey erhalten wolle. Uebrigens versichert er, daß er sich nach allem Vermögen bestreben wolle, seinem Amt, als ein Gehülffe bey der Mission, nach seinen Kräften ein Gnügen zu thun, und daß er GOtt in dieser Absicht um seinen Beystand anruffe, in dem Vertrauen, daß derselbe, als ein guter und barmherziger GOtt, ihn, als seinen obgleich unwürdigen Sohn, nicht verlassen werde. In welcher Hoffnung er auch den vesten Vorsatz habe, es niemals an seinem Eifer im Dienste der Mission ermangeln zu lassen, solte es auch in entferntern Ländern seyn.

Dritte Abtheilung
von der Englischen Mission zu Tirutschinapalli.

I. Kurze Nachricht von dem Werk des HERRN in Tirutschinapalli. 1771. (*)

Psalm 96, 1. 2. 3. *Singet dem HErrn und lobet seinen Namen, prediget einen Tag am andern sein Heil. Erzehlet unter den Heiden seine Ehre, unter allen Völkern seine Wunder.*

Durch die Erbarmung unsers in Christo versöhnten Vaters ist den Heiden in hiesiger Gegend der Rath GOttes in diesem Jahr reichlich verkündiget worden, und insonderheit das Heil, so uns durch Christum erworben, und im Evangelio so gar lieblich angekündiget wird. Und diese selige Botschaft ist auch nicht ohne alle gute Wirkung geblieben, wie wir zuversichtlich hoffen.

Der Catecheten aus der Nation, welche mit mir sich verbunden haben, am Evangelio zu dienen, sind anjetzo sechs. Dewanesen (oder Gottlieb) ist der älteste, Södtinaicken, Ignasimutta, Dewasagasam (oder Gotthilf,) Rajappen (oder Petrus,) Tsanaprogasam (Geistlich Licht.) Alle sechs sind in ihrer Masse brauchlich, obgleich die Gaben, so Ihnen der HErr verliehen hat, verschieden sind. Und, ohnerachtet ihrer Schwachheit und Gebrechen, sind sie willig, das Evangelium sowol selbst immer besser zu erkennen und anzunehmen, als auch es andern zu verkündigen. Sie lesen täglich GOttes Wort, und sonderlich das Neue Testament, welches sie allezeit bey sich haben, wenn sie unter die Heiden ausgehen. Ihre Arbeit bestehet darin, daß sie täglich den Heiden und Christen das Wort des HErrn verkündigen. Zwey und

---
(*) Dieser Bericht ist schon im October 1771. von Tirutschinapalli abgeschickt, und gehet also nur bis dahin.

und Zwey gehen allezeit miteinander nach einem Dorf, welches ihnen bestimmt wird. Einer unterrichtet Vormittags die Schulkinder, Nachmittags gehen wir alle aus an drey verschiedenen Orten, und laden die Heiden, wie auch Römische und Muhamedaner, zum Reiche GOttes ein. Ausserdem habe auch manchmal zween von ihnen an etwas entlegenere Oerter gesandt.

Im Januario ging ich mit einem Catecheten nach Kowiladi, welches ein Tanschaurisches Dorf ist, wo wir reiche Gelegenheit hatten, den Namen GOttes und JEsu Christi den Heiden bekannt zu machen. Bey Gelegenheit hörete ich den Namen Michael, woraus schloß, daß dieser Mann ein Römischer Christ seyn müsse. Es wurde darauf der Abfall der Römischen Kirche von dem reinen Evangelio weitläuftig gezeiget. Nachher kam er nach Tirutschinapalli auf ein Römisch Fest, welches, wie mich deucht, dem Xaverio zu Ehren gefeyret wurde. Er besuchte mich. Alles was man ihm aus GOttes Wort vorhielt, hörte er sehr stille an, besonders wurde ihm Christus, die einige und vollkommene Quelle der Vergebung, Gnade, Kraft und ewigen Lebens, verkündiget. Anstatt auf Fest zu gehen, ging er stille nach Hause, bat uns aber, ihn und seine Freunde und etwa vierzig Römische Familien zu besuchen. Ehe unsere Catecheten dahin gingen, hatte er mit seinem Bruder die andern Römischen sondiret. Da aber die Catecheten, welche bald hinsandte, kamen; so fanden sie unter den Heiden Gehör, die Römische aber redeten vom Hauen und Stechen. Der arme Mensch war in solche Furcht gesetzt, daß er die Catecheten vor diesmal nur weggehen hieß. Sie kamen dann, da sie das Wort GOttes vielen Heiden verkündiget hatten, wieder zurück,

Solche Reisen haben sie nach allen Gegenden um Tirutschinapall gethan, wobey sie bemerkten, daß die Heiden gemeiniglich stiller und mit besserer Fassung zugehöret, als die Römische, welche sich gar leicht auf bringen, und zum Schelten und Lästern reizen lassen. Viele unter den Heiden haben verlangt, daß die Catecheten öfters kommen möchten. GOtt wolle seinem Wort mehr und mehr Lauf und Bahn machen!

Betreffend die Gemeine, so ist der Zuwachs dieses Jahr durch göttliche Güte grösser als im vorigen, sintemal in allem hundert und vierzehn Personen hinzugethan worden, nemlich neun und neunzig Heiden und Römische, und funfzehen in der Gemeine gebohrne Kinder. Das ganze Jahr hindurch, wenige Tage ausgenommen, habe Präpa-

rauden

randen oder Catechumenos gehabt, welchen von acht bis eilf Uhr der Catechismus theils vorgesprochen, theils von mir erkläret, und von einem der Catecheten wiederholet worden. Unter den Catechumenen haben uns manche Freude, manche aber, wie leicht zu erachten, Kummer verursachet.

In der ersten Präparation befand sich der vorhin schon gedachte(*) junge Pandaram, welcher in seiner Taufe den Namen Njanapragasam (oder geistlich Licht) bekommen. Dieser hat mir und den sämtlichen Catecheten wahre Freude verursachet. Seine Begierde nach GOttes Wort und recht herzliche Liebe zum Gebet, wie auch aufrichtige Liebe zu seinem Nächsten, welche sich in williger Mittheilung von dem wenigen, was er hat, beweiset, hat uns allen deutlich eingeleuchtet. Ein kranker Capitain erzehlete mir von ihm, daß er ihn alle Nacht etwa nach zwölf Uhr wol eine Stunde lang beten hörete, welche Gewohnheit er in seiner Einfalt beybehalten hat. Vor einigen Monaten, da viele Madureische Leute hier waren, hatten ihn wol hundert auf öffentlicher Straße angegriffen und gescholten, daß er, da er von so gutem Geschlechte wäre, das Gesetz seiner Eltern verlassen, und sich zu den Christen gewendet; ja es wolte verlauten, daß sie ihn etwas unsachte angetastet. Er hatte sich aber in kein weitläuftig Disputiren eingelassen, sondern bezeugt, daß ihr Zustand im Heidenthum höchst kläglich sey, und daß sie alle, wofern sie sich nicht zu dem HErrn JEsu bekehreten, verloren gehen würden. Auf Erinnern, daß er ihnen etwas ausführlicher den Willen GOttes hätte verkündigen sollen, sagte er: Sie waren nicht ruhig, sondern schrien unter einander. Er hat Salz bey sich, und lebt doch in Frieden mit allen.

Eine Weibsperson, welche den Namen Anna in der heiligen Taufe bekommen, gab ebenfalls deutliche Proben von der Redlichkeit ihres Herzens. Sie bat die Gehülfen, ihr öfters auch in ihrem Hause Gebeter vorzusprechen, erlangte daher, weil sie begierig war nach der lautern Milch des Evangelii, eine feine Erkenntniß. Seit dem sie getauft ist, hat sie das Beten fleissig geübt, und einen christlichen Wandel geführt. Sie wurde nach ihrer Taufe mit Krankheit heimgesucht, welches ihr anfänglich fremde vorkam, weil sie, wie sie sagte, in ihrem heidnischen Zustand sich immer wohl befunden. Die Erklärung des Articuls vom Creuz hat sie aber befriediget. Sie

Aaaaaa 2 ist

(*) Sechstes Stück S. 794. oben, und 796 unten.

Dritte Abtheilung.

ist nun eines Sergeanten Eheweib. Ihr Mann hat nichts wider ihren stillen christlichen Wandel, und ist gar sehr mit ihrem Betragen zu frieden, ob er gleich selbst keinen sonderlichen Ernst im Christenthum beweiset.

In diesem Jahr hatte unser alter Schinnappen, einer von den ersten Christen alhier, welchen geliebter Bruder Kohlhoff unterrichtet, das Vergnügen fast alle seine Brüder, nebst ihren Familien, in der Präparation zu sehen. Er hat ihnen oft, und, wie sie klagen, manchmal zu scharf zugeredet. Sie haben ihn und uns lange warten lassen, endlich aber kam eine Familie nach der andern herbey. Nur ein Bruder, welcher in Strengam wohnete, und auch die Wahrheiten des Evangelii willig anhörete, starb ehe er völligen Unterricht empfangen. Er hat aber, wie es heißt, oft den HErrn Christum angerufen, ihm seine Sünden zu vergeben und ihn selig zu machen. Er war in seiner Jugend von den Römischen getauft.

Im April kam eine Römische Familie von acht Personen herbey, welche schon vor etlichen Jahren eine Neigung zur evangelischen Lehre bezeigte. Weil aber der zweyte Sohn, ein munterer Jüngling, bey dem Römischen Pater einen Kirchen-Dienst hatte; so hielt er den Vater von der Annehmung der Wahrheit eine geraume Zeit ab. Endlich kamen sie herbey. Derjenige, welcher der ganzen Familie vorher die größte Hinderung machte, bewies bald im Anfange den größten Ernst. Er hatte ein wenig lesen gelernet, welches er nun völlig zu lernen sich bemühete, so daß er in wenig Monaten das Neue Testament lesen konte. Des Morgens und des Abends wohnete er der Betstunde bey, er merkte auf alles genau, fragte auch, wenn ihm etwas unverständlich schien. Vor Heiden und Römischen bekannte er die Wahrheit frey, in so weit er sie gefaßt hatte. Wenn wir des Nachmittages ausgingen, so pflegte er manchmal mit zu gehen. Sein Neu Testament trug er unter seinem Arm. Die Heiden in ganz Tirutschinapalli und in den Dörfern herum kanten ihn gar genau und fragten ihn oft: Was machst du hier? Er pflegte zu antworten: Bisher habe ich im Finstern gesessen, nun aber gehet mir das Licht der Wahrheit auf, worüber sie sich verwunderten. Bey den Römischen gab es eine ganz besondere Bewegung; sehr viele fingen an nach der Wahrheit zu fragen. Die Catecheten bewiesen sich ganz besonders erweckt bey dieser Gelegenheit, und verkündigten das Evangelium von Christo mit größerer Willigkeit und Freymüthigkeit. Durch alle

Straß

Straßen in Tirutschinapalli und in denen umliegenden Dörfern wurde Morgens und Abends das Wort GOttes gelesen und verkündigt. Das verdroß den Feind, daher sich manche zu widersetzen anfingen. Der Römische Pater sandte etlichemal nach der Familie. Der junge Mensch, so vorher mit dem Pater sehr vertraut gewesen, sagte ihm, daß er das Wort GOttes vorher nie gelesen oder gewußt. Nachdem ihm aber GOtt die Augen geöffnet, werde er es nicht fahren lassen, oder mit Fabeln vertauschen. Worauf der Pater zu seinen Catecheten gesagt: Lasset ihn gehen, er ist nun sehr weise geworden. Hierauf wurden von dem Römischen Pater die Anverwandten selbiger Familie gebraucht, um zu versuchen, was sie ausrichten könten. Fast täglich kamen drey oder mehrere, welche gemeiniglich zu mir gebracht wurden. Es wurde ihnen die heilsame Lehre Christi vorgelegt und die Seelen-verderbliche Abweichung im Papstum deutlich vorgestellet, worauf die mehresten von diesen abgesandten Römischen bekannten, daß die Abgötterey in der Romischen Kirche offenbar sey, nur es sey für sie zu gefährlich von der Römischen Kirche abzutreten, weil der Haufe so groß sey. Als der Pater sahe, daß dis nichts vermochte; so wurde eine Collecte unter den Römischen veranstaltet, von etwa funfzig Rupien oder Gulden, welche einige der vornehmsten Glieder dieser bey uns in der Präparation seyenden Familie angeboten. Endlich, da auch dieses Geld es nicht thun wolte; so wurden sie excommunicirt und mit dem Bann des Pabsts belegt. Anbey wurde den Gliedern der Römischen Kirche scharf anbefohlen, mit ihnen keine Gemeinschaft zu haben, ja, welches die Wuth dieser Leute anzeigt, die Heiden wurden ersucht, ihnen alle Liebes-Pflichten zu versagen. Bey diesen Umständen suchten wir die Familie von der Art des Creuz-Reiches fleißig zu unterrichten und zur christlichen Demuth anzuleiten. Ein und andernmal wolte dis, dem Fleische so unangenehme, Tractament den Vater und Mutter angreifen. Die Söhne aber, sonderlich der zweyte, redete ihnen herzlich zu, sich dadurch nicht bewegen zu lassen. Wenn die Römische hernach einen von der Familie sahen, so war des Lästerns kein Ende. Durch göttliche Güte aber wurde die Familie gestärkt, alles mit Geduld zu ertragen, in Hoffnung, daß aus diesem Leiden viel Gutes entspriessen würde. Nach einigen Monaten liessen sich manche von den Römischen vernehmen, daß die Familie doch etwas bessers bey uns müste gefunden haben, weil alles Wuten gegen sie nichts habe ausrichten können, sie von der evangelischen Lehre abwendig zu machen.

Dritte Abtheilung.

Im May wurde ein anderer junger Mensch in unsere Evangelische Kirche durch die heilige Taufe aufgenommen. Er bekam den Namen Salomon. Seine Eltern sind Weber und leben in Porreiar nahe bey Trankenbar. Er hat in Porreiar mit einem Christen öftern Umgang gepflogen, und daher einige Neigung zur christlichen Lehre bekommen. Lesen und Schreiben hatte er nie gelernt. Weil er aber ein aufgewecktes Gemüth hatte; so gaben wir ihm, nebst dem täglichen Unterricht, auch Anweisung zum Lesen, dabey er dann täglich beym Morgen- und Abend-Gebete in meinem Hause war. Er hörete den Unterricht mit stillem Gemüthe an, und nahm täglich in der Erkentniß zu, gab uns auch Hoffnung, daß der Unterricht an seinem Herzen nicht ohne Frucht sey. Seine Eltern aber waren gar übel zufrieden, daß er das Heidenthum verlassen wolte. Der alte Vater kam daher nach Sirutschinapalli. Wir ermahneten den Sohn, daß er dem Vater alle kindlichen Respect erweisen solte, welches er auch that. Der Vater verwieß es ihm, daß er sich zur christlichen Lehre wenden wolte, da er ja wüste, was für Schmach er von den Heiden erwarten müste, ja daß er auf solche Weise seine Anverwandten, Schwäger und Schwestern nicht mehr sehen müste, und daß er eine junge Weibsperson, welche ihm zur Braut versprochen worden, verlassen müste. Der Sohn fiel dem alten Vater zu Fusse, und bat ihn demüthiglich, ihn nicht wieder ins Heidenthum zu ziehen ꝛc. Dis geschahe ganz geheim. Hernach kamen beyde zu mir. Dem alten Vater stellten wir die Seligkeit der wahren Christen, und die unaussprechliche Unseligkeit, welche mit dem Heidenthum verknüpft sey, vor, und ermahneten ihn, sich zu dem lebendigen GOtt zu bekehren. Anbey bezeugten wir ihm, daß sein Sohn freywillig herbeygekommen, und daß es ihm frey stünde, entweder das Christenthum redlich anzunehmen, oder davon abzugehen; nur daß es mir oder den Catecheten unmöglich sey, ihn zu ermahnen, ins Heidenthum und Verderben zurückzukehren. Hier sagte ich, stehet euer Sohn, fragt ihn was er gesinnet sey in dieser wichtigen Sache. Mit Gewalt können oder werden wir ihn nicht halten. Der Sohn wurde gefragt, und er antwortete auf eine bescheidene Art, daß er nach wie vor seine Eltern ehren wolte; nur ins Heidenthum wieder zurückzukehren, könne er sich nicht entschliessen. Der Vater wurde stille, hörete alles, was ihm ferner von dem Wege zum Leben vorgehalten wurde, aufmerksam an, stellte dem Sohne aber die Heiraths-Sache nochmals vor, und daß alles verabredet sey, ihm folgenden Monat die Hochzeit auszurichten.

De

Der Sohn sagte, daß er die junge Person gerne heirathen wolle, wenn die Anverwandten sie ihm, als einem Christen, geben wolten, wo sie aber wegen seines Christenthums zurückziehen wolten: so wolte er um eines Weibes willen nicht vom Christenthum abstehen. Ist das dein Vorsatz, sagte der Vater, so begehre ich dich nicht zu zwingen, bat mich auf seinen Sohn fleissig Acht zu haben, und ihn wohl zu unterrichten, und schied von uns in Frieden. Ehe der junge Mensch noch getauft wurde, kam sein älterer Bruder, welcher die Sache mit Gewalt ausmachen, und ihn mit sich nach Porreiar nehmen wolte. Er meinte mit zornigen Worten und Geberden den jüngern Bruder abzuziehen. Der junge Mensch ließ sich, wie wir ihn ermahnet, in keinen Zorn bringen, sondern suchte seinen ältern Bruder mit Liebe und guten Vorstellungen zu besänftigen. Den ältern Bruder ermahnten wir alle weitläuftig und oft, so daß er endlich bekannte, daß er unrecht gethan, da er seinen Bruder von dem guten Wege abzuziehen gesucht. Bezeugte auch, daß er seine Eltern wolte bitten, daß sie alle sich GOTT ergeben möchten. Er blieb einige Tage bey uns, unterredete sich öfters mit den Catecheten, sahe auch wie der Gottesdienst unter uns gehalten wird. Während seines Hieseyns wurde sein Bruder getauft und Salomon genannt. Der ältere Bruder nannte ihn hernach nur bey dem christlichen Namen, schien vergnügt zu seyn, und kehrete wieder zurück mit vielen guten Versprechungen.

Noch einige andere Familien kamen herbey, dazu die Gelegenheit folgende war. Zwey Brüder, welche greuliche Betrüger waren, gaben vor, daß ihr Götze mannichmal sie besässe, da sie dann fürchterliche Geberden machten, unverständliche Worte redeten, und mit dem Leibe allerley furchtbare Wendungen machten. Die nahe dabey wohnende Leute fürchteten sich und versprachen Geld u. d. g., daß der Götze mit Güte weggehen, und sie nicht tödten möchte. Einer unserer Catecheten, welcher diß Gaukelspiel einigemal sahe, schalt die Betrüger, und redete ihnen so scharf zu, daß sie ganz vernünftig zu reden anfingen. Da jene arme Leute diß sahen, und also von der Furcht vor dem Teufel (wie sie meineten) befreyet wurden, kamen sie herbey und liessen sich unterrichten. Ihre Kinder lernen jetzo in der Schule, und sie halten sich zum Gottesdienst fleissig herbey, werden auch öfters von uns besucht, unterrichtet und zum rechtschaffenen Christenthum angewiesen. Ein anderer Heide von dem sogenannten höhern Geschlechte, wurde von den Catecheten an einem Morgen angeredet und zum Christenthum ermahnet. Und weil er sich willig bezeigte, so sendeten sie ihn sogleich zu mir, da ich eben andere

Präparanden unterrichtete. Er ließ es sich gefallen, bey uns eine Weile zu bleiben und dem Unterricht beyzuwohnen. Währendem Unterricht haben die Kaufleute, so nicht weit von der Kirche ihre Buden haben, ihn oft von der Annehmung der christlichen Lehre abgerathen, auch ihm im Leiblichen zu helfen versprochen. Er ließ sich aber nicht von ihnen einnehmen. Sein Gemüth ist zum Guten geneigt, dabey aber noch unbevestiget. Er hat vorher die Rechnung über kleine Dörfer geführet. Nun aber wird er schwehrlich zu diesem Geschäfte von den Heiden gebraucht werden. Indessen wird GOtt, der auch die Vögel versorgt, ihn nicht verlassen. Das Creuz, so ein Christ auf sich nehmen muß, in und wegen der Nachfolge seines Heilandes, ist ihm oft vorgehalten worden. Indessen versprach er, redlich der Wahrheit zu folgen, und also wurde er getauft. Er heisset Paramananden, oder himmlische Freude. Noch andere Heiden sind herbey gekommen, bey welchen der Saame des Wortes GOttes kräftig und Wirksam zu seyn schien. Der gnädige GOtt gehe ihnen allen ferner nach, und lasse sein Werk in ihren Herzen recht zu Stande kommen, zum Preise seines Namens!

Betreffend die zwey Schulen; so werden in der Tamulischen Schule anjetzo sechs und zwanzig Kinder unterrichtet. Sie lernen lesen, und werden in der Lehre Christi unterwiesen. Einige Knaben sowol, als Mägdlein, sind dimittiret, nachdem sie den nothdürftigen Unterricht gefaßt. In der Englischen Schule lernen anjetzo funfzig Kinder, welche von zwey christlichen Soldaten im Lesen, Schreiben und Rechnen unterrichtet werden. Die Catechisation halte ich viermal in der Woche mit ihnen. Bey einigen Kindern ist der Unterricht gesegnet. Die mehresten aber sind zu lange in der Verwilderung hingegangen und haben zu viel Böses gesehen. Zehen von diesen in der Englischen Schule lernenden Kindern werden frey unterhalten, und ist dazu eine monatliche Collecte in der Kirche veranstaltet.

Bey manchen Kranken ist das Werk GOttes gar deutlich bemerkt worden, wovon einige Exempel anführen will. Eine Portugiesin, welche in der Schule zu Trankenbar auferzogen, und alhier an einen Teutschen Mann verheirathet worden, bewieß sich während ihres Aufenthalts alhier recht christlich, demüthig, gottesfürchtig, friedfertig und ihrem Manne unterthänig. Ihr bescheidenes stilles Wesen leuchtete manchen ein. Nach der Geburt eines Söhnleins wurde sie schwach und kränkelnd, ging doch aber einige Monate hin, daß man meinte, es würde sich bessern.

bessern. Allein die Schwachheit nahm zu, und sie konte ihr Kindlein nicht mehr säugen. Hie und da wurde ein Weib gebeten, dem Kinde zu helfen, welches auch wohl geschahe; doch nahm das Kindlein ab, und wurde von dem HErrn in die himmlische Freude eingenommen. Die Mutter überlebte es noch einige Tage, und alsdann folgte sie nach. Als ihr das heilige Abendmahl in ihrer Krankheit reichte, bewieß sie sich gebeugt und kindlich. Ihr gar gefaßtes, gedultiges, und von allem Murren oder Klagen entferntes Wesen erbauete mich sehr. Nun ruhet sie im HERRN.

Ein Engelländer, welcher ein wüstes Leben geführet, fing an sein arges Wesen zu verlassen, kam fleissig zum Gebet und gab Proben einer Aenderung. Nach einem Monat fiel er in eine schwehre Krankheit. Sein Gemüth war sehr geängstiget. Er beklagte sein voriges Leben, demüthigte sich, betete zu dem HErrn, war aber in Furcht und Zweifel. Die redliche Soldaten besuchten ihn, und trösteten ihn aus GOttes Wort. Er sagte zu mir: Ich habe just angefangen mein Herz dem HErrn zu ergeben, meinete auch das heilige Abendmahl das nächste mal mit den andern zu geniessen. Nun aber scheint mich GOtt weg zu nehmen in der Hälfte meiner Tage, bevor mein Gemüth recht zur Ruhe gekommen. Da ich das heilige Abendmahl nie genossen; so wünschte, wenn es möglich, hier im Hospital, es noch geniessen zu können. Ich unterrichtete ihn von der rechten Natur, Zweck und Segen des heiligen Abendmahls, und versprach es ihm zu reichen. Es geschahe in Gegenwart vieler Kranken auf eine gar ehrerbietige Weise. Der Kranke betete und sagte: Nun will ich stille ruhen und wegen meiner Gesundheits-Umstände nicht mehr besorgt seyn. Der Doctor hatte ihn schon ganz aufgegeben, daher er ihm auch keine Arzney mehr reichte. Als ihn nach einem Tage wieder sahe, war die Krankheit und grosse Entkräftung fast wie bevor, doch merkte in seinen Augen einen Unterscheid. Als am Sonnabend, an welchem Tage die Kranken besonders besuche, hinkam, sagte der Doctor zu mir: Es scheint der Kranke wird genesen, welches fast für unmöglich hielte, indem seine Eingeweide sehr angegriffen waren. Er erholete sich nach und nach, und gehet im Christenthum munter fort.

Ein anderer Soldat, ebensals ein Engelländer, ergab sich dem HErrn, und wandelte in seinen Wegen einige Jahre. Es war in seinem ganzen Betragen etwas männliches; das Evangelium von Christo war ihm köstlich, und würkte einen bestgesetzten Frieden und männlichen Muthin seinem Herzen. Dieser Mann wurde in diesem Jahr kranck. Die Gesellschaft der Gottfürchtenden Soldaten besuchten ihn fleißig. Sein Hertz schien sehr gefaßt. Er verlangte nach dem heiligen Abendmahl, welches ihm zu seiner Stärkung gereichet wurde. Einige Stunden vor seinem Tode sahe ihn und fand ihn in einer gesegneten Faßung des Hertzens. Meine Sünden, sagte er, sind mir von GOtt um Christi willen vergeben, mein Hertz hat Ruhe und Friede, ich sehe der seligen Ewigkeit vergnügt entgegen, der Feind hat keine Macht an mir. Ich wolte nicht mit dem König von Engelland tauschen. O die arme Welt, daß sie es bedachte, was das Christenthum für eine selige Sache sey. Die Welt-Leute dencken ein wenig äusserlicher Schein ist genug ꝛc. Und hierauf wandte er sich zu mir und sagte: Und euch, mein Freund dancke ich, daß ihr mir Christum JEsum bekannt gemacht. Endlich wiederholete er etlichmal das schöne Gebet: In deine Hände befehl ich meinen Geist, du hast mich erlöset, o du getreuer GOtt!

Der letzte unter den Soldaten, ein alter Irrländer, welchen wir Old James nannten, starb vor ohngefehr einem Monat. Ein alter Knecht Christi, welcher genau auf sein Hertz acht hatte. Er klagte in seinen gesunden Tagen manchmal, daß er mit schädlichen Gedancken geplagt wäre, welche sein Gebet verhinderten. Auch die Gottlosen erkannten ihn als einen Christen. Des Nachts pflegte er in der Stille allein zu gehen und zu beten. Beten war eines seiner Hauptgeschäfte. Im Reden stammelte er. Allein wenn er betete, konte man es schwerlich mercken. Des Sonntags und Sonnabends hatten die Gottfürchtenden Soldaten in einer meiner Kammern eine Betstunde, worin sie sich etwas vorlasen und darauf gemeinschaftlich beteten. Dieser alte Mann war ein gesegnetes Glied dieser Gesellschaft. In seiner Kranckheit betete er fleißig. Das letzte mal, da ich ihn im Hospital sahe, sagte er, daß er nicht sonderlich über Schmertzen zu klagen hätte, sondern nur daß ihm also schwehr sey. Wohl sagte ich, James, ihr habt, wie ich hoffe, nichts dagegen, wenn der HErr JEsus euch heimholen will. Nichts, nichts, antwortete er mit lächelndem Munde. Wir beteten mit ihm. Die nächste Nacht verschied er.

Was die Heiden in dieser Gegend betrifft: so sind viele, ich mag wohl sagen, tausende, die das Wort GOttes fast gern hören, es auch billigen, das Heidenthum als eine nichtswürdige Sache verwerfen, und sich zu unterrichten liessen, wenn nur nicht das Creutz damit verknüpft wäre. Nun können zwar die Heiden den Christen alhier nicht sonderlich schaden. Schmähen, lästern, sie von ihrer Gesellschaft ausstossen, in ihrer Arbeit und Geschäften ihnen Abbruch thun, ist fast alles, was sie thun können. Allein, auch nur dieses ist den armen Leuten fast unerträglich. Fast alle Tage höret man von ihnen, wenn nur mehrere wären, so würde es ihnen leichter. Ein Kaufmann sagte noch dieser Tage zu mir, da er eine weitläuftige Vorstellung des Christenthums angehöret: Ja, sagte er, das Heidenthum ist gar nichts. Allein wenn zehen Böse auf der einen Seite stehen, und auf der andern ein Guter; so werdet ihr sehen, daß die mehresten sich zu den Zehen gesellen werden. Das Absehen auf die Menge ist gar gewöhnlich. Ein Brahmaner stund dabey, und redete recht vernünftig. Ich sagte: Hört, Brahmaner, wenn ich zu einem todtkranken käme, und ihm manche nichts angehende Historien erzehlen wolte, was würde ihn das helfen. Allein gesetzt, ich käme mit einer heilsamen Artzney, würde ihm das nicht unaussprechlich nöthiger und dienlicher seyn. Oder, wenn ich einen seiner grossen Schulden halben im Gefängniß sitzenden Menschen mit eiteln Fabeln vergnügen wolte, würde ihn das losmachen. Gesetzt aber, ich könte ihm einen liebreichen Mann, der seine Schuld abzahlen könte und wolte, anzeigen, würde das nicht eine frölich Botschaft seyn. Das Christenthum gewähret euch beydes. Es zeigt euch einen Helfer, Erretter und göttlichen Bürgen, der eure Sünden-Schuld tilgen kann und will. Ein Heiland der euch heil und gesund machen kann. Er sagte; Freylich ist das die Sache. Wo wir nur hingingen folgete er uns nach. Ein anderer Brahmaner, welcher eben mit einigen Götzen-Bildern beschäftiget war, um ihnen von Erde eine Bank aufzurichten, sagte zu dem Catecheten, welcher bey uns war: Ihr plagt uns ja schon genug, warum bringt ihr uns dann auch den Priester auf den Hals. Ein junger Pandaram hörete sehr aufmerksam zu, und da er zuletzt gefragt wurde, was er nun zu thun entschlossen sey, ob er der Wahrheit Platz geben, oder, ob er in dem Heidenthum sterben wolte, antwortete er: Laßt es noch etwas anstehen ꝛc. Wenn man den Heiden auf eine hitzige und beissende Weise zureden will: so ist es just, als ob man einem Menschen Sand in die Augen werfen, und ihn hernach genau und scharf zu sehen ermahnen wolte. Wenn man aber in Liebe und Sanftmuth ihnen zuredet, auch einige unartige Reden überhöret, und dabey fortfähret ihnen das Christenthum in seiner Lieblichkeit darzulegen; so hören sie gemeiniglich aufmerksam

merksam und mit Ueberlegung zu. Die Ernte ist groß, der Arbeiter aber wenig.

Die Mohren, oder Muhammedaner, sind von ihrer dem Fleische so angenehmen Lehre ganz trunken. Sie glauben, wenn sie auch noch so viel Sünden begangen, zuletzt aber des Muhammeds sich ehrerbietigst erinnerten, so würde er ihr Fürbitter und sie vor dem Zorn GOttes sicher seyn. Die christliche Religion ist ihnen ein Dorn im Auge, und das deswegen, weil in demselbigen niemand, auſſer JEsus Christus, als Helfer und Heiland vorgestellet wird. Den Spruch: Niemand komt zum Vater, denn durch mich, können sie nicht leiden. Es ist derselbe in Persischer Sprache, mit schönen Gold-Buchstaben auf einer Wand in der Kirche geschrieben. Gebe GOtt, daß er in aller Herzen durch den heiligen Geist geschrieben und kräftig gemacht werde. Der Muhammedaner Stolz und Zorn ist groß. Noch vor einigen Tagen sahe ein vornehmer Mohr die Catecheten und sagt: Der Nabab ist sehr böse auf euch, daß ihr durch alle Straßen gehe und prediget. Könnet ihr nicht auf eurem Kirchen-Platz bleiben, warten bis Leute zu euch kommen.

Die Römische, da sie die Wahrheit verloren, können mit keinen andern Waffen, als Lügen und Lästerungen, streiten. Einmal heißt es: Die Protestanten (oder nach ihrer Sprache, die Ketzer) haben keine Taufe, kein Abendmahl, keine Mutter GOttes, keine Beichte kurz, sie haben nichts. Eine Römische Frau drückte sich so aus: Die Evangelischen haben den Diamant, das Tuch aber, worinn er eingehüllet war, verwerfen sie. In diesem Jahr fiel der Pater mit vielen Gliedern der Gemeine aus, er ließ einige bey der Kirchenthür peitschen hernach klagten sie. Der Pater addreſſirte sich an die schändliche Weibsstücke, welche von Europäern auf eine ärgerliche Weise gehalten werden, und suchte seine Sache durchzutreiben. Doch dieses sind zu traurige Dinge, welche nicht nur den Pater, sondern viele der so genannten Protestanten in ihrer schändlichen Gestalt darstellen. Soll unter den Europäern das wahre Christenthum hervorbrechen, so muß der Segen unter den Heiden bald sichtbar werden, ja dem ersten auf dem Fuße nachfolgen. Die wenige Soldaten, welche sich dem HErrn ergeben, deren Zahl sich etwas über dreyßig erstreckt, sind in dem Stück schon manchen Helden erwecklich gewesen. GOTT helfe um JESU Christi willen!

Noch

Noch eins will gedenken. In Paleiamcottei, welches über zweyhundert Englische Meilen von Tirutschinapalli liegt, befindet sich ein
Christ von unserer Gemeine, Schawrimutu, welcher, da er lesen gelernet, dem Häuschen Römischen und Heiden das Wort GOttes vor-
lieset. Ein Englischer Sergeant, dessen Ehe-Frau zu unserer Gemeine
gehöret, hat sich der Sache auch in etwas angenommen. Ein junger
heidnischer Rechnungs-Führer hat sich die Wahrheit gefallen lassen.
Er war einmal hier, hörte alles, was ihm aus GOttes Wort vorgehalten wurde, in der Stille an, versprach auch sich weiter unterrichten
zu lassen. Der Sergeant hat ihn die fünf Hauptstücke des Catechismi
lernen lassen, und sodann getauft. Es that mir leid, daß er sogleich
zur Taufe geschritten, ehe der junge Mensch eine deutliche Erkenntniß
vom Christenthum erlanget. Ausserdem kann ein solcher unvorsichtiger
Schritt bey Heiden und Römischen Aergerniß anrichten. GOtt wende
allen Schaden in Gnaden ab.

Was die gegenwärtige Landes-Umstände betrifft: so sind sie
in mehr als einer Absicht bedenklich. Im Anfange dieses Jahrs ließ
sich der König von Tanschaur in einen Krieg mit den Mar-
rawern ein. Die Gewohnheit des Marrawer-Landes soll diese seyn,
daß nicht der Sohn, sondern die Tochter (oder der, welcher die Tochter
heirathet), in der Regierung folget. Die Witwe des verstorbenen Re-
genten hatte einen Sohn und Tochter, und da die Tochter an jemand
verheirathet war, auch einen Schwieger-Sohn. Die Witwe wolte
ihren Sohn wider die lange hergebrachte Gewohnheit zur Regierung
verhelfen. Der Schwieger-Sohn aber meinte, er habe das Recht,
so in der langen vorhin gemeldeten Gewohnheit gegründet, auf seiner
Seite. Man sagt, daß der Schwieger-Sohn gemerkt, daß man ihm
nach dem Leben stehe. Daher flohe er, und suchte bey dem Könige
in Tanschaur Hülfe, versprach anbey dem Könige für die ihm zu lei-
stende Hülfe thätlich dankbar zu seyn. Diese Vorstellungen wirkten
auf das Herz des Königs von Tanschauer. Er versprach dem Schwieger-Sohn des verstorbenen Marrawer-Fürsten Hülfe, und fiel mit einer
Armee von zehen tausend Mann ins Marrawer-Land, nahm Vestungen ein, und zwang die Witwe zu einem Vergleich mit ihrem Schwieger-
Sohn. Sie that, was er begehrte, weil sie sich nicht anders zu helfen wuste, klagte aber bey dem Nabab, welchem sie jährlich Tribut
zahlet, ihr als Schutzherr beyzustehen, und den König von Tanschaur,

Dritte Abtheilung.

welcher ebenfalls dem Nabab Tribut geben muß, zu züchtigen. Der Nabab, welcher das Tanschaurische Land immer mit scheelen Augen angesehen hat, ward froh, daß er etwas wider Tanschaur aufzubringen vermochte, und bemühete sich, durch diese und andere Gründe die Engelländer wider Tanschaur zu erregen. Er erreichte seinen Zweck. Die Engelländer marschirten gegen Tanschaur mit einer Armee von zehen tausend regulairen Truppen, ausser der Land-Miliz. Der König von Tanschaur hat sich sehr demüthig bewiesen, und versprochen den Tribut und andere Kosten zu bezahlen, und um Friede, aber vergebens, gebeten. (*) Es wird gesagt, daß die stärkste Ursach, sich mit ihm in keine Friedens-Handlungen einzulassen, diese sey, daß das Tanschaurische Land ein zu schönes fruchtbares Volk- und Geldreiches Land sey, daher der Nabab, es haben wolte. Doch davon ist nicht mein Amt und Zweck zu urtheilen. Tanschaur wird nun beschossen. Es ist bisher die Hauptstadt des Heidenthums auf Coromandel gewesen, und hat das Christenthum und die freye Uebung desselben, sonderlich unter den höhern Geschlechtern, gar sehr gehindert. Kein Zweifel, GOtt will durch die gegenwärtige Kriegs-Drangsalen den Stolz der Götzen-Priester herunter bringen, und seinem Worte Lauf und Bahn machen. Er erbarme sich des Königs und ganzen Landes um Christi willen!

Christian Friederich Schwarz.

II. Herrn

(*) Die Trankenbarische Missionarien erzehlen oben S. 1006. 1057. und 1059. das Gegentheil hievon, zum Beweis, daß es in Indien eben so schwehr sey, von dergleichen Umständen die eigentliche Wahrheit zu erfahren, als in Europa.

II. Herrn Schwarzen Schreiben an den seligen Herrn Doct. Knapp unterm 18ten Februar. 1772.

Ew. Hochw. väterliche Schreiben habe in meinem letzten schon beantwortet. Anietzo will die gegenwärtige Umstände dieses Werks kürzlich berichten.

1) Zuvörderst preise göttliche Erbarmung, welche mich und die Gehülfen aus der Nation so väterlich erhalten, und in aller Gefahr so gar mächtig beschützet hat, wie davon vor zwey Tagen ein gar merkwürdiges Exempel hatte. Denn an dem 14ten Febr. a.c. wurde dieser Ort durch ein besonderes Gericht GOttes heimgesuchet. Das Pulver-Magazin flog in die Luft, und tödtete eine Menge armer Menschen-Kinder, welche wol an nichts weniger, als den Tod, gedachten. Ach, HErr GOtt, wie heilig und gerecht bist du? Wer bedenket es aber, und wer fürchtet sich vor deinem Zorn? In meine Nebenkammer kam eine Menge kleine Kugeln. Ich saß nahe am Fenster, und, obgleich alles zerbrach und die Luft voll Kugeln und Steine war, so bewahrte mich doch der grundgütige GOTT. Sein Name sey angebetet!

2) Die sechs Gehülfen haben durch göttliche Güte mir gern beygestanden, und an Christen und Heiden nach der Gnade, so ihnen GOtt verliehen, gearbeitet, welches zum Preise göttlicher Güte melde.

3) Durch die herzlenkende Kraft GOttes sind manche herbey gekommen, wie Ew. Hochw. aus meinem kurzen Diario ersehen werden. Auch haben wir in dem vorigen Jahr mehr das Werk GOttes an den Herzen der Präparanden bemerket, welches uns erwecket hat, munter fortzugehen. Der HERR stärke uns täglich im Glauben, Liebe und Hoffnung, daß wir aus Kraft in Kraft gehen, und in Herzens-Demuth und Vertrauen auf seinen Segen sein Werk munter treiben mögen!

4) Die

4) Die beyde Schulen werden noch fortgesetzt. Die Anzahl der Kinder ist fast die nemliche, wie in meinem letzten Schreiben berichtete. –

5) Unter den Englischen Soldaten ist ebenfalls der Segen GOttes gar merklich zu spüren. Eine gute Anzahl halten sich zusammen zum Gebet und Betrachtung des göttlichen Worts, und beweisen die Aufrichtigkeit und Rechtschaffenheit ihres Glaubens durch ihren Wandel. Der grösseste Haufe ist freylich kläglich verdorben, und ist es kein Wunder, wenn GOtt seine Gerichte über sie ergehen läßt.

6) Unter den Heiden haben wir, wie es uns vorkommen wollte, etwas mehr Aufmerksamkeit beobachtet. Der HErr wolle sich erbarmen und durch seinen Geist diese todte Gebeine beleben! Es ist sein Werk; er allein kann und wird es thun. Es ist eine unaussprechliche Erbarmung, wenn er uns arme Würmer zu diesem grossen Werke, als Werkzeuge, brauchen will.

7) Nach meiner geringen Einsicht und bisherigen Erfahrung bemerke, daß redliche Catecheten und Schulmeister der gröste Segen bey diesem Werke, und eine deutliche Spur göttlicher Güte und Wohlgefallens über uns sind. Die hiesige Gehülfen haben im letzten Monat, je zween und zween, das Wort des HErrn in einiger Entfernung von Trutschinapall verkündiget. An mehr als einem Orte haben die Leute gesagt, daß manche Familien zur Annehmung des Evangelii sich würden erwecken lassen, wenn Catecheten und Lehrer unter ihnen wohneten. Die Ernte ist groß, der Arbeiter aber wenig.

8) Besonders haben die Römische in Tanschaur gewünscht, daß einer von uns nebst einigen Catecheten sich dort aufhalten möchte. Von Herzen gern wolte dahin gehen, wenn ich einen Gehülfen hier hätte. Es ist aber kläglich, eine Gemeine kurz nach ihrer Pflanzung zu verlassen, sonderlich wenn sie zahlreich zu werden beginnet; besonders da bisher seit fast zwey Jahren täglich Leute in der Zubereitung zur heiligen Taufe gehabt, welche ich ja nicht abweisen konte. Der gnädige GOtt wolle alle Umstände zur Verherrlichung seines heiligen Namens lenken! Die ganze Beschäftigung und Arbeit an den Heiden und Christen wird mir immer wichtiger, und mag ich mit Wahrheit sagen, daß mir hier

wenig

Von Tirutschinapalli, 1771.

wenig Stunden zum Studiren und Betrachtung göttlichen Worts übrig bleiben.

9) Wie die Kriegs-Unruhen zwischen dem Nabab und König von Tanschaur beygelegt worden, werden meine Brüder schon berichtet haben. Wäre ich zu der Zeit in Tanschaur gewesen; so wäre ich in unaussprechliche Noth gerathen. Denn, wie mir erzehlet worden, so hätte der König mich zum Schreiben an den Nabab und die Engelländer brauchen wollen, welches ich auf keine Weise mit gutem Gewissen thun können, weil von beyden Seiten die Wahrheit gar sehr aus den Augen gesetzt worden. Hätte ich es aber völlig abgeschlagen, mich in diese Welt-Händel zu mengen; so hätte ich es ganz verdorben, und wäre gewiß als sein Feind angesehen worden. Daher mir vorkommt, daß ich göttliche Güte zu preisen habe, welche mich vor solchen Umständen bewahret hat.

10) Die Römischen haben sich hier vor vier Monaten gar feindselig bewiesen. Da durch göttliche Güte einige Familien zur Annehmung des Evangelii sich bewegen liessen, und bald darauf munter von Christo zeugeten; so verdroß es sie, daß sie einen der Catecheten, welcher einem kranken Römischen Christum und das Heil in ihm verkündiget, feindlich angriffen, und ihn so lange schlugen, bis er vor todt gehalten wurde. Dis geschahe am Sonntage früh. Ich konte wegen des öffentlichen Gottes-Dienstes nicht eher, als um zwölf Uhr Mittags, ihn sehen, da er dann, so bald ihm zur Ader gelassen wurde, zu sich kam. Der Nabab versprach diese mordsüchtige Leute zu strafen, einige wurden auch ins Gefängniß geworfen. Allein es ist gar bekannt, daß sie mit einer Geld-Strafe, oder vielmehr Geschenk, welches sie gebracht, losgekommen. Indessen hat dieses Verhalten sie in den Augen der Heiden gar abscheulich gemacht. Ja manche von den Römischen haben sich der schändlichen That geschämet, und sich mehr um die Erkenntniß der Wahrheit bekümmert. Der grundgütige GOTT wolle sich des armen blinden Volks erbarmen und ihnen Gnade geben, den Grund und die Ordnung des Heils zu erkennen und aufrichtig zum Heil ihrer Seelen anzunehmen.

Anhang.

Der Herrn Missionarien, Kohlhoff und Gericke, Reise-Diarium nach Tirutschinapalli.

Nachdem ich, Gericke, den 28sten Januar, von Cudelur ausgegangen, und den 31sten desselben Monats in Trankenbar angekommen; so traten wir den 15ten Februar, die Reise an, und zwar mit einigen Sorgen, weil verlautete, daß Trankenbar von den Tanschaurischen eingeschlossen werden solte, (*) weil die Dänen dem König von Tanschaur, der jetzt gegen die Marrawer zu Felde ziehet, keine Hülfs-Truppen senden können. Vor Tiruckadeiur stelleten wir einigen Heiden die Nichtigkeit des Götzen-Wesens vor, und redeten von Tilgung der Sünde, und Erwerbung der Seligkeit durch Christum, wobey sie auf den Tod und das allgemeine Welt-Gericht geführet wurden. Man gab einem ein Büchlein, und einem andern, der darum bat, auch eins. Auf dem Wege nach Mattur hatte man ein angenehmes Gespräch mit einem Brahmaner und einem Kanackapullei des Subeditars, der sich jetzt in Majaturam aufhält. Wir gaben diesem einen Tamulischen Calender und ein Büchlein für seinen Herrn mit, und liessen ihm unser Salam machen. In Mattur wurden einem Häuflein Heiden die Hauptwahrheiten vom Christenthum vorgehalten, und dieselbe ermahnet, GOtt um Weisheit und Kraft zur Bekehrung anzurufen. Einer aus ihnen sagte: Wie könnt ihr, die ihr aus Trankenbar seyd, diesen Weg gehen, da ihr mit dem König in Uneinigkeit lebet, weil ihr ihm keine Hülfs-Truppen habt senden wollen. In Wölleinagert, wo wir unter den Bäumen zu Mittag blieben, redeten wir mit einigen Heiden, die sich zu uns naheten, von dem einigen wahren GOtt und dem einigen Mittler, Sünden-Tilger und Seligmacher, JEsu Christo. Ehe wir diesen Ort verliessen, wurde noch den Brahmanern in ihrer Strasse der grosse Unterscheid zwischen dem Götzen-Wesen und dem Christenthum gezeiget; weil sie, so bald man mit ihnen zu reden anfing, sagten, es käme doch beydes, unsere und ihre Lehr, endlich auf eins hinaus,

---

(*) Dieses ist nicht erfolgt, hingegen hat Tanschaur mit dem Rabab genug zu thun gehabt.

hinaus, weil alle Religionen endlich auf einen GOtt gerichtet wären. Man beschenkte sie mit einem Büchlein, das von dem verabscheuungswürdigen Heidenthum handelt. Vor Majaburam in einem Topu (Wäldlein) wurden einige Heiden auf die Wahrnehmung der Gnaden-Zeit geführet, die uns Sündern, um des Verdienstes des Weltheilandes willen, zur Bekehrung von Sünden und Schaffung unserer Seligkeit, zugemessen sey. Beym Eingange in den Ort setzten wir zweymal an, den Einwohnern, die herbey kamen, die Hauptwahrheiten des Evangelii vorzuhalten. Sie gingen ab und zu, es fanden sich auch einige leichtsinnige Gemüther, die das Gespräch unterbrachen. Einer nahm ein Büchlein an. In der Stadt selbst, die ziemlich groß ist, redeten wir an verschiedenen Orten von den herrlichen Eigenschaften des einigen wahren Gottes und der Nichtigkeit der Götzen, von der Sünde überhaupt und der Sünde der Abgötterey insonderheit, von der Nichtigkeit aller heidnischen Gebräuche und der Allgenugsamkeit des göttlichen Erlösers, JEsu Christi. Wir gaben ein Büchlein hin; darauf wurden wir von den Leuten so angelaufen, daß wir alles weggeben musten, was wir von Büchlein bey uns hatten. Eine Menge Volks ging uns nach bis durch die Stadt, hier kamen wir an eine Zollbude, wo der Maniakaren und der Oberzöllner uns nöthigten die Nacht zu bleiben, weil die Sonne schon untergehen wolte. Wir ließen uns das gefallen, und hatten Gelegenheit, den ganzen Abend mit denselben zu reden. Zuerst sagte der Oberzöllner; er hätte gehöret, daß wir Njanapostagangœl (Weisheitsbücher) ausgetheilet hätten, wir möchten ihm auch eins geben. Ein anderer sagte, es wären auch Mandirangœl (Gebete) darin enthalten; dabey wurde vom Gebete geredet. Weil wir kein Büchlein mehr bey der Hand hatten, so befriedigten wir den Oberzöllner mit einem Tamulischen Calender. Darinnen war manches, so ihm unbekannt war, und solche Fragen veranlaßte, die zu lehrreichen Antworten Gelegenheit gaben. Bey der christlichen Jahrzahl wurde von der Geburt, Leben, Leiden, Tod, Auferstehung und Himmelfarth des HErrn JEsu geredet. Bey Abtheilung der Tage in sieben sagten wir, obgleich alle Völker in diesem Weltheile eben auch, wie wir, sieben Tage zu einer Woche rechneten; so wisse doch niemand die Ursach und den Ursprung solcher Abtheilung der Tage, als diejenigen die das wahre Wedam (Gesetz) hätten. Hierauf wurde von den sechs Tage-Werken der Schöpfung und vom Sabbath geredet. Als wir erzehleten, wie wir GOtt innerlich und äusserlich am Sabbath dieneten, so sagte einer: Ich

bin

bin selbst zu Tranfenbar in ihrer Kirche gewesen, und habe alles so gesehen, wie erzehlet worden. Hierauf wurde weiter geredet vom Stande der Unschuld, von Einsetzung des Ehestandes, wobey gegen die Hurerey gezeuget wurde, welches einem unter ihnen ein beschämendes Gelächter verursachte, ferner vom Fall, von der Verheissung des Sünden-Tilgers und Seligmachers durch die Propheten, und Vorbildung desselben durch die Opfer, von seiner Zukunft ins Fleisch und seiner zu erwartenden Zukunft zum Gericht, mit der Anweisung, wie man seiner und seiner gestifteten Versöhnung und erworbenen Seligkeit theilhaftig werden könne. Sie fragten hierauf, ob wir auch dieselbe Speisen gebrauchten, die andere Blanke äsen? Hierbey wurden die Worte erkläret: Das Reich GOttes bestehet nicht in Essen und Trinken, sondern u. s. w. Indessen, sagte man, damit sich die Tamuler nicht an uns stossen mögen, so essen wir, was uns von Tamulern bereitet wird. Abends um zehn Uhr nahmen diese Leute von uns höflichen Abschied, und liessen uns allein.

Den 10ten Febr. Nachdem wir mit unsern Leuten das Morgen-Gebet verrichtet hatten, machten wir uns früh vor Aufgang der Sonne wieder auf den Weg. Bey Kornadu saß ein Häuschen Aandigöl (eine geringere Art heidnischer Priester, als die Pandarangöl) am Wege. Denen wurde gezeiget, daß ihr Herumstreichen kein GOtt gefälliger Dienst sey, und wie sie, an dessen statt, ihm durch Christum, den Welt-Heiland, zu dienen hätten; sie bekamen auch ein Büchlein. Bis Goindaburem, wo wir zu Mittag blieben, hatten wir häufige Gelegenheit den Saamen des göttlichen Worts unter die Heiden auszustreuen, weil auf dem ganzen Wege fast immer ein Ort an dem andern hänget. In Kuttalam und Aaduturei hielten wir uns etwas lange auf. Am ersten Orte wurde erst einigen Heiden, unter welchen einige Mohren waren, ein Wort von dem HErrn JEsu gesagt; darauf hielt man auf öffentlichem Markt vor einer grossen Menge Heiden einen ausführlichen Vortrag aus GOttes Wort, welches in Aaduturei wieder geschahe. Die Leute höreten bedächtig und ohne Widerrede an, was wider das Heidenthum und für das Christenthum geredet wurde. Wo wir redeten, da liessen wir auch ein Büchlein zurück. An einem Ort verbrannte man einen Todten. Eine Menge Menschen sassen dabey, die höreten mit Bewegung einen Vortrag vom Tode an, in wie fern er schrecklich, und in wie fern er tröstlich und selig sey, und wie man sich dazu zuzubereiten habe. Man las ihnen von eben der Materie eine Stelle aus einem

nem Büchlein vor. Weil keiner von ihnen lesen konte, so baten sie einen vorbeygehenden Kanackapuller, daß er um das Büchlein bitten, und ihnen hernach daraus was vorlesen möchte. Es wurde ihm gegeben, worüber die Leute vergnügt waren. Es war hoher Mittag, wie wir in Goinduburam ankamen. Sogleich versamlete sich ein Häuflein Heiden, denen that man bewegliche Vorstellung von dem unnützen und unseligen Götzen-Wesen. Einer unter ihnen sagte: Nun werden wir doch in künftige nicht mehr so toll seyn, und nach den Pagoden und Götzen laufen, wie wir bisher gethan haben. Es schien diese Rede auch den übrigen nicht mißfällig zu seyn. Man führete sie aufs Gebet, als ohne welches gute Eindrücke und Vorsätze vergebens wären. Sie bekamen endlich ein Büchlein, und gingen vergnügt davon. Nicht weit vom Ruhehause begegneten sie einem Heiden aus Trankenbar, zu dem sagten sie, daß sein Priester im Ruhehause sey, dieser kam und hörete mit Vergnügen eine Ermahnung an. Von Aaduturei kamen uns einige nach, die Büchlein haben wolten. Diese erzehleten, mit welcher Begierde unsere Bücher an ihrem Orte gelesen würden. Es kamen auch Brahmanen und begehrten ein Büchlein. Nach kurzem Unterricht und Ermahnung wurde ihnen eins gegeben, nebst einigen gedruckten Sprüchen. Nachdem wir etwas zu Mittag gegessen hatten, kamen wieder viele Leute um das Ruhehaus herum, welche von der Kostbarkeit der Gnaden-Zeit unterrichtet, und zur Wahrnehmung derselben ermahnet wurden. Sie setzten sich auf die Erde nieder, und gingen nicht eher davon, als bis wir uns wieder auf den Weg machten. Unterdessen wurden ihnen einige erbauliche Exempel von solchen Heiden, die sich in Trankenbar zum Christenthum bekehret haben, erzehlet, daraus sie erkennen könten, wie GOtt seine Gnade zur Bekehrung darreiche, und wie er dieselbe vermehre, wenn man mit der empfangenen treu umgehe. Bey Tirupuwanam redeten wir unter andern mit einer Gesellschaft von reisenden Pandarangöl, die das so genannte heilige Wasser aus Kasi, im Lande herumtragen, welches sie in runden Topfen haben, die an einen Bambu gebunden sind, worüber ein Bogen ebenfalls von Bambu lieget, der schön bemahlet, und mit allerley bunden Federn ausgezieret ist. Man hielt ihnen ihr, dem wahren GOtt höchst mißfälliges, Geschäfte und schändliche Betrügerey vor, indem sie vorgeben, daß sie das Wasser, welches nimmer frisch ist, einen so weiten Weg hergebracht hätten. Das Haupt unter ihnen, der das Wort führete, sagte: Euch hat

GOtt

GOtt eine andere Weise offenbaret, uns aber hat er diese Weise vorgeschrieben. Die Antwort war: Wird ein frommer Vater, der eines seiner Kinder zur Frömmigkeit, Redlichkeit und Tugend erziehet, ein anderes zur Gottlosigkeit, Ungerechtigkeit und Betrügerey aufbringen? Und, wenn eines seiner Kinder ein Bösewicht wird, kan man wol sagen, daß der Vater es so habe haben wollen, daß einer gut, und der andere böse seyn solle? Meinet ihr, daß GOtt sey gleich wie ihr, und eure Tandiram (Betrügerey und Ränke) gut heissen werde? So stolz der Mensch sich vorher bewies, so niederträchtig redete er hierauf, und sagte: GOtt sehen wir nicht, aber euch sehen wir, darum sollt ihr unser Gott seyn, dabey riefen die übrigen aus: Swamii (Gott.) Man bezeugte ihnen mit höchstem Mißfallen und Mitleiden ihre Blindheit und Niederträchtigkeit, und ermahnete sie, den unsichtbaren GOtt mit Gebet und Flehen zu suchen; so würden sie erfahren, daß er sey, und sich ihrer annehme, ob sie ihn gleich nicht sähen. Er nahm endlich ein Büchlein an, legte es zur Bezeugung seiner Ehrerbietigkeit auf sein Haupt, und ging mit seinem Gefolge davon. Noch ermahneten wir einen hier wohnenden Heiden, der ein Anverwandter des Catecheten Habacucs in Cudelur ist, und einen andern, der ein Bruder ist von einem unserer Leute, die bey uns sind. Jener schlug alle Ermahnung und Vorstellung aus, dieser versprach seinem Bruder zu folgen, und auch herbey zu kommen. Wir erwarteten in dem Ruhehause, wo wir zur Nacht blieben, den Catecheten mit den Christen aus Pulleianpöttei, um ihnen einen Vortrag aus GOttes Wort zu halten, aber sie kamen nicht.

Den 11ten Febr. Mit Tages Anbruch gingen wir aus, kamen bey einem prächtigen und weitläuftigen Hause vorbey, welches die Gemahlin des vorigen Königs zum Aufenthalt und freyer Unterhaltung für Pandarangöl, Aandigöl, und andere faule Bäuche hat aufbauen lassen. In dem berühmten Götzen=Ort, Cumbagonam, wurden an mehrern Orten die Einwohner, die sich häufig versammleten, von dem schädlichen und schändlichen Götzendienst, wovon dieser Ort im ganzen Lande bekannt und berühmt ist, auf den lebendigen GOtt, und den er gesandt hat, JEsum Christum, gewiesen, wo man an jeglichem Ort ein Büchlein zurück ließ. Die Leute waren höflich und bescheiden, bekannten auch, daß das Heidenthum schändlich und schädlich sey. An einem Orte wurde weitläuftig geredet vom Tode, von der Unsterbsterblichkeit der Seele, vom letzten Gericht, und der Seligkeit derer, die sich von den Lügen zur Wahrheit wenden, hingegen von der Verdamniß derer, die den Lügen nachgehen, weil einige unter ihnen alle Uebungen und Reinigungen nach dem Gesetz der Brahmaner für nichtig erkläreten, aus dem Grunde, weil es im Tode mit dem Menschen aus, und nach demselben nichts zu erwarten sey. Noch an einem Ort sagten einige, daß sie ein groß Verlangen hätten selig zu werden, und fragten, ob sie die Seligkeit erlangen würden, wenn sie das empfangene Büchlein lesen und mit sich herumführen würden? Man sagte: Wenn sie es recht lernen und auf dem Wege wandeln würden, den es zeige. Es war das Büchlein: Weg zum Leben. Sie sagten, daß sie es thun wolten, Wir gingen von ihnen mit der Ermahnung, GOtt um Licht und Verstand zu bitten, damit sie ihn erkennen, und den Weg zur Seligkeit finden möchten. Im Zollhause zu Tarascra=pödtei, wo eine Menge Menschen war, die sich immer vermehrete, hatte man Gelegenheit einen ausführlichen Vortrag aus GOttes Wort zu halten, daß man auch hernach ganz ermüdet von dannen ging. Man redete die Leute also an: Ich sehe euch alle mit einander an als solche, die das Angesicht des Vaters nicht kennen, sondern von ihm abgewichen sind. Darauf wurde ihnen die Parabel vom verlohrnen Sohn vorgestellet, und ihre Unseligkeit beschrieben, in welcher sie lägen, weil sie solche verlohrne Söhne wären; wie aber auch noch Raum für sie zur Busse und seligen Umkehr zu dem Vater über alles sey. Einer fragte, wie wir GOtt verehreten und dieneten? Man unterrichtete sie von dem rechten innern und äussern Gottesdienst nach GOttes Wort. Er rühmete sich, daß er und andere unter ihnen in den Bildern den wahren GOtt auch anbeteten. Man zeigte aber, daß dis, wenn es auch geschähe, der Majestät GOttes nicht gemäs sey, aus Vorhaltung seiner Eigenschaften, und besonders seiner Allgegenwart, da er alles erfülle, und folglich mit nichts könne verglichen werden. Dabey wurde auch das erste Gebot erkläret, als worin der Gebrauch der Bilder verboten würde, man möchte es damit so gut meinen, als man wolle. Man gab einem ein Büchlein, und da mehrere verlanget wurden, so gab man alle hin, die man bey sich hatte, wie auch einige Tamulische Sprüche, und endlich gab man zur Befriedigung einen Tamulischen Calender hin. Bey Gelegenheit der Jahrzahl nach der Geburt Christi, deren Erklärung verlangt wurde, stelleten wir die ganze evangelische Geschichte kürzlich vor, und redeten darauf von der Aussendung der Apostel, wie auch von unserm Beruf an sie. Das Oberhaupt des Orts, Pesuwai genannt, weil er die Angelegenheit der Einwohner bey dem Könige anbringen und besorgen muß, war auch zugegen, und that folgende Fragen. 1) Wie die Sünde könne getilget werden? Die Antwort war: Nicht durch äusserliches waschen, reinigen, hin und herlaufen, und andere von den Brahmanern vorgeschriebene Ceremonien, sondern durch das Verdienst des allgemeinen Weltheilandes, JEsu Christi, wobey sie an das erinnert wurden, was von ihm vorher gesaget worden. Hierauf sagte einer, daß der Pesuwai ein Mettanawullawer (gütiger Mann) sey, mit dem man frey reden könte, was man nur zu sagen hätte, und daß er auch ein Nidiullawer (gerechter Mann) sey. Hiebey wurde gezeiget, daß diese Tugenden zwar sehr löblich, nützlich und gut wären, auch von GOtt in gewisser Absicht belohnet würden: aber daß sie nicht die Sünde tilgen, und vor GOtt gerecht machen könten, sondern daß dazu das Verdienst JEsu nöthig sey. 2) Die andere Frage des Pesuwai war: Worin der Unterscheid in der Religion unter den Europäern bestünde? Als dieser Unterscheid beschrieben, und auch von dem Unterscheid in Absicht des öffentlichen Gottesdienstes geredet wurde, so sagte einer: Ich habe dis selbst so gesehen, wie der Priester sagt, ich bin in ihren beyden Kirchen zu Trankenbar gewesen; darin ist kein Bild, sie legen ein Buch vor sich hin und predigen. 3) Die dritte Frage war: Was wir davon hielten, daß die Europäer in diesem Welttheile sich Länder unterwürfig machten, wider den Willen der Einwohner? Hierauf wurde auch das Nöthige geantwortet. Daß die Dänen dergleichen nicht gethan, bezeugten sie selber. 4) Endlich fragte er auch nach unserer Speise, worauf geantwortet wurde wie oben.(*) 5) Die letzte Frage war: Warum wir die Büchlein austheileten? ob wir es etwa thäten, daß sie leben solten? Man fragte, ob er das Leben und Wohlseyn der Seele meine? denn das sey freylich unsere Absicht, unser Wünschen und Verlangen bey unserm Reden und Austheilen der Bücher. Hierauf sagten sie alle: Das solte ja auch die Absicht aller Priester seyn. Zuletzt gaben wir noch einem, der sehr bat, ein Büchlein. Darauf sagte der Pesuwai zu denen, die Büchlein bekommen hatten: Nun leset auch fleissig darin, lernet und thut darnach, sonst werden sie euch zum Fluch gereichen. Er fragte auch nach unser beyder Namen, und schrieb sie auf, wolte uns auch Früchte und allerley mit auf den Weg geben. Nahe hinter diesem Orte blieben wir in einem

Ruhe-

(*) S. 1104.

Ruhehause, wohin wir den Catecheten und Schulmeister rufen liessen. Sie kamen, brachten auch einen Catechumenen mit, der herzlich ermahnet wurde. Sonsten aber konte keiner von denen hier wohnenden Christen, welche alle Dienstboten bey Heiden sind, wegen der Arbeit in der Ernte zu uns kommen. Wir blieben indeß, weil es Sonntag war, bis Nachmittags spät in dem Ruhehause, und erbaueten uns aus GOttes Wort. Darauf gingen wir noch einen kurzen Weg bis Tirupalaturei. Unterweges redeten wir das Wort einigemal in Sentaleiperumalkowil erstlich mit zwey Mohren (Muhammedanern) daß man Vergebung der Sünde, Leben und Seligkeit allein durch Isanabi, JEsum, erlangen könne; hernach mit einem Häuflein Heiden, denen man die Hauptwahrheiten der Christlichen Lehre vorhielt, und sie mit einem Büchlein beschenkte; endlich auch in einer Schule, wohin sich nach und nach viele versammleten. Als man von dem unnützen und sündlichen Götzendienst und von der Nothwendigkeit, denselben zu verlassen, und sich in den seligen Dienst des wahren GOttes zu begeben, sprach, hielt ein Heide erst die Hand vor den Mund, und gab mit seinen Geberden zu erkennen, daß ihm diese Vorstellung sehr nahe gehe, hernach aber gab er allem recht. In Tirupalaturei, wo wir zu Nacht bleiben wolten, liessen wir den Catecheten zu uns rufen; es kamen auch einige Christen mit. Vor dem Ort redete man auf dem Felde bey der Ernte von der geistlichen Ernte, oder Sammlung in die Kirche und in den Himmel: aber wegen der vorhabenden Arbeit wolten sie sich nicht recht einlassen. In dem Ort selbst sprach man vor dem Ruhehause mit einigen Leuten. Es war die Rede von den vielen und grossen Städten in diesem Königreich. Man zeigte, wie vergänglich diese, nebst allen sichtbaren Dingen, wären; darum sey es nöthig die Stadt, die droben sey, zu suchen, und sich deswegen zu den Füssen GOttes niederzuwerfen; da man aber Vergebung der Sünden haben müste, wenn man wolte in diese Stadt eingehen, so müsten sie mit dem HErrn JEsu, dem Weltheilande, bekannt seyn, der für unsere Sünde gebüsset, und den Eingang in diese Stadt uns erworben hätte. Um 11 Uhr des Nachts kamen die Christen mit dem Catecheten und Schulmeister ohnweit dem Ruhehause zusammen. Mit denen wiederholte man den Catechismum, und hielt ihnen einen Vortrag von dem büssenden, versöhnenden und erwerbenden Leiden des HErrn JEsu, und von der rechten Zueignung desselben im Glauben. Um der Christen willen, die bey Heiden in Diensten sind, und den ganzen Tag in der Ernte arbeiten müssen, muste man diese Arbeit um Mitternacht verrichten.

Den 18ten Febr. früh kam ein ander Häuflein Christen von Kawastalam und der umliegenden Gegend, die man kürzlich ermahnete,
fleißig zu beten, und dem Christenthum gemäs zu wandeln. Zugleich kamen einige Heiden herbey, die ermahnet wurden, das Heidenthum zu
verlassen, und sich zu dem wahren GOTT und dem einigen Heiland,
JEsu Christo, zu wenden. In Pawanasem wurde an zwey Orten mit
einem Häuflein Heiden geredet von der Vergänglichkeit aller sichtbaren
Dinge, und von unserer Pilgrimschaft in diesem Leben, wo keine bleibende Städte für uns sey, und wie man daher die bleibende Stadt im
Himmel, und den unsichtbaren GOtt suchen müsse. In Weitur sagten wir einigen Mohren und Heiden, wie ihnen an ihrer Seele durch
Christum könne geholfen werden, und schenkten ihnen ein Büchlein. In
Atienpöttel fragte man die Leute: Wer in den vielen Pagoden, die hier-
herum wären, angebetet würde? und zeigte ihnen, daß die Anbetung
keiner Creatur zukäme, und daß, wenn sie so fortführen, den wahren
GOtt aus den Augen zu setzen, und den schändlichen Götzen anzuhan-
gen, sie verloren gehen müsten, und das aus ihrer eigenen Schuld, weil
sie den wahren GOtt erkennen könten, indem ihnen ihr eigen Herz sage,
daß ein GOtt sey, der alles, was ihre Augen sähen, gemacht habe, und
der dem Menschen die Schaam und eine gewisse Hochachtung gegen die
Tugend, eine Furcht im Gewissen nach Begehung einer übeln Handlung,
und eine Freude, wenn er etwas gutes gethan, eine natürliche Liebe zu
dem, was ihm verwandt und nahe sey, eingepflanzet habe, und daher ein
weiser, heiliger gütiger GOtt sey, der ihr Bestes wünsche und suche, der
einen grossen Mißfallen an ihren schändlichen Götzen und Sünden haben
müsse, und der allein anzubeten und zu verehren sey. Sie höreten alles
bedächtig an, und der Zulauf der Menschen wurde immer grösser. Daher wieß man sie weiter an, wie sie durch Betrachtung der Werke GOttes, durch beständige Bemerkung seiner Stimme in ihrem Gewissen,
und durch fleißiges Gebet und Unterredung mit dem unsichtbaren GOtt
zu seiner Erkenntniß kommen könten. Zuletzt redete man noch von der
Wahrnehmung und dem rechten Gebrauch der Gnaden-Zeit, die uns
GOtt aus Verdienst des Welt-Heilandes schenke, wie auch vom Tode,
als womit sich eines jeden seine Gnaden-Zeit endige. Es wurden hier
auch einige Büchlein und gedruckte Sprüche ausgetheilet. Am Wege
standen einige Leute, die rühmeten die Ermahnungen, die sie gestern von
uns gehöret hatten. Man bat sie, denselben recht nachzudenken, und
darnach zu handeln. Zu Mittag blieben wir in Manosiappa Man-
babam,

Reise nach Tirutschinapalli, 1771.

babam, welches ein räumliches und zierliches Gebäude ist, neben welchem auch eine wohlthätige Anstalt ist zur Erhaltung einer beträchtlichen Anzahl Armer, besonders Brahmaner und Pandarangöl; auch können alle Reisende darin eine Erquickung ohne Entgeld bekommen. Manosiappa, der Generalissimus in Tanschaur, hat beydes erbauet, von dem es auch den Namen hat. Hier hatten wir, so lange wir uns aufhielten, einige hundert Leute um uns herum, mit denen wir einige Stunden nach einander fortredeten, den Rath GOttes von ihrer Seligkeit ihnen weitläuftig vorstelleten, auch einige Stellen aus dem Neuen Testament vorlasen und erkläreten, unter andern das ganze 15te Cap. Lucä. Alles wurde ohne Widerrede mit Vergnügen angehöret. Wir theileten einige Büchlein aus, hätten aber wol einen Kasten voll hier vertheilen können, wenn wir einem jeden hätten geben wollen, der anhaltend darum bat. In Tirusotuturei wurde einigen Heiden der Greuel des Götzen-Wesens, die Heßlichkeit und die bösen Früchte der Sünde vorgestellt, und Unterricht ertheilt, wie sie davon durch Christum befreyet, heilig und selig werden könten. Vor Turuppantureutti wurden einige Heiden zum Reiche GOttes eingeladen. Im Bethause daselbst blieben wir zur Nacht. Indem wir einigen Christen eine Ermahnung sagten, kam unser theurer Bruder, Herr Schwarz, nebst Kohlhoffs Söhnlein, von Tirutschinapalli uns entgegen. Das war eine fröliche Zusammenkunft zum Preise GOttes. Ehe wir uns zur Ruhe legten, liessen wir alle Christen, die im Hause und daherum waren, zusammen kommen, und verrichteten das Gebet mit ihnen.

Den 19ten Febr. frühe kamen die Christen alle zusammen, wie auch einlae Römische. Mit denen beteten wir erst, und darauf hielten zween von uns einen kleinen Vortrag vom Leiden Christi, und ermahneten sie zur Busse und christlichen Wandel. Mit den Römischen wurde hernach besonders geredet. In Sendalei priesen wir einigen Heiden den rechten Sündentilger und Seligmacher, JEsum Christum, an. In Tirukattupalli versammelte sich eine Menge Menschen um uns herum. Wir gingen mit ihnen die Hauptwahrheiten der Christlichen Lehre nach der Ordnung des Heils durch, weil auch viele Römische unter ihnen waren; wie dann fast der vierte Theil Menschen an diesem Orte Römische Christen sind, die auch ohnweit des Orts eine Kirche erbauet haben. Nachdem wir etwas ausgeruhet hatten, erkläreten wir den herbeykommenden die acht Seligkeiten aus der Berg-Predigt Christi und die Parabel vom verlornen Sohn. In Alikodtei hielten wir einen Vortrag aus GOttes Wort an eine Menge Heiden. In Areſſalenkudi wurde mit dem Maniakaren, einem Brahmaner und andern Einwohnern ausführlich vom Chriſtenthum geredet. Wie man gegen das Heidenthum zeugete, wieß der Brahmaner auf den Bauch, und ſagte, es geſchähe aller Götzendienſt um des Bauchs willen; wenn er ſeine Verſorgung beym Chriſtenthum haben könte, ſo hätte er nichts dagegen. Darauf wurde von der Vorſorge GOttes geredet, ihm auch der Vorſchlag gethan, zu kommen, die chriſtliche Lehre recht zu lernen und in Ausübung zu bringen, und hernach wieder andere darin zu unterrichten, alsdann würde er ſeinen Reis bey uns mit gutem Gewiſſen eſſen können, da er jetzt, als ein Brahmaner, ſeinen Unterhalt mit Sünden hinnähme. Von hier bis Tirutſchinapalli iſt es noch eine halbe Tage-Reiſe; weil dis aber das Kallaratſchiam iſt (das Land der Kaller, oder Diebe) wolten wir hier nicht gern zur Nacht bleiben, ſondern gebrauchten den ſchönen Mondenſchein, und eileten noch dieſen Abend in die Stadt, da wir uns dann beyſammen halten muſten, um der hier herumſtreichenden Kaller (profeſſionirten Diebe) willen. Das Ende dieſer Reiſe war noch das beſchwerlichſte; wir muſten durch vieles Waſſer gehen, und hatten überhaupt einen ſchlechten Weg, welches uns deſto fremder vorkam, da wir im Tanſchauriſchen Lande wie durch lauter Gärten gereiſet ſind. Doch der HErr half, daß wir um neun Uhr geſund und wohl nach Tirutſchinapalli kamen. Das nächſte Thor war ſchon verſchloſſen, daher wir herum gehen muſten, und alſo durch die Straſſe der Europäer kamen. Hier war der Anblick nicht anders, als wenn man in eine wohlgebauete Stadt in Europa kommt. Auch iſt in der Gegend, wo die Europäer wohnen, einer der gröſten, mit Quaderſteinen eingefaſſeten Teiche im Lande. Kaum waren wir in geliebten Bruders Schwarzens Wohnung angelanget, ſo wurden uns aus des Major James Hauſe Erquickungen an Eſſen und Trinken zugeſendet.

Was unſern hieſigen Aufenthalt betrifft, ſo haben wir von dem an, bis den 8ten Merz vornemlich auf unſer Amt geſehen, ſind täglich mit unſerm Bruder, Herrn Schwarz, und den Catecheten, theils in, theils auſſer der Stadt, in Ureiur, Sirengam, Tiruwanakawel ꝛc. ausgegangen, und haben den Saamen des göttlichen Worts unter Heyden, Mohren, Papiſten und unſern Chriſten ausgeſtreuet, von welchen Geſprüchen und Vorträgen eine genauere Nachricht zu geben, uns theils

wegen

wegen Kürze der Zeit, theils weil unserer so viele zugleich ausgegangen sind, nicht möglich gewesen. Dis haben wir angemerkt, daß die Leute hier viel williger und freyer sind zu hören, als bey uns an der Küste. Das Ausgehen unter die Heiden ist des theuren Bruders, Herrn Schwarzens, Haupt-Sache, wozu er auch Catecheten und Schulmeister anhält, daß sie vormittags abwechselnd, nachmittags aber alle ausgehen müssen, doch vertheilt, welches dann auch so gesegnet ist, daß sie ihm einen Catechumenum nach dem andern herbey führen. Seine übrige ordinäre Amts-Geschäfte sind so viel und mancherley, daß er es unmöglich in die Länge ertragen kan, wo er nicht einen Gehülfen bekommt. Denn, ausser seiner täglichen Arbeit an Schul-Kindern und Präparanden, prediget er des Freytags tamulisch, und hält des abends teutschen Gottesdienst. Sonntags früh ist Tamulischer Gottesdienst, darauf geht die Englische Kirche an. Nachmittags prediget er im Portugiesischen, und Abends ist Gebet im Englischen. Ausser dem hat er täglich eine Betstunde mit redlichen Engelländern, da über sechzig Personen herbeykommen, worunter an die dreyssig sind, welche die Psalmen und des seligen D. Watts Lieder musicalisch, wie im Chor, absingen, so uns sehr erquicket hat. Mit dieser Stunde hält es unser lieber Bruder so, daß er erst ein Capitel aus dem neuen Testament erkläret, und darauf ein Gebet verrichtet, wobey sie alle um ihn herum auf die Knie fallen, Nach diesem singen sie einen Vers, zum Preise der heiligen Dreyeinigkeit, stehend. Der gnädige GOtt hat dem lieben Bruder gar besondere Seelen- und Leibes-Kräfte geschenkt, so daß, wenn er ein oder zwey Stunden gearbeitet, und wieder eine andere Arbeit anfängt, er so voll ist von Kraft und Leben, als wenn er nichts vorher gethan hätte. Mit einem Wort, er thut allein mehrerer Missionarien Arbeit, und wir haben hier mehr gefunden, als wir uns vorstellen können, welches nachzuahmen wir vor GOtt uns kräftig erwecket haben. In Absicht der Predigten und Catechisationen haben wir unserm Bruder die Zeit unseres Hierseyns über assistiret.

Die Merkwürdigkeiten, so von diesem Orte zu gedenken wären, sind einmal die grosse Menge Einwohner, deren auf die fünfmal hundert tausend gerechnet werden. Allein innerhalb den Mauren der hiesigen Berg-Vestung, die in der Stadt lieget, werden in die acht tausend Menschen gezehlet. Die Häuser sind durch die ganze Stadt durch, ausser wo die Europäer wohnen, so in einander gebauet, daß man

keinen leeren Platz dazwischen siehet. Die ganze Stadt hat vier englische Meilen im Umfang, und die Berg-Vestung eine englische Meile.
Auf diese wagten wir es auch heraufzusteigen, wie dann einer von uns
bis auf den Gipfel ging. Hier wurde sonderlich den Brahmanern ihr
abgöttisches Wesen ernstlich vorgehalten, und sie zum wahren Dienst
Gottes ermahnet. Bis an die Spitze dieses Berges, der lauter Felsen
ist, werden gegen fünfhundert Stuffen gerechnet. Der Felsen, an sich
betrachtet, ist ein Wunder der Allmacht Gottes, und die ansehnliche
Gebäude auf demselben, die mehrentheils zu Magazinen gebraucht werden, ein Beweis des Fleisses und der Arbeitsamkeit der ersten Einwohner.
Von dem Fuß des Felsen an, dreyhundert Stuffen hoch, gehet man
unter Gebäuden von Quadersteinen gebauet.

Die fernern Merkwürdigkeiten alhier sind 1) des Nabobs, und
anderer vornehmen Mohren (worunter Sandrasaibh zu rechnen) Be-
gräbnisse, und sonderlich das Begräbniß eines ihrer grösten Heiligen,
des Nattarasaibh, worüber eine Moschee gebauet mit einer Kuppel, welche
jährlich an dem Tage seines Todes mit vielen tausend Lampen erleuchtet
wird. Bey einem jeden Grabe siehet man eine Lampe, die des Nachts
von den Fackiers, die da herum wohnen, angezündet wird, daher es auch
bey den Mohren eine Motiv zur Tugend ist, wenn sie sagen: Lebe so, daß
du nach dem Tode eine Lampe bekommst. 2) Des Nabobs Garten,
Palais, Mausoläum, Audienz-Saal, und das Palais, worinnen
der letzte heidnische König (*) residiret hat, welcher Vitiarenga-
sotkalingenaiken geheissen hat, nebst seiner Gemalin Minetschamal,
die nach seinem Tode regieret hat, und sich von dem Sandrasaibh betrü-
gen lassen. 3) Die grosse Moschee. 4) Die verschiedenen Palais
der Gemalin und Kinder des Nabobs. 5) Die unseligen Pagoden in
Sirengam und Tieruwanakawel, welche die stärksten Vestungen abgeben könten. (Man sehe Missions-Nachrichten Vierter Band Cont.
43. S. 850. Not. g.) 6) Das Hospital in Ureiur, welches eine Pagode ist. 7) Das allermerkwürdigste aber in diesem abgöttischen Ort ist
die neu erbauete evangelische Kirche, die der Teufel, zu seinem
Verdruß, gerade gegen der abgöttischen Berg-Vestung und Pagode über
muß stehen lassen, ingleichem Herrn Schwarzens Wohnung, so räum-
lich, hoch, luftig und gesund ist. Den Herren Engländern haben wir
unsern gebührlichen Respect erwiesen, welche uns auch wieder alle Höf-
lichkeit

(*) Der Nabab ist ein Muhammedaner.

lichkeit erzeiget haben; sie beweisen gegen unsern Bruder Schwarz besondere Hochachtung und Freundschaft, und lassen sich von ihm so zureden und die Wahrheit sagen, wie sie von keinem andern ertragen würden.

Den 8ten Merz vereinigten wir uns frühe im Gebet vor GOTT und nahmen so Abschied von einander; wobey es uns durchs Herz ging, daß unser Bruder Schwarz in so vieler Arbeit muß allein gelassen werden. Der Abschied des Vaters von einem hoffnungsvollen Kinde war nicht weniger schmerzlich. Um sechs Uhr waren wir schon auf dem Wege. In einem grossen Ruhehause vor Areffalenkudi sagten wir einigen Mohrischen und Tamulischen Weibern ein Wort der Ermahnung, und ein junger Mensch wurde zum Reiche GOttes eingeladen. Zwey von den Tirutschinapallischen Catecheten gingen, auf Herrn Schwarzens Befehl, den halben Weg mit uns. Einer von ihnen wiederholte das Gesagte den Mohrischen Weibern in Indostanischer Sprache, welche sie besser verstehen, als Tamulisch. In Klikodtei wurde sogleich bey unserer Ankunft ein Häuflein Helden unter dem Schatten eines Baums angeredet, jeder von uns wurde mit Leuten umgeben, und sie höreten den Vortrag aus GOttes Wort mit Vergnügen an. Ein Wittuwan (heidnischer Poet) führete viele Stellen aus heidnischen Poeten wider das Heidenthum an. Dem hielt man seine Leichtsinnigkeit und Heucheley vor, weil er, bey aller solcher Erkenntniß, als ein Heide lebe, und allerley schändliche Ceremonien mitmache. Er lächelte, und ging davon, doch bat er den Catecheten um ein Büchlein, welches er auch erhielt. Den übrigen Leuten wurden darauf von den Catecheten aus dem neuen Testament die Stellen vorgelesen, die sie während des Gesprächs zur Erläuterung und Beweiß des geredeten aufgesuchet hatten. Sie haben darin alle eine gute Fertigkeit, wie wir in Tirutschinapalli, wenn wir ausgingen, mit Vergnügen gesehen haben, da sie oft mit einem Beweis aus dem neuen Testament in einem Augenblick in die Rede gefallen sind. Wie wir hernach ins Ruhehaus gingen, kamen uns viele nach, denen die Zehen Gebote erkläret und ein Wort vom HErrn JEsu gesaget wurde. Sie baten alle um Büchlein; zwey Stück wurden gegeben. Einer von ihnen brachte uns darauf aus guter Meinung einen Topf mit Milch zum Thee, dabey wurde von der Liebe GOttes und des Nächsten geredet. Nachdem wir etwas zu Mittag gegessen hatten, kamen wieder einige Leute zu uns. Als mit denselben unter andern von der Sünde der Abgötterey geredet wurde, fragte einer mit Verwunderung: Wie

kommt

kommt es aber doch, daß viele unter euch auch ein Bild in der Kirche hinsetzen und es anbeten. Dem wurde das Nöthige von dem Wesen der Römischen zur Antwort gesagt. Einige kamen und baten so lange ihnen Büchlein zu geben, daß man noch drey Stück hingeben muste. Auch kam der vorher erwehnte Poet, nachdem er sein Büchlein gelesen, wieder, und verlangte noch ein Büchlein von anderm Inhalt, welches er bey jemanden gesehen, sagend, er gedenke nach Tirutschtnapalli zu gehen, und sich mit dem dortigen Padre, Herren Schwarz meinend, bekannt zu machen. Ihm wurde ernstlich zugeredet, und das verlangte Büchlein gegeben. Abends kamen wir nach Tirukadtupalli. Wie wir ankamen, gingen einige nach Ramesuram reisende Aandigöl bey uns vorbey, die das sogenannte heilige Wasser aus Kasi zum Verkauf herumtragen, welchen wir ihre Betrügerey vorhielten, womit sie nicht allein die Leute um das Ihrige brächten, und es mit Müßiggang und unnützem Herumlaufen verzehreten, sondern ihnen auch an ihrer Seele schadeten. Mittler weile kamen auch einige Römische herbey. Denen hielten wir ihre Abgötterey und heidnisches Wesen vor, womit sie das Christenthum von den Heiden verkehreten; und wiesen sie auf den einigen Heiland JEsum. Die Catecheten fingen auf der Strasse ein Gespräch an. Nachdem sich mehrere Leute versammlet hatten, ging man hinzu, und setzte das Gespräch fort. Hernach brachten die Catecheten einige Römische zu uns, mit denen sie geredet hatten, und die nun auch von uns eine Ermahnung hören wolten. Wir wiesen sie auf das einige und allgenugsame Verdienst des HErrn JEsu, dem nichts, weder von unserm eigenen, noch anderm Verdienst, an die Seite müsse gesetzet werden, zeigten ihnen auch wie wir beten müsten, nach Anleitung des Vater Unsers, als worin alle Bitten nur allein auf GOTT gerichtet wären, womit der HErr JEsus zugleich gelehret, daß niemand anzubeten sey, als der GOTT sey.

Den 9ten Merz. Nach einer geruhigen Nacht, da wir sonst an einem unsichern Ort in Kallaratschiam gewesen, gingen wir nach verrichtetem gemeinschaftlichen Gebet noch vor Sonnen Aufgang aus. In Sentalei, wo wir durchgingen, wurde ein Häuflein Heiden angeredet. Einer sagte: Ihr könnt zwar GOtt erkennen, aber wir nicht. Sie wurden auf das Gebet gewiesen, als das Mittel zur Erkenntniß GOttes zu gelangen, und mit dem unsichtbaren GOtt bekannt zu werden. Ein anderer fragte; wo das Leben bleibe, wenn wir stürben? Hierauf wurden

wurden sie von der Unsterblichkeit der Seele, der Auferstehung des Fleisches und dem jüngsten Gerichte unterrichtet. Man hinterließ ihnen ein Büchlein. Um neun Uhr kamen wir nach Tiruppanturutti. Der Catechet Muttuschawri kam uns entgegen. Wir gingen so lange, bis sich die Christen im Bethaus versammlet hatten, in eines Jacklers Garten, und redeten mit ihm und andern von dem HErrn JEsu. Ein Heide aus Sirengam, der von einer Reise zurück kam, kam von ohngefehr dahin; man fragte, wo er hin wolle. Jetzt, sagte er, gehe ich gerade nach Tirutschinapalli zum Padre um ein Christ zu werden, denn er (Herrn Schwarz meinend) hat mich oft ermahnet. Man suchte ihn in seinem Entschluß durch GOttes Wort zu bestärken. Denen im Bethause versammleten Christen wurden die Hauptstücke des Leidens Christi zu Gemüthe geführet, sie zur Buße, zur Liebe und Dankbarkeit gegen JEsum, und zu seiner Nachfolge zu erwecken. Hernach wurde noch zu verschiedenen malen mit einigen Römischen gesprochen, die nicht abgeneigt sind herbey zu kommen, wie dann auch einige von ihnen den Vortrag bey den Christen mit angehört. Ehe wir nachmittags weiter gingen, wurde noch in des Jacklers Garten mit Mohren, Heiden und Römischen Christen von dem HErrn JESU geredet. In Kandiar wurden einige Brahmaner ermahnet, den Götzendienst, der vor GOtt ein Grenel sey, zu verlassen, und durch Christum, den Welthelland, GOtt zu dienen. Sie sagten, sie thäten nicht, wie die andern, sondern verehreten den einigen GOtt ohne Bild. Man fragte: Wie? Sie antworteten nicht. Man zeigete, daß den einigen unsichtbaren GOtt zu verehren, nicht allein die Erkenntniß seines Wesens und seiner göttlichen Eigenschaften aus seinem Wort, sondern auch die Erkenntniß des Mittlers JEsu Christi, den er zwischen uns Sündern und sich gestellet habe, und die Einnehmung seines Geistes in unsere Herzen nöthig sey, welches alles ihnen aber noch ermangele, indem sie noch nicht das wahre Wedam angenommen hätten, durch dessen rechten Gebrauch man zur Erkenntniß des einigen wahren GOttes und Mittlers, und zur Gemeinschaft seines Geistes gelange. Unter einem Baum ermahnete man einige, die sich Wischnuwin Pulleigœl (Kinder Wischmus) nenneten, Kinder GOttes zu werden. In Tirusodtuturei fragten die Leute, ob man nicht wisse, ob der Nabob dem Könige bey gegenwärtigem Kriege Hülfs-Truppen senden würde? Man sagte: Wir wissen es nicht, es ist auch solches unsere Sache nicht; unsere Sache gehet auf die Ewigkeit. Worauf von dem grossen Unterscheide geredet wurde zwischen dieser Zeit und der

Ewigkeit, und von der Nothwendigkeit, fleissig an die Ewigkeit zu gedenken, diese Zeit in Rücksicht auf dieselbe zu gebrauchen, und für die Wohlfarth der Seele zu sorgen. Ein Brahmaner sagte: Ey das heißt weise gesprochen, so hat noch nie ein Mensch unter uns geredet; und was des rühmens mehr war. Man bat ihn nur zuzuhören, und alles in der Stille zu prüfen. Ja, sagte er, weil ihr weise Leute seyd, so wollet ihr nicht gerühmt seyn, die Weisheit kan das nicht leiden. Darauf war er stille, und wir konten ungestöret fort reden. Zwey Mohren, die dabey waren, höreten auch, was von dem HErrn JEsu gesagt wurde, sehr bedächtig an. Man offerirte den Leuten ein Büchlein. Ein Brahmaner sagte: Ich brauche keine Bücher, ich habe genug, ich habe den Siwawackier rc. Im Siwawackier, wurde versetzet, ist viel wahres und gutes; ihr thut aber nicht darnach. Wenn ihr nach der wenigen Erkenntniß, die ihr von der Wahrheit habt, zu thun euch bemühetet, so würde euch GOtt immer mehr Licht und Kraft geben, das Gute zu erkennen und auszuüben. Er: Ist auch in den Büchlein, die ihr uns anbietet, eine Anweisung enthalten, wie man von dem Unflat der Sünde gereiniget werde? Wir: Das ist es eben, was wir lehren, und wenn wir euch ein solches Büchlein geben, so ist unser Zweck dabey, daß ihr solt lernen, wie man der Sünde los werden, Vergebung, Leben und Seligkeit erlangen könne. Hierauf nahm er das Büchlein an; und so wurden noch mehrere ausgetheilet. Mit einem Mohren und einem Helden wurde darauf noch besonders geredet von der Sünde und Tilgung derselben durch Christum, der ein Heiland sey aller Menschen. Bey Manostappens Ruhehause redeten die Leute unter sich, von dem, was sie vor einigen Wochen von uns gehöret hatten. Man ermahnete sie, zu bedenken, was zu ihrem Frieden diene, und die gehörten Wahrheiten nicht aus dem Sinne zu schlagen. In Atenpöttei, wo wir zur Nacht blieben, waren einige Marattier im Ruhehause, die von Palamkodtei, einem Fort hinter Madurei, gekommen, wo dreyhundert Marattier liegen, die der Nabob in Sold genommen. Man fragte sie nach ihrer Religion. Sie sagten, es sey zwischen ihnen und den Tamulern in der Religion kein Unterschied; und sie, als Räuber, die von einem Lande zum andern zögen und dem Herrn dieneten, der ihnen Sold gäbe, beteten an nach Art der Leute, unter welchen sie jedesmal sich befänden. Man redete darauf mit ihnen von der Nichtigkeit des Götzenwesens und der Seligkeit im Christenthum. Sie höreten alles bedächtig und

ohne

ohne Widerspruch an. Noch wurde einigen andern Leuten, die in diesem Ruhehause waren, ein Wort von dem HErrn JEsu gesagt.

Den 10ten Merz früh ging einer von uns etwas geschwinde voraus bis Tirupalaturei, um mit den dortigen und den Kawastalamischen Christen den Gottesdienst zu halten, der andere hielt sich unterdessen einigemal unterweges auf, und hielt Gespräche mit Heiden. Am Wege wurde mit einigen Leuten aus Cumbagonam von dem verderblichen Heidenthum geredet, und wie leicht es sey, die Nichtigkeit und Sündlichkeit des Götzenwesens zu erkennen, und wie gerecht daher die Verdammniß derer sey, die mit Verwerfung der Wahrheit muthwillig demselben anhingen. In Tirupawanam redete man mit einem Häuflein, wozu sich immer mehrere versammleten, von der Sünde der Abgötterey und den daher entstehenden Greueln, von dem Zorn GOttes über solche Sünden, und dem zukünftigen letzten Gericht, von dem Sündentilger JEsu, und wie man, durch sein gerecht und heiligmachendes Verdienst, dem Zorn GOttes und seinem gerechten Gericht entfliehen, sein Kind und Erbe werden, und an das Ufer der Seligkeit anlanden könne; welcher Vortrag in Tirupalaturei selbst, in einer Schule, wohin sich viele Leute versammleten, wiederholet wurde. Man kam zur rechten Zeit zum Bethause, daß man noch einen kleinen Beytrag halten konte. Der Haupt-Vortrag war, von der Hingebung des Sohnes GOttes für uns und an unserer statt, von Seiten des Vaters und seiner selbst aus Liebe, in Absicht seiner Feinde aus Bosheit, unter welchen Stücken der Leidens-Proceß des HErrn Christi, und wie daraus unser Heil fliesse, vorstellig gemacht wurde. Es waren über hundert Seelen versammlet, und der Anblick derselben in dem kleinen Bethause während des Gottesdienstes war uns beyden recht erwecklich. Der HErr JEsus wolle sie alle an seinem Leiden und Blutvergiessen Theil haben lassen. Auch empfing ein Kind die heilige Taufe. Wie wir Nachmittags ausgingen, begleiteten uns viele Christen, die noch herzlich ermahnet wurden. Einigen heidnischen Anverwandten dieser Personen, die auf dem Felde in der Ernte waren, wurde auch beweglich zugeredet. In Perumalkowil hatte man ein Gespräch mit einem Brahmaner und einigen Tamulern, worunter viele zusammen kamen. Sie sagten erst, sie wüsten nichts von GOtt, und daher sey es vergebens mit ihnen von solchen Dingen zu reden. Man sagte: Alle, die jetzt GOTT erkennen, sind einmal so unwissend an ihm gewesen, wie ihr; sie sind aber durch GOttes Erbarmen zu dieser seligen Erkenntniß gekommen, so könnet ihr auch dazu gelangen. Denn GOtt will, daß allen Menschen geholfen werde und sie zur Erkenntniß der Wahrheit kommen. Man führete sie dabey auf die Werke der Schöpfung und die Wohlthaten GOttes im Leiblichen, wie auch auf ihre Pflicht, den Schöpfer, Erhalter und Wohlthäter aller Creatur, und besonders des Menschen, daraus zu erkennen, der ihnen eben zu dem Ende Sinnen und Verstand gegeben habe. Wenn sie das thäten, so würden sie immer mehr Verlangen bekommen, GOTT zu erkennen, und würde ihnen eine Freude seyn, nähern Unterricht von ihm aus dem wahren Wedam, darin er sich den Menschen näher geoffenbaret habe, zu hören, denn die Erkenntniß GOttes sey dem Menschen, nachdem er sie einmal erblicket, wie das Licht der ganzen Natur. Hierauf wurde kürzlich gezeiget, wie sich GOtt nach seinen Eigenschaften, Rathschlüssen, Verheissungen und Drohungen geoffenbaret habe; und man ließ ihnen das Büchlein, Weg zum Leben, zurück. Auf dem Wege begegnete uns eine Gesellschaft reisender Leute, die nach Tanschaur gingen. Sie sprachen vom Kriege. Man sagte ihnen, daß diese und alle gemeine und besondere Plagen durch die Sünde in die Welt gekommen seyen, und wie, wenn man in dieser Gnadenzeit nicht Vergebung der Sünden und ein reines Herz bekäme, man noch ein weit schrecklicher Elend in jener Welt zu erwarten habe; wie aber auch ein jeder von der Sünde durch Christum, den Welt-Heiland, könne errettet werden, wenn er nur in die Ordnung treten wolte, worin uns GOtt Errettung und Seligkeit wolte wiederfahren lassen; auch diesen gab man ein Büchlein mit, weil sie bedächtig zugehöret hatten. Diesen begegnet ein Brahmaner, dem zeigen sie das Büchlein, dieser kam uns nachgelaufen, und fragte, zu was Ende man den Leuten Bücher gäbe. Man versetzte: Damit sie lernen mögen, wie sie der Sünde los werden, Vergebung, Leben und Seligkeit erlangen mögen, weil ihr Brahmaner dis nicht lehren könnet, indem ihr es selbst nicht wisset. Ey, sagte er, so gebet mir auch ein Buch. Es wurde ihm eines, das vom verderblichen Heidenthum handelt, gegeben, nebst der Ermahnung, das Götzenwesen zu verlassen, und sich zu dem einigen GOTT zu wenden, und so, wie er bisher andere Leute im Götzenwesen bestärket habe, so solte er ins künftige trachten, sie davon ab, und zu dem einigen wahren GOTT und Mittler JESU Christo zu führen. Noch eine andere reisende Gesellschaft wurde angeredet. Der Vornehmste

nehmste unter ihnen that, als wenn er kein Tamulisch verstünde. Man sagte unter andern, daß so lange sie Götzen-Diener blieben, sie keine Kinder GOttes seyn könten, sondern Kinder und Angehörige des Teufels. Hierauf ging jenem der Mund auf, und er sagte: Ich! ich solte auch ein Kind des Teufels seyn? Es wurde ihm bewiesen, daß der Götzendienst vom Teufel käme und ein Dienst des Teufels sey, weil er in lauter Werken des Teufels bestünde, woran GOtt einen Greuel, der Teufel aber eine Freude habe. Zugleich sagte man ihnen aber auch, daß wenn sie sich davon reinigen, den wahren GOtt und seinen heiligen Willen erkennen und befolgen würden, so würden sie GOttes Kinder werden. Darauf sagte ein anderer: Der Mensch muß ja aber leben: wenn ihr uns bey dem Gouverneur in Trankenbar einen Dienst verschaffen könnt, so will ich zu euch kommen. Man sagte: Erst müßt ihr darauf bedacht seyn, wie ihr ein Kind GOttes werden möget, daneben müßt ihr euch GOtt ergeben und euch gefallen lassen, auf welche Art er euch, als sein Kind, ernehren will. Widerfähret euch dann darüber Gutes, so müßt ihr es in Demuth mit Dankbarkeit, als ein Kind vom Vater, annehmen: kommet aber nach dem Willen des himmlischen Vaters, der am besten weiß, was euch gut ist, Noth und Leiden, so müsset ihr auch das euch gefallen lassen, es mit Gedult ertragen, und euch zum Besten dienen lassen. Indeß könne ihr versichert seyn, daß GOtt, der euch nach seiner Barmherzigkeit im Heidenthum ernehret hat, euch im Christenthum nicht verlassen werde, wenn ihr sonst nur gegen GOtt und Menschen ehrlich handeln werdet. Im Ruhehause zu Tarasurapöttei sagte man zu den Leuten, die da waren, wie man es mit Betrübniß ansähe, daß es allenthalben, wo man hinkäme, voller Pagoden und Götzendienst sey, wovon sie nicht allein keinen Nutzen hätten, sondern auch Sünde daran thäten, den leiblichen Segen GOttes hinderten, und ihre Seligkeit unmöglich machten. Hierauf wurde von dem einigen GOtt und der Tilgung der Sünde durch Christum geredet. Mittlerweile kam der Tarasurapötteische Catechet Sinappen, nebst dem Schulmeister, und mit ihm einige Tamuler, die mit ihm bekannt sind, und ein Verlangen bezeiget haben, mit uns zu sprechen. Wir ermahneten sie zum Christenthum, erzehleten ihnen, was wir Gutes an den Christen in Tirutschinapalli gesehen hätten, und wie sie dem nachkommen solten. Einer versprach, nach Trankenbar zu kommen, und daselbst mit uns weiter zu reden. Dem und noch einem andern wurden Büchlein gegeben, weil sie darum baten. In der Nacht gegen

gegen 11 Uhr kam der Catechet mit den hiesigen Christen. Wir beteten mit ihnen und wiederholten den Vortrag, den wir früh in Tirupalaturei gehalten. Der HErr JEsus gebe ihnen die Erkenntniß seines Leidens, zur Erlangung ihres ewigen Heils.

Den 11ten Merz. Mit Sonnen-Aufgang machten wir uns wieder auf den Weg. In Cumbagonam hielten wir an vier Orten einen Vortrag aus GOttes Wort. Einige versprachen, nach Trankenbar zu kommen; andere sagten, sie wolten gern unsere Schüler werden, wenn sie nur erst wüsten, wovon sie leben solten. Diese fragte man, ob sie nicht Männer wären? ob sie gar keine Arbeit gelernet hätten? oder ob sie keine gesunde Glieder hätten? oder ob sie meineten, daß GOtt, der da wolle, daß sie sich zu ihm bekehren solten, der sie auch bisher im Heidenthum erhalten, sie nicht im Christenthum erhalten wolte? An dem einen Ort wurde besonders vom Tode und der zu gebenden Rechenschaft vor GOtt geredet; denn daselbst erzehleten uns die Leute, daß gestern ein vornehmer Tamuler, ein Naicken, gestorben. Wie man dabey unter andern die Frage an sie that, wie sie wünschten, daß das künftige Gericht für sie ausfallen möchte; antworteten sie alle: So, daß wir den Himmel erlangen. Nun, versetzte man, so müßt ihr euch auch mit dem bekannt machen, der der HErr des Himmels ist, und müßt seine Gnade suchen; worauf dann weiter von dem einigen GOtt und dem einigen Mittler, und von der Ordnung, in welcher er uns den Himmel zu geben verheissen hat, geredet wurde. Viele baten hier um Büchlein, weil sie vernommen, daß wir an den andern Orten welche ausgetheilet hätten, unter denen auch ein Bedienter des Sohns von dem verstorbenen Naicken bat, das man ihm ein Büchlein für seinen Herrn mitgeben möchte. Man gab ihm eins, ließ auch seinem Herrn unser Salam machen, und ihn wegen des Todes seines Vaters beklagen. Darauf, wie wir schon auf dem Wege waren, sandte dieser Naicken einen Menschen hinter uns her, und ließ sich für die Condolenz und das Buch bedanken, auch nach unseren Namen, und wie er das Buch gebrauchen solte, fragen. Man ließ ihm sagen, er solte das Büchlein bedächtig lesen, GOtt um Licht und Weisheit anrufen, und dem nachzukommen suchen, was darin enthalten sey. Dem Boten muste man denn auch ein Büchlein geben, weil er darum bat, sagend, daß er in einem Ruhehause wohne, wo öfters mehrere beysammen wären, da wolte er es dann für sich und andere lesen. In dem grossen Ruhehause
disseits

diffeits Cumbagonam hielt man in einer Versamlung von Heiden einen Vortrag aus GOttes Wort von den grossen Verheissungen, die GOtt uns Christen in dem HErrn JESU gegeben habe, und von seinen Drohungen gegen diejenigen, die fremden Göttern anhingen. Die Leute waren sehr höflich, und viele von ihnen gingen ein Stück Weges mit uns. In Tirumarudur sahe man einen Haufen von einigen hundert Beuteln voll medicinischer Kräuter liegen. Man redete zu denen, die herbey kamen, von der Wohlthat der Arzneyen gegen leibliche Krankheiten, und wie daraus GOttes Barmherzigkeit gegen die Menschen zu erkennen sey, daß er dieselbe in allen Ländern aus der Erde wachsen lasse; nebst den leiblichen Krankheiten aber gebe es auch Krankheiten der Seele, und diese wären von gefährlicheren Folgen, als die Krankheiten des Leibes, weil sie nach dem leiblichen Tod, den ewigen Tod brächten. Dagegen aber habe der barmherzige GOtt auch eine Arzney, und zwar vom Himmel, gegeben. Denn er habe einen allgemeinen Arzt der Menschen, JEsum Christum, vom Himmel gesandt, der mit seinem Verdienst, Wort und Geist alle diejenige heile und gesund mache, die in der Vollbringung seines Willens nach dem ewigen Leben trachteten. Diß war der Inhalt des Vortrags, den man bey Gelegenheit der Kräuter hielt, und den die hier umher stehende Heiden stille und bedächtig anhöreten. Im Koindaburamischen Ruhehause fand man einen frechen Widersprecher, einen Brahmanen. Er bestand darauf, daß unsere Lehre und die ihrige auf eines hinaus käme, und daß der, welchen wir den HErrn JEsum nenneten, kein anderer sey, als ihr Siwen. Man beschrieb ihm die Unschuld, Heiligkeit und Hoheit des HErrn JEsu, und auch den Siwen, nach dem, was ihre eigene Scribenten, die von ihnen in grossen Ehren gehalten werden, sagen. Er wolte zwar solches leugnen, konte aber nicht, und endlich wurde er selbst von einem andern Brahmaner widerlegt, und wegen seines Widersprechens für einen Thoren und Narren gehalten. Einem unter ihnen wurde ein Büchlein gegeben. Einer kam und fragte, ob man ihn wol kenne, er habe mit in der Zoll-Bude zu Majaburam gesessen, wie man auf der Hinreise mit den Leuten daselbst geredet hätte, er wurde den gehörten Wahrheiten weiter nachzudenken ermahnet. Ehe wir diesen Ort verliessen, ermahneten wir die Leute, die um das Ruhehaus herum kamen, zur rechten Wahrnehmung der Gnaden-Zeit, indem sie darin einer Hölle zu entfliehen, eine Seele zu erretten, und einen Himmel zu suchen hätten, ehe sie selig sterben könten, wozu aber alle Bemühungen

im

im Heidenthum nicht nur vergebens, sondern auch hinderlich wären, weil in keinem andern unser Heil stünde, als allein in JEsu Christo, dem Heilande aller Menschen, mit dessen Macht, Liebe und Gnade sich ihr Glaube vereinigen müsse, in welcher Vereinigung sie dann der Hölle entgehen, die Seele erretten und den Himmel erlangen würden. In Aoduturei sagte man fast eben dieses einem andern Häuflein Heiden. In einem Topu (Wäldchen) liessen wir unsere Leute etwas ausruhen. In der Nähe waren einige Weiber, die liefen als erschrocken davon, wie sie uns sahen. Man sagte ihnen, daß sie keine Ursach hätten zu fliehen, so rief eine der andern zu: Gehet doch nicht davon, dis sind die Leute, die vor einigen Wochen in der Stadt Ermahnungen gesagt haben; worauf sie zurück kamen und bedächtig anhöreten, was ihnen von ihrem Elend, und dem Erlöser von Sünden gesaget wurde. In Tiruweiarututrei redete man mit einigen Leuten, die sich um eine Boutique herum versammleten, von der Nichtigkeit aller zeitlichen und irdischen Dinge, und wie man daher die ewige und himmlische Güter zu suchen habe, nachdem sie uns von dem HErrn JEsu erworben worden. Einer unter ihnen sagte: Es hat uns jemand etwas aus dem Büchlein vorgelesen, daß ihr ihm vor einigen Wochen gegeben habt; darin waren vortreffliche Wahrheiten enthalten. Dieser bekam ein Büchlein. Vor einer andern Boutique wurden die Leute auch zur Bekehrung zu GOtt ermahnet. Einigen Mohren, die dabey waren, gefiel der Vortrag so wohl, daß sie auch anfingen, gegen das Götzen-Wesen zu zeigen. Am Abend kamen wir nach Rudtalam, wo wir in dem Zoll- und Gerichts-Hause einkehren musten, darinnen wir, wegen der Unruhe, die da war, keine Gelegenheit hatten, etwas zu reden.

Den 12ten Merz. Nachdem wir mit unsern Leuten das Morgen-Gebet verrichtet, gingen wir mit Anbruch des Tages aus. In Ammalpottei stelleten wir einigen Reisenden die zwey verschiedenen Wege vor, worauf die Menschen wandeln, und ermahneten sie, von der Abgötterey, wie von allen andern Sünden, sich durch Christum zu GOtt zu bekehren. In Majaburam stellete man den Leuten vor, welchen Segen sie über sich, ihre Kinder und ihr Land bringen würden, wenn sie ihre Götzen abschaffen, und Kinder des wahren GOttes werden würden, weil mit dem wahren Gottesdienst Liebe, Friede, Gerechtigkeit, Aufrichtigkeit u. s. w. eingeführet würde, und GOttes Segen verbunden sey; dagegen sie würden verderben müssen, wenn sie immer solche Kinder blieben,

blieben, die das Angesicht des Vaters verkenneten. Sie gestanden, daß sie solches glaubeten, versprachen auch, daß sie nach Trankenbar kommen, und sich mit uns weiter unterreden wolken. Ein Büchlein, worum sie baten, wurde ihnen gegeben. Am Ende des Orts zeugete man vor einer grossen Versammlung wider das abscheuliche Heidenthum, beschrieb ihnen den wahren GOtt nach seinem Wort, und zeigete ihnen den Weg zum Leben durch Christum. Einer fragte: Wie kan man aber von dem GOtt, den man nicht siehet, etwas wissen? Man antwortete: Ob wir gleich ihn selbst nicht sehen können, so können wir doch seine Werke sehen; und weil wir auch nicht vermögend sind, ihn aus seinen Werken, so wie es unsre Nothdurst erfordert, zu erkennen, so hat er sich selbst durch sein Wort uns geoffenbaret. Dabey wurde er auf das Gebet, als ein Mittel, mit dem unsichtbaren GOtt bekannt zu werden, gewiesen. Er: Ich habe viele Tage so zu GOtt gebetet, wie ihr saget, und weiß doch nichts von ihm in meinem Herzen. Wir: Daran ist eure Tücke schuld, wo es sonsten an dem ist, daß ihr gebetet habt. Worauf gezeiget wurde, wie das Herz müsse beschaffen seyn, wenn uns GOtt hören, und uns bekannt werden solle. Hierauf kam noch ein Häuflein dazu, mit denen ging man die Hauptlehren des Christenthums kürzlich durch. Hernach kam ein Brahmaner herbey, der unter die Leute Kuh-Mist-Asche austheilete, welches sich viele, und unter andern auch derjenige, der sich vorher seines Gebets gerühmet, vor die Stirn schmiereten, welchem daher bezeuget wurde, daß so lange er die nichtige heidnische Gebräuche mitmache, und auf solche Dinge ein Vertrauen setze, er nicht recht beten könne. Dem Brahmaner hielt man auch seinen Betrug und Verführung vor. Er sagte: Es hat es uns GOtt also gewiesen, euch hat er es anders gezeiget, den Mohren wieder anders. Man stellete ihm und den andern vor, welche abscheuliche Lästerung dis sey, von dem heiligen GOtt zu sagen, daß er dis unreine, schändliche, Seel und Leib verderbende Heidenthum gelehret habe. Man theilete darauf zwey Sprüche und zwey Büchlein aus. Einer unter ihnen wolte uns seine Liebe und Dankbarkeit bezeigen, und nöthigte uns, eine Cocus-Nuß anzunehmen. Auf dem Wege hatte man ein angenehmes Gespräch mit einem verständigen Schul-Knaben, der nach Mandamandei, wo wir zu Mittag bleiben wolten, in die Schule ging. Man redete unter andern mit ihm von der Heiligung des Feyertages, worauf er sagte: Ich werde es inskünftige so halten, daß ich den ganzen Sonntag über in meinem Herzen an GOtt gedenke. Bey

Mandamandel blieben wir zu Mittag in einem Topu (Wäldlein,) wo wir einigemal Gelegenheit hatten, mit Vorbeyreisenden vom Wege zum Leben zu reden; wie auch nachmittags unter Weges verschiedenemal reisende Heiden zum Reiche GOttes eingeladen wurden. In Mattur, wo wir zu Nacht blieben, ermahneten wir erst einige Reisende sich von den Götzen und allen andern Sünden, zu dem lebendigen GOtt zu bekehren, und ihr Seelen-Heil in Christo zu suchen. Hierauf ertheilete man einem Brahmaner Unterricht aus GOttes Wort, er blieb sehr lange bey uns im Ruhehause, hörte alles bedächtig an, und nahm ein Büchlein mit nach Hause.

Den 13ten März. In Tirukkadeiur wurde den Einwohnern an verschiedenen Orten die Wahrheit beweglich vorgehalten. Der GOtt der Wahrheit wolle seine Wahrheit in diesem Lande aufkommen lassen, zur Unterdrückung des Betrugs und der Lügen, womit der Satan seinen Pallast bewahret. Mit diesem Wunsch und Seufzer endigten wir diesen Vormittag unsere Reisen, und kamen gesund und wohl in dem Missions-Garten an. Gelobet sey GOTT!

Johann Balthasar Kohlhoff.
Christian Wilhelm Gericke.

Ich, Gericke, reisete den 18ten März wiederum von Trankenbar ab, und hielt unter Weges verschiedene Gespräche. Es wurde mir gesagt, daß ich mit meinem Pferde durch den Collaram reiten könte. Allein der Mensch, der mich den 19ten März den rechten Weg durch denselben führen solte, mochte ihn verfehlet haben, daher ich bis über den halben Leib ins Wasser kam. Ich gelangte kümmerlich bis zum nächsten Ruhehause. Als ich aber des Nachmittages weiter gehen wolte, merkte ich, daß mir die starke Verkältung Schaden gethan hatte. In Sidambaram redete ich mit einigen Leuten, worunter auch einige reisende Pandarangöl waren; es wurde mir aber so übel, daß ich abbrechen muste, und binnen einer Stunde ward ich durch einen starken Abgang und gewaltiges Erbrechen so entkräftet, daß mir kaum mehr selber helfen konte. Meine Leute hatten indessen einen Arzt aufgesucht, welcher mir von gemeinen Sachen einen Trank machte, der durch GOttes Segen meinen Leib gar bald wieder in Ordnung brachte, und mich von einer so gewaltsamen Qual befreyete. Weil mir aber bey solchen Umständen alles Trinken verboten wurde, und die genommene Medicin hitzig war; so muste ich die ganze Nacht einen quälenden Durst ausstehen, wodurch meine

meine Kräfte vollends verzehret wurden. Den folgenden Tag setzte ich mich, so schwach ich war, auf mein Pferd, und ritte im Vertrauen auf GOttes Kraft weiter, ließ aber das Pferd führen. Dis war auch der beste Rath, denn dadurch kam ich einiger maßen wieder zu Kräften, und der kühle Nordwind, der mir in der Morgenstunde entgegen wehete, erquickete mich so, daß ich bald den Zaum selbst in die Hand nehmen, und mit fröhligem und GOtt lobenden Herzen frisch zureiten konte. Indessen konte ich doch auf dem Wege mit niemanden mehr sprechen, weil mir das Reden zu schwehr wurde. Den 21sten März um Mittag kam ich sehr schwach, aber gesund zu Hause, und erholete mich in zwey oder drey Tagen durch die Ruhe unter GOttes Segen so, daß ich mein Amt als aufs neue wieder verrichten konte, und nach dieser Krankheit desto gesunder wurde.

Christian Wilhelm Gericke.

Der Herrn Missionarien, Kohlhoff, Schwarz und Gericke, Schreiben an den Herrn Hofprediger Ziegenhagen und den seligen Herrn D. Knapp aus Tirutschinapalli; als eine Zugabe zu vorstehendem Reise=Diario.

Hiermit haben wir kindlich berichten sollen, daß ich, Gericke, den 28sten Jan. von Cudelur nach Trankenbar, wo ich den 31sten ejusd ankam, und von da mit mir, Kohlhoff, den 15ten Febr. eine Reise nach Tirutschinapalli angetreten. Wir reiseten durch das Tanschaurische Reich, wo wir häufige Gelegenheit hatten, den Rath des HErrn Heiden und Christen kund zu thun. Den 18ten Abends spät, kamen wir drey Endes benannte in Tiruppanturutti nebst Kohlhoffs Söhnlein (so Schwarz den 9ten April vorigen Jahres von Trankenbar mitnahm, um ihm zum Dienste des HErrn in seiner Schule zuzubereiten) zusammen. Welch eine Labung und Erquickung war das? Den 19ten Abends um neun Uhr kamen wir hier in Tirutschinapalli an. Was von unserm hiesigen Aufenthalt, Hin- und Her-Reise zu bemerken, werden wir künftig berichten. Wir haben hier unter und mit einander viele Erweckung und Erquickung gehabt, daß unser Herz voll des Lobes GOttes ist; sonderlich wurden wir den 5ten März ausnehmend gelabet, da uns von unsern Brüdern in Trankenbar, Jhro Hochwürden, unsers Hochzuverehrenden Vaters, Herrn D. Knapps hochgeehrte Zuschriften, nämlich vom 20sten Novembr. 1769. und vom 12ten März 1770. beyde an sämtliche Missionarien, desgleichen vom 12ten März an mich, Schwarz, anhero gesandt wurden. Hierdurch wurden wir in Absicht der zu erwartenden beyden lieben Brüder, weswegen wir in dunkeln Wegen gewandelt haben, von vielen Zweifeln und Bekümmernissen nicht nur befreyet, sondern auch zum innigen Lobe GOttes und zur fernern Fürbitte kräftigst erwecket.

Der Vorschlag wegen neuer Einrichtung unserer einzusendenden Berichte, ist uns sehr angenehm, da wir schon längstens gewünschet haben, daß eine solche Aenderung möchte getroffen werden.

Schon vor einigen Tagen hatten wir in einer brüderlichen Unterredung ausgemacht, den übrigen lieben Brüdern vorzustellen, ob man nicht zur Hülfe in Tirutschinapalli und um der Erweckung willen in Tanschaur, folgende Einrichtung treffen könte; nemlich daß, wenn die neuen Brüder angekommen seyn, ich Gericke, bis zur künftigen Genehmhaltung unserer theuresten Väter und Vorgesetzten, an Tirutschinapalli, und einer von den Trankenbarischen Brüdern an Cudelur überlassen würde: (*) Denn es ist ja ein Werk, und so wollen wir auch in Gemeinschaft arbeiten.

Daß ich, Schwarz, am Ende vorigen Jahrs wieder in Tanschaur drey Wochen lang gearbeitet habe, und daß besonders unter den dortigen Papisten eine Erweckung zu seyn scheinet, ist schon gemeldet worden. Damals habe ich den König selbst, wegen einiger innerlichen Verwirrungen am Hofe, nicht sprechen können; und jetzt ist er in einen Krieg mit dem Marrawerischen Fürsten verwickelt, wovon man den Ausgang erwarten muß.

Wir, Kohlhoff und Gericke, gedenken den 8ten März unsere Rückreise wieder anzutreten. GOtt helfe uns auf unserer Reise und stehe uns allen bey, wo wir stehen, gehen, wirken und arbeiten!

Wir wünschen und flehen, daß der HERR, unser GOtt, Sie, Hochtheureste Väter! erhalten, und in Ihrem hohen Alter kräftig stärken und unterstützen wolle! Wir empfehlen uns Dero Väterlichen Liebe und Andenken vor GOtt, als dessen wir gar sehr bedürftig sind, da wir unsern Mangel und Elend gar wohl einsehen und fühlen. Wir verharren 2c.

Tirutschinapalli
den 5ten März 1771.

Johann Balthasar Kohlhoff.
Christian Friederich Schwarz.
Christian Wilhelm Gericke.

E N D E.

(*) Dieser Vorschlag hat, wegen der Krankheit und des Absterbens des Herrn Müllers, wie auch wegen der Schwachheit einiger ältern Missionarien in Trankenbar, nicht ausgeführet werden können.

www.ingramcontent.com/pod-product-compliance
Lightning Source LLC
Chambersburg PA
CBHW020246170426
43202CB00008B/247